主　编 鲁　禄
副主编 俞　泉 赵　鹏
参编人员 刘旭堂　李文婷

兰州大学出版社

GAOXIAORUXUE JIAOYUDAOLUN

高校入学教育导论

图书在版编目（CIP）数据

高校入学教育新论 / 鲁禄主编. -- 2版. -- 兰州 :
兰州大学出版社，2013.7（2017.8重印）
ISBN 978-7-311-03719-2

Ⅰ. ①高… Ⅱ. ①鲁… Ⅲ. ①大学生－入学教育
Ⅳ. ①G645.5

中国版本图书馆CIP数据核字(2013)第170406号

责任编辑　张国梁
封面设计　陈　文

书　　名　高校入学教育导论
作　　者　鲁　禄　主编
出版发行　兰州大学出版社　(地址:兰州市天水南路222号　730000)
电　　话　0931-8912613(总编办公室)　0931-8617156(营销中心)
　　　　　0931-8914298(读者服务部)
网　　址　http://www.onbook.com.cn
电子信箱　press@lzu.edu.cn
印　　刷　甘肃北辰印务有限公司
开　　本　787 mm×1092 mm　1/16
印　　张　12
字　　数　247千
版　　次　2016年9月第2版
印　　次　2017年8月第3次印刷
书　　号　ISBN 978-7-311-03719-2
定　　价　19.50元

序

亲爱的同学们，经历数载寒窗，一朝梦圆，满怀着对美好未来的憧憬，你们已步入兰州资源环境职业技术学院，将要实现自己的大学梦想。你们的到来，将为资环学院注入新的生机与活力。这里有优质的办学资源，有舒适的学习环境，也有你们的良师益友。在这里，一批又一批青年学子满怀希望而来，满载果实而归。这里是一个舞台，给你们展示的机会；这里是一个富矿，等待你们去开采……这里将成为你们走向成功的一个新起点。

步入高校神圣殿堂是每一名青年学子的美好向往，对于刚刚走出中学校门的你们，这里既神圣，又有几分神秘。之所以说它神圣，是因为这里是传播与学习科学知识的地方，是你们接受高等教育的课堂；说它神秘，则是这里有不同于中学的老师和讲授方法，有图书馆和实验实训室，有独立生活的校园环境，还有来自天南海北的同学，在这里你将度过难以忘怀的美好时光。在这短暂的三年里，你们将进一步接受科学知识的浸润，完善人格，扩充知识，全面提高综合素质，为实现人生价值而作储备。然而，对于刚刚走进校门的你们来说，这里的一切毕竟有些陌生，你们对学院的学习、生活诸方面缺乏必要的了解和认识，或者说还没有做好充分的思想准备，大学新生活马上就要开始，而你们中的许多人在新鲜感里又有些迷茫，到底该怎样适应新的大学学习生活呢？请同学们不要着急，也不必担心，学院将会给你们系统地安排入学教育，帮助同学们尽快适应高校生活，调整心理和行为，使你们尽快地进入学习状态，进而提高学习效率，以获得全面发展。

为了搞好入学教育，由学院教师鲁禄、俞泉、赵鹏等编写了这本《高校入学教育导论》，这本入学教育教材紧紧围绕新同学普遍关注、关心的问题，以突出实用性为出发点，从认识校园环境到渐入学习状态，从个体到群体，从参加社会实践活动到培养健康情感，从生活安全到身心健康，从行为规范到修身养性，帮助同学们以最短的时间适应高校的学习生活，实现从中学生到大学生的转变，引导同学们逐步做到学会做人、学会与人相处、学会学习、学会干事业。

这本书可以作为教科书，它紧贴高校的实际，内容涉及与学生密切相关的九个方面，逻辑结构严密且合理，构成一个完整的入学教育体系；同时又可以作为一本大学生学习生活普及读物，它体例设计新颖，图文并茂，还附有资料链接和温馨提示，内容丰富，信息量大。说理部分力求贴近学生实际，用形象的语言、鲜活的事例代替单纯、抽象的说教，谆谆告诫，讲得入情入理。书中尤其注重针对性、时效性和可读性，以达到高校新生入学教育的目的。

同学们，崭新的大学生活已经开始了，谨以此书作为学院送给你们的一份礼物。成功和机遇只垂青有准备的人，我们期待着同学们从中吸收营养、汲取力量，完善自我，掌握获取成功的钥匙和武器。最后，送同学们三句话：以优良的成绩回馈父母，以良好的形象塑造自我，以过硬的本领报效祖国。

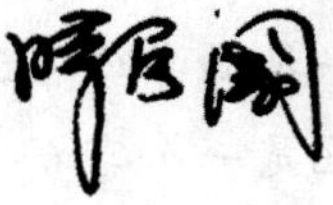

二〇一六年九月

目 录

第一章　走进资环学院

第一节　认识崭新环境

一、学院基本情况

兰州资源环境职业技术学院是教育部、财政部重点建设的国家示范性骨干高职院校，是原解放军总参谋部、教育部确定的定向培养直招士官院校，是人社部遴选的全国百所示范性职业技能鉴定单位，是教育部确定的首批现代学徒制试点单位，也是全国职业院校数字校园建设实验校。先后获全国高校节能管理先进院校、第四届黄炎培职业教育优秀学校、甘肃省文明单位等荣誉称号。毕业生一次性就业率2013年、2014年、2015年连续三年排名全省高职高专院校第一，被省政府表彰为全省就业先进工作单位，荣获2014年全国职业院校就业竞争力示范校称号。

学院总占地面积536亩，校舍总建筑面积28万平米。设有16个教学系部，设置气象、采矿、地质、测绘、机电、冶金、电力、水利、信息、安全、环保、应用化工、民族工艺、财经、珠宝加工等15个专业群，包括55个专业。各类教学仪器设备总值1.6亿元，各类图书文献资料74万册。建有15个校内实训基地，共包含实验实训中心22个，实验实训室142个。现有教职工594人，专任教师412人，其中教授30人，副教授125人，享受国务院特殊津贴专家1人，甘肃省领军人才1人，省级教学名师3人。1名教师获全国"三八"红旗手称号，2名省级劳模，5名教师获省级园丁奖，1名教师获全省"三八"红旗手称号，5名教师获省级青年教师成才奖。普通高职在校生13000余人，成人学历教育2000余人。

学院设有具备国家二级煤矿安全培训资质和国家二级安全生产培训资质的安全技术培训中心、国家高等职业院校专业骨干教师培训基地、甘肃省第八国家职业技能鉴定所、国家安全生产监督管理总局宣传教育中心安全教育培训基地、中国气象局干部培训学院甘肃分院等社会服务机构。近年来，每年开展各类短期培训近10000人次。

"十三五"期间，学院将主动服务甘肃地方经济社会发展，培养"道德素质强、职业技能强、吃苦精神强、创新意识强"的高素质技术技能型人才。到"十三五"末，普通高职在校生规模保持在13000人左右，各类继续教育培训每年保持在10000人左右，努力把学院建设成为设施完善、特色鲜明、国内一流、示范效应显著的现代高等职业技术学院。

学院分院本部、东校区、西校区三个校区，院本部位于兰州市城关区东岗镇窦家山36号，距离兰州市中心10公里，学院东面与和平大学城相望，西靠窦家山，南临兰州军区训练场，北接兰州市大青山蔬菜批发市场。学院交通便利，紧邻312国道和高速公路，邮编：730021；东校区位于兰州市城关区段家滩927号，邮编：730020；西校区位于兰州市城关区段家滩1173号，邮编：730020。学院网址 http://www.lzre.gs.edu.cn

二、校训、校风与校歌

1.办学理念——和谐教育

办学理念是一所学校的宗旨、本质、功能及其办学规律的深刻反映和体现。学院始终把握"以人为本·全面发展"的精神内核，在办学实践中凝炼出了"和谐教育"这一理念，这就是在构建和谐校园中，用科学发展观与和谐发展理念统揽和协调办学过程中的各种资源、因素和关系，掌握和谐发展规律，培养与造就具有较高素质和能力的人才。兰州资源环境职业技术学院是由原兰州气象学校和甘肃工业职工大学于2004年合并改建的，在短短的12年，领导成员与全体教职员工实现了实质融合、和谐共事，被称为成功合并的典范，这本身就为和谐教育作了很好的注释。现在它已形成为渗透在院领导及全院教职工身上的精神文化和价值追求，同时为学院树起了一面旗帜，这面旗帜引领着学院构筑人才培养目标体系、规划学院发展蓝图、创新内部管理机制、弘扬校训精神，引领着兰资环人在办学路上一步步走向成熟、走向成功。

2.校训——品质至上

品——品德、品性、品位；质——质量、质地；品质——某一物质的质量、质地、品位。至上——不断改进，不懈奋斗，以永无止境的精神追求更新、更高的目标。这一校训精神体现了学院全体师生员工不懈努力、勇于登攀、追求卓越的精神。体现新时期高职教育人才培养和内涵建设的本质要求。

3.学院精神——奋进卓越

奋进乃全体师生的精神面貌和精神状态，卓越是我们追求的目标及所要达到的境界。

4.校风——求真务实

学院树立倡导用科学精神追求真理，敬业奉献，勤奋努力，团结一致，解放思想，实事求是，与时俱进。

5.教风——立德树人

严谨治学，为人师表，言传身教，关爱学生，达到教书育人之目的。

6.学风——知行合一

理论联系实际，学知识与学做人并举，将科学理论知识与实际技能操作相统一，学练相长；尊敬老师，好学上进，文明健康，诚实守信；磨炼意志，锻造品质，保持言行一致。

7.校歌

学院职工发挥个人才华，倾注对学院的深厚感情，谱写了一曲《资环学院风采》。该曲坚定有力，充满信心，气势高昂，富有激情，表现出蓬勃向上的朝气和活力，深深地扎根在学院每一位师生心中。

三、我们的校园

兰州资环学院因其特定的地理位置，建筑布局也富有自己的特点，依山而建，错落有致，一台一景，环境优雅，教学、生活设施齐全。下面就让我们一起认识美丽的校园。

*** 教学区**

1.公共教学楼

学院"树行源"、"汇知方"两幢教学楼是学生学习的主要场所，寓意为汇集知识，培养人才的园地。两者融合之意：树、汇大意相近，均为动词，字中有木有水，植物必然繁茂，象征人气旺盛，兴旺发达；知、行为一体，理论、实际相联相接，知行合一，也系学院培养目标所求；方、源意蕴相通，均为场所、渊源之地。源谐音圆，天圆地方，意指天地合一，完美和谐。另，新教学楼设计造型为圆形，故谐音为源；原教学楼造型为方，故取名为方，两者巧妙相融，相映成趣，寓意颇深。同学们将在这里进行绝大部分课程的学习。

"树行源"教学楼于2007年建成，总建筑面积16560平方米，可容纳5000多名学生，教学楼里配备了崭新的桌椅及其他教学设备。

"汇知方"教学楼建筑面积5000平方米，可同时容纳2000名学生。

2.实验楼

"银光"实验楼(机电专业实验楼)，银，意指机械；光意指电、电子，将机械、电子实验楼内的器械、器具等物件，用机器的特质与颜色——银来表示，将电以其特质——光来表示。"云岩"实验楼(气象、地质专业实验楼)，云，意指天气、气象；岩，意指地质、地矿；云岩一词，分别用气象现象中的云、地质学的岩来表示，而未用气象、地质实验室这一直白词语，而且有些实验器具、物件不乏精品、珍品。以上诸字中，集山、石、金、银、光、珠宝之所成，可谓藏宝纳祥之寓也。

“银光”实验楼和“云岩”实验楼是学生进行专业课程学习和实验的场所。“银光”实验楼主要供机电、信息管理等专业的学生进行学习和实验，“云岩”实验楼主要供气象、地质、采矿等专业的学生进行学习和实验。实验楼内装备了比较先进的设备仪器，楼道装饰了字画，充满了浓郁的文化气息。

“金星”实训楼建筑面积为15000平方米，这是国家骨干高职院校建设项目，该实训楼包括气象系、地质系、冶金系、水电系、应用化工系等48个实训室，可以完成校内大部分实训任务。

3.显宜盛

显宜盛是学院办公场所，一楼设“校园一卡通”充值点，为学生缴费和领取助学金提供服务。

4.图书馆

图书馆2014年竣工交付使用。共六层，地上五层，地下一层，总建筑面积21000多平方米。新图书馆采用半开放管理方式，一层大厅是总借还台和电子阅读区，目前配有2台读报机、2台歌德电子图书阅读机和1台龙源期刊阅读机。二至五层东区是学院公共机房兼电子阅览室。西区二至四层分别是文学库、自然科学库和社会科学库，五层是期刊、报纸阅览区。地下一层是学院档案室。图书馆拥有纸本图书45万册，各类中、外文期刊300余种，能够提供阅览座位1200多个。形成了理、工、管相结合，以气象、采矿、机械、冶金、水利、电气、电子、信息、财经、艺术为重点的多学科藏书体系。同时，图书馆大力加强网络化和数字化文献资源的建设，目前有电子图书300GB，数据库13个。种类丰富、品质优良的数字资源为全面提高学院教学科研提供了有力保证。可以实现纸质文献借阅、多媒体阅览、参考咨询、文献传

递等。更加人性化的服务，为读者打造舒适温馨的阅读环境，成为学院的学术交流中心和文化传播中心。

5.仿真实训矿井

仿真实训矿井是一座集采掘、通风、运输与提升、安全监控等系统为一体的现代化仿真矿井，是国家专项资金立项建设的全国唯一一个集实训、教学为一体的煤炭类专业实训基地。2009年5月被国土资源部评审命名为全国首批科普教育基地。相关专业的部分课程就在矿井现场上，老师和学生都有身临其境之感，教学效果很好。

仿真实训矿井对联为：

巷道千尺融采掘机电一体构造巧布神用

煤海万顷汇教学做练相长习得技能真功

6.拓珍实训

拓珍实训，建筑面积1700平方米，依托我院采矿专业群、地质专业群、测绘专业群、安全专业群、矿物加工专业群，集地质演变、煤的生成、煤的勘查、煤的开采、煤的加工与利用于一体。馆内陈列煤的生成、煤田的勘探方法、煤炭的开发史、煤炭与近代工业革命、煤炭与人类、煤炭与环境、煤矿安全文化等内容。

7.天益馆

天益馆建筑面积3266平方米，建有测风雷达室、地面气象观测场、自动气象站、气压终端室、天气预报室和防雷检测室6个实训室。以气象专业群现有条件为基础，以专业人才培养目标需求和专业建设与发展要求为依据，构建高水平的、系统的气象专业技术实训基地，涵盖高空探测、地面观测、农业气象及防雷应用等专业。该工程建成后，融教学、培训、职业技能鉴定、生产和技术研发功能为一体，既具有教学实习的功能，又承担科普教育基地的功能。

8.贤珺宇

建筑面积11000平方米，主要用于各类社会培训人员住宿和单身教工住宿。有设施齐全的标准客房300多间，对外营业。

9.水利枢纽实训中心

水利枢纽实训中心的第一部分——空腔式仿真重力坝。该坝坝体长60m、高11m，由上下水池、跌水段、溢流段、泄洪闸、交通桥五部分组成。

在溢流坝段的外表面设计了长50米、高9米的浮雕墙，分7个篇章介绍了中国水利事业的发展历程。7个篇章分别是：大禹治水、李冰父子、农水应用、隋唐运河、鱼鳞石塘、水利著作、三峡电站。该坝充分依托我校依山而建的地势，利用上下水池的高差在水坝前形成水幕，与陶然广场交相辉映，是校园内一道亮丽的景观。水利枢纽实训中心被中国科技协会和甘肃省科技协会分别授予“全国科普教育基地”和“甘肃省科普教育基地”。第一段廊道展示栏展示了建国60多年来党和国家领导人对我国水利事业的高

度重视以及我国水利事业取得的巨大成就。第二段廊道展示栏展示的是世界水资源和中国水资源、水文化的相关知识。第二部分——水力发电实训平台。将水力发电厂房移植建设在坝体内，利用坝外上下水池的 11m 水位差进行引水发电。该平台主要由引水管道、1 台混流式水轮机、20kW 发电机、2 组 55kW 卧式离心泵及管道组成。对水力发电厂中常用的自动化装置、发电厂监控、水泵设备运行与维护、电力系统运行与维护、继电保护等教学内容进行结构原理的认知实习。第三部分——水利枢纽综合智能仿真实训平台。将黄河、长江典型地貌按比例缩放，实现综合开发水资源的动态展示。设置了 5 级常见的水利枢纽。为了便于学生观察学习，整个平台都设计成透明可见的。

*** 生活服务区**

1. 学生公寓

公寓是同学们生活和休息的主要场所。学院有 5 栋学生公寓楼，每栋一名，名中诸树，园中皆有，置身楼群之间，别具风采，堪称美景。

5 栋学生公寓楼分别是：柏盛公寓，松鸣公寓，榆繁公寓，柳荫公寓，槐香公寓。学生宿舍大多实现了公寓化管理，聘请了专业的物业公司进行管理。公寓内各宿舍都配备了新的床铺设施，还配备了必要的基础设施，如电话、Internet 网络、有线电视房等。其中几栋新公寓内设有空压加热的刷卡式淋浴间，刷卡式开水房和投币式洗衣机，洗澡、喝水、洗衣服的问题，全部可以在公寓内解决。

2. 学生食堂

我院有“金谷苑”、“玉枝园”两个学生食堂，是学生的主要用餐场所。金意指金黄色，谷为粮食，苑指场所；玉，意为绿色，枝，意指蔬菜，有金枝玉叶之意。金玉两相对应，既有金灿灿的粮食，又有绿茵茵的蔬菜方为圆满。从押韵的角度讲，苑为仄，园为平，连读起来也朗朗上口。

“金谷苑”是 2006 年建成的，共有三层，一、二楼为学生餐厅，三楼为职工餐厅，总建筑面积近3000平方米，可供3000人就餐。

“玉枝园”2010年建成，共有六层，总建筑面积近6000平方米，可容纳5000人就餐。

两个食堂的灶具都由学校统一配备，全部为不锈钢产品，使用天燃气能源，有洗碗消毒间，为同学们提供了宽敞、明亮、洁净的就餐环境。

“金谷苑”有三层，一层一厅。一楼：芸豆厅；二楼：稻香厅；三楼：金穗厅。“玉枝园”有五层，一楼：红椒厅；二楼：橙汁厅；三楼：绿叶厅；四楼：青笋厅，五楼：紫藤厅。这些赏心悦目的名字，既区分开了不同的楼层，同时又构成校园文化的一景。

3. 校医院

校医院取名为“康馨居”，意为这里是保证健康、提供温馨服务之寓所。校医院为同学们承担小病小伤的救治和保健职能。

4. 商业网点

学院商业网点分布在学生生活区域，以满足学生就近购买日常用品及洗衣、理发等基本消费需要。

⋆文体活动区

1. 百荟馆礼堂

寓意海纳百川，英才荟萃。不论开会、演出、观剧此意皆通。是我院学生举办各项重大活动的场所，如院系召开的大会、重大活动、各类文艺演出等活动。

2. 陶然广场

陶然广场建在校园的中心地理位置，场地面积15000平方米，于2011年6月竣工。主要由水利实训中心、上广场水景、看台、下广场、喷泉、雕塑、浮雕墙和树阵等组成，集景观、广场集会和实训等功能于一体。

3. 田径运动场

田径运动场建于2007年，是一个现代化的体育运动场地。有400米塑胶跑道，荷兰进口赛尔龙人造草丝，5000人看台，经中国田径协会认证为国家二类标准运动场，现为运动会、军训和锻炼的主要场地。上部为硅PU篮球场、排球场和羽毛球场，为同学们在此参加运动和锻炼提供了安全保障。

学生常用各处(部)系及有关部门分布表

序号	处(部)系	主要职责	办公地点	门牌号	联系电话
1	学院办公室	代收邮件、管理学院印鉴	显宜盛	206	8799917
2	学生工作处(部)	负责全院学生管理及奖、助、贷等	显宜盛	106	8799135
3	院团委	负责学院团的工作和相关事宜	显宜盛	105	8799135
4	财务处	负责收缴学费和奖助学金的发放	显宜盛	215	8799118
5	招生工作处	办理招生录取手续、申办专升本事宜	显宜盛	118	8799137
6	就业工作处	负责学生就业指导和办理派遣业务	显宜盛	101	8798868
7	校医室	负责全院师生健康保健和治疗	康馨居		8608455
8	充值中心	负责给师生校园一卡通充值	显宜盛 槐香公寓 金谷苑	一楼大厅 一楼值班室旁 一楼超市	8799118
9	后勤处	负责学院 水 电 暖	学生服务部	2 楼 右侧	8798187
10	采矿工程系	负责对本系学生综合管理	云岩实训楼	208	8798972
11	地质工程系	负责对本系学生综合管理	显宜盛	409	8798182
12	气象系	负责对本系学生综合管理	金星实训楼	514	8755259
13	机电工程系	负责对本系学生综合管理	树行源 B	414	8755282
14	水电工程系	负责对本系学生综合管理	树行源 A	402	8755711
15	冶金工程系	负责对本系学生综合管理	树行源 A	210	8165185
16	信息工程系	负责对本系学生综合管理	银光实验楼	503	8798183
17	测绘与地理信息系	负责对本系学生综合管理	显宜盛	403	8750803
18	应用化工系	负责对本系学生综合管理	银光实训	301 302	18919902151
19	民族工艺系	负责对本系学生综合管理	云岩实训	403	4680391
20	财经商贸系	负责对本系学生综合管理	数通实训	203	18993177222(本部) 18993111652(东校区)

*** 温馨提示**

由于我院地形特殊,依山而建,院内道路带坡,雨雪天气路滑,行走时要注意安全。

四、了解系部情况

＊学院系的基本构成

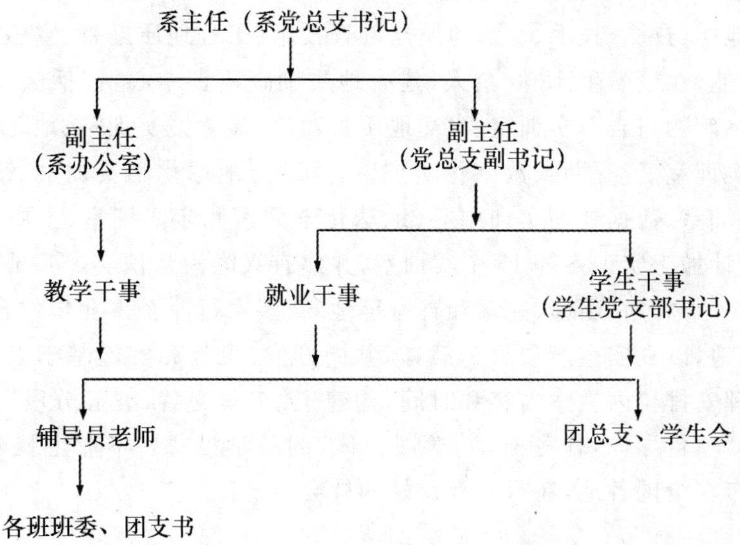

＊各系情况介绍

1.采矿工程系

采矿工程系成立于2009年4月，是学院最具特色的系部之一。目前开设高职学历教育的专业有煤矿开采技术、金属与非金属矿开采技术、矿井建设、安全技术与管理、矿井通风与安全、地下与隧道工程技术、工程造价等7个专业，在校生1200余人。其中，煤矿开采技术专业是国家级精品专业，是国家骨干高职示范院校建设中央财政重点支持的建设专业。现有专兼职教师21人，其中教授2人，副教授、高级工程师6人，讲师7人，2人获评全国职业教育煤炭专业带头人。现有“采矿”、“安全”、“岩土工程”三个实训中心和一座现代化仿真矿井，实验实训设备齐全。其中，现代化仿真矿井2009年被国土资源部命名为科研实验类国土资源科普基地。

2014年度采矿工程系被评为甘肃省“园丁奖”先进集体。煤矿开采技术、矿井通风与安全两个专业教学团队为省级教学团队。建成了《煤矿灾害防治技术》等三门省级精品课程；获得国家级教学成果二等奖一项，省级教学成果奖一项。

采矿工程系与窑街煤电公司合作成立了“兰州资源环境职业技术学院窑街煤电学院”，与省内外其它40多家单位建立了长期的校企合作关系。依托专业优势，每年为矿山企业培训班组长、管理人员、负责人、特殊工种1700人次以上，面向社会开展成人继续教育服务200人以上；为行业企业提供安全评价，高技能、新技术培训等多项社会服务。与行业企业合作完成多项科学研究与技术攻关课题。

2. 地质工程系

地质工程系是我院最具专业特色的系部之一，师资力量雄厚，实验实训设备齐全。现有专兼职教师18人，副教授3人，高级工程师3人，开设矿山地质、金属矿产地质与勘查技术、煤田地质与勘查技术、水文地质与勘查技术、工程地质勘查、宝玉石鉴定与加工技术等6个专业，在校学生1200余人，建有地质勘查实训中心，包括构造地质实训室、古生物实训室、矿物与岩石实训室、水文地质实训室、显微镜实训室、地球物理勘探实训室、典型矿床实训室、资源勘查数字化实训室、重砂与地球化学实训室、钻探实训室、光片薄片制作实训室、数据处理实训中心、地球化学元素测定实训室、土质与土力学实训室和宝玉石设计加工实训室等15个实训室，并建有兴隆山认识实习基地和靖远刀棱山填图实习基地。与甘肃、新疆、内蒙和青海等地60多家行业企事业单位合作，建立牢固的校外实习基地，以真实生产项目为载体，共同开发、设计和实施基于工作过程的实习实训模式，合理安排校内教学内容和时间，构建了“工学交替，五五分段”工学结合的人才培养模式和“项目导向，任务驱动，学训一体”的教学模式。毕业生就业率在90%以上，毕业生分布在全国各地，在行业有良好的社会声誉。

3. 气象系

气象系是学院办学历史悠久、社会服务能力强、具有特色的重点系部之一，其前身是成立于1951年的国家重点中专兰州气象学校，有60多年的办学历史。经过多年的艰苦创业和辛勤耕耘，发展到今天，已具备较为雄厚的实力，在西北同类院校中已达到了较高的水平，创建了既具有地方特色、又具有西北乃至全国影响的教学集体，已经为我国气象、国防、民航和环保、科研等行业和部门培养了一大批专业技术人才。气象系现有在校学生1700多人，教职员工42人，其中教授1人、副教授8人，高级实验师1人，讲师及下专业教师24人，专职实验员3人，专职辅导员5人。下设5个教研室，分别是综合观测教研室、大气科学教研室、应用气象教研室、环境工程教研室与环境监测教研室。建立了45个校外实训基地，其中，气象类专业32个，环境类专业13个，以确保学生实习实训需要。

气象系现有大气科学技术、大气探测技术、应用气象技术、防雷技术、环境工程技术、环境监测与控制技术等六个教学专业。其中，大气探测技术专业是学院气象类专业群的龙头专业，也是学院五星级专业之一，2009年被评为甘肃省特色专业，为部队定向培养气象类专业士官生。

4. 机电工程系

机电工程系现有普通全日制学生2037人，专兼职教师41人，其中教授6人，副教授及高级工程师12人，拥有硕士研究生13名，85%以上教师具有“双师型”背景，矿山机电专业教学团队是省级教学团队。发表在统计源刊物上论文99篇，完成教改科研课题18项，获地厅以上成果奖7项，主编参编教材18部。申报并通过审批精品课程13门次，其中6门课程为省级精品课程。是学院师资力量和科研能力最强、最具吸引力的系部之一。现开设的专业有矿山机电、机电一体化技术、机电设备维修与管理、工业过程自动化技术、矿业装备维护技术、电梯工程技术等6个特色专业，其中矿山机电专业是省级精品专业。建有2个实训中心，27个实验实训室，并与多家厂矿企业实行联合办学、建立牢固的校外实训基地，毕业生实行"双证书"制。学生在参加各类专业竞赛中多次获得优异成绩，毕业生就业率在全院名列前茅。

5.水电工程系

水电工程系现有全日制在校生1728人，专兼职教师32人。其中教授级高级工程师1人，副教授及高级工程师7人，高级职称教师占25%；硕士研究生20名，占教师总数的62.5%；80%以上教师具有“双师型”工作能力。开设的专业有发电厂及电力系统、供用电技术、电力系统继电保护与自动化、建设工程监理、水利水电工程技术、水利工程、水利工程(农业水利技术方向)等6个特色专业、1个专业方向。有21个校内实验实训室，其中：与机电工程系共用专业基础实验实训室6个、专业实验实训室15个。与多家企业签订了校企合作协议，并建立校外实训基地12个。践行“校企合作、产学结合”办学之路，与多家企业签订了校企合作协议，开展“订单培养、联合办学”。先后与甘肃大禹节水集团股份有限公司签订“订单式”人才培养协议，与西藏山溪水利工程建设监理有限公司、中邮通建设咨询有限公司、武汉长江水利水电工程有限公司等多家企业建立了长期合作关系，为学生就业提供保障。所有专业毕业生都实行“双证书”制。已为国家水利水电行业的工程施工、运营管理等岗位，培养和输送了大批中高级技术技能型人才，毕业生基本功扎实、吃苦精神好、动手能力强，深受广大用人单位欢迎。

6.冶金工程系

冶金工程系成立于2011年，现有专兼职教师13名。其中教授级高工1名，高级工程师2名，副教授1名；具有硕士研究生以上学历教师5名；每年聘用企业实训指导教师10名。2014年4月，冶金技术专业被甘肃省教育厅批准为省级特色专业；近五年获得教育厅级教学成果奖2项；连续三年成功承办全国职业院校技能竞赛选矿技术赛项暨全国有色金属行业职业院校技能竞赛，共有54名学生参加各类赛项并分别获得一、二、三等奖，教师有十四人次获得“优秀指导教师”荣誉称号。

校内建有冶金技术实训中心，下设冶金工艺仿真实训室、铝电解仿真操作实训室等6个实训室，能满足有色冶金技术、黑色冶金技术、金属精密成型技术等专业的校内实训需求及学训一体教学的要求；同时与金川有色金属集团、中国铝业兰州分公司、连城分公司、山东魏桥铝电有限公司等数十家冶金及材料成型加工类企业建立了长期稳定的校企合作关系，能满足学生校外实习需要。本系学生就业率一直稳定在90%以上。

7.信息工程系

信息工程系现有全日制在校学生800余人，专兼职教师35人，其中教授2人，副教授16人，硕士以上学位8人，“双师型”教师19人，形成了一支具有良好职业素养、团结协作、敢于创新的优秀教学团队。专业教师在各级各类刊物发表论文100余篇，独立编写或参编公开出版教材10部，培育校级精品课程6门。现开设有计算机网络技术、计算机应用技术、物联网应用技术、应用电子技术、通信技术等专业。建有网络工程实训室、综合布线实训室、通信实训室、传感器技术实训室、电工电子实训室、光伏发电与应用实训室、应用电子实训室、家电维修实训室以及计算机软件应用实训室等多个校内实验实训室。与新疆沈宏集团、常州瑞声科技股份有限公司、德阳易通信息技术有限公司等多家企业合作建立校外实训基地。在课程设置中将各专业工作岗位特点与课程进行了深度融合，并积极探索实践教学新途径，强化技能培训，增强学生的动手操作能力。学生在参加全国大学生电子设计与制作大赛（甘肃赛区）、甘肃省大学生创新杯计算机应用能力竞赛、甘肃省大学生“挑战杯”课外学术科技作品等专业竞赛中，多次获得优异成绩。学生的就业率稳定在90%以上，受到用人单位的好评。

8. 测绘与地理信息系

测绘与地理信息系是我院具有鲜明高职特色的工科系之一，现开办工程测量技术、工程测量技术（测绘与地理信息方向）、矿山测量2个专业，其中矿山测量专业为国家骨干院校建设示范性专业及甘肃省高职特色专业。目前全系共有16个教学班级，在校学生930人。师资力量雄厚，实验实训设备齐全。现有专兼职教师20人，其中教授2人，高级工程师4人，讲师及工程师6人，助教8人。建有矿山测量实训中心，包括地理信息处理实训室、地形测量实训室、控制测量实训、CORS基站。已与甘肃省地矿局、甘肃省测绘局、金川集团公司、华亭、窑街、靖远煤业集团公司、天水三和数码测绘院等20多家企事业单位合作，建立牢固的校外实习基地，以真实生产项目为载体，共同开发、设计和实施基于工作过程的项目课程教学，构建“工学交替，五五分段”工学结合的人才培养模式和“项目导向，任务驱动，学训一体”的教学模式，现有《矿山测量》一门省级精品课程，毕业生就业率在90%以上，毕业生分布在全国各地，因吃苦耐劳、踏实肯干、爱岗敬业而在行业有良好的社会声誉。

9. 应用化工系

应用化工系是我院“十三五”期间重点建设单位，以培养技能型人才为核心，以特色争优势、以创新促发展，力争培养出应用化工、矿物加工与利用等具有鲜明特色和较高学术水平的特色专业人才，成为化工、矿物加工类专业西北地区重要的复合型人才培养基地。主要设有应用化工技术、煤炭深加工与利用技术、矿物加工技术、选煤技术等四个专业。建有包括8个综合实验室在内的化工、矿物加工等两个校内实训中心；并新建量子化学计算实验室。现有专兼职教师12名，其中博士2人、硕士3人，高级专业技术职务及双师素质教师多人。为确保毕业生对口高质量就业，依托新疆新业能源化工有限公司、新疆广汇集团、新疆天业集团、山东青源集团、江苏恒力集团、新疆梅花氨基酸有限公司、内蒙古庆华煤化有限公司等央企和上市公司实行校企合作培养，现已成为甘肃顾地塑胶有限公司现代学徒制订单人才培养合作单位。

10.民族工艺系

民族工艺系是我院“十三五”期间重点建设系部。现有全日制在校生670人，专兼职教师23名，其中教授1名，副教授2名，高级设计师2名，讲师8名，设计师4名，助教6名，80%以上专任教师都具有"双师"资格。教师在各级各类刊物发表论文120余篇，独立编写或参编教材10余部，完成省级教改课题4篇、校级精品课2门，辅导学生参加省级比赛，获特等奖2项，一等奖2项，二等奖4项，三等奖5项，优秀奖多项。现有视觉传播设计与制作、视觉传播设计与制作（书画装裱技术方向）、数字媒体应用技术、展示艺术设计等4个专业。学院共投入100多万元，建成艺术实训中心，包括画室、静物室、专业教室、专业机房、平面设计工作室、室内设计工作室、室内装修施工现场、艺术作品展厅等，能充分满足学生校内课程学习与技能训练的需要。并与省内外20多家企业建立了稳固的校企合作关系及校外实训基地，为学生教学实训、顶岗实习、产品研发、就业创业提供了真实的职业氛围和实践场所。广泛推行“双证制”和“多证书”培养，将平面设计、室内设计等技能鉴定考试融入课程教学中，使学生“双证书”通过率达到98%以上。近三年，应届毕业生一次性就业率稳定在90%以上。

11.财经商贸系

财经商贸系现有全日制在校学生达1460多人，专兼职教师28人，其中教授1人，副教授5人，硕士以上学位8人，“双师型”教师20人，形成了一支具有良好职业素养、团结协作、敢于创新的优秀教学团队。专业教师在各级各类刊物发表教改论文50余篇，独立编写或参编公开出版的教材10部。现开设有会计、物流管理、电子商务等3个专业。将逐步形成经济管理、商务贸易、现代服务等多学科的专业格局。现有会计综合实训中心、ERP、财会手工、财会专项技能等4个校内实训室。并与港中旅酒店有限公司、远成集团、武汉海鑫国际船舶有限公司、德邦物流股份有限公司、北京方正科技信息产品有限公司、华拓数码科技有限公司、华道数据处理（苏州）有限公司、京东快递公司等多家企业合作建立校外实训基地。连续三届承办甘肃省中等职业学校学生技能大赛电子商务技术、会计技能（手工会计信息化处理）、电算会计技能（传票翻打、会计电算化、点钞）、沙盘模拟企业经营四个赛项的比赛，2016年参赛学生达300多人。学生在甘肃省大学生“挑战杯”课外学术科技作品等专业竞赛中，多次获得优异成绩。2014年代表甘肃省参加全国大学生"用友杯"沙盘模拟经营大赛获得一等奖。学生的就业率稳定在95%以上，受到用人单位的普遍好评。

五、认识老师

下面就让我们来具体地认识与同学们朝夕相处的老师。

1.辅导员老师

同学们三年的学习生活离不开辅导员老师，我院的辅导员老师主要承担学生思想政治教育和日常服务管理两种职能，具体工作任务是：指导和帮助学生树立正确的世界观、人生观、价值观，塑造良好的道德品质，使学生在学好专业知识的同时，增强综合素质；了解和掌握学生的思想政治状况，针对学生关心的热点、焦点问题，及时进行教育和引导，化解矛盾冲突，参与处理有关违纪、突发事件，维护校园安全和稳定；经常性地开展谈心活动，引导同学们养成健康的心理品质和自尊、自爱、自律、自强的优良品格，增强同学们克服困难、经受考验、承受挫折的能力；有针对性地帮助同学们处理好学习成才、择业交友、健康生活等方面的具体问题；落实好对家庭经济困难学生资助的有关具体工作，组织好学生奖、助学金评定、勤工助学、学生综合素质测评等项工作，积极帮助经济困难学生完成学业；积极开展就业指导和服务工作，帮助同学们树立正确的就业观，为学生提供必要的就业指导和信息服务，使所负责班级的学生能够顺利就业；以学生为主体，以班级为单位，引导和组织学生开展形式多样的思想教育和各项文体活动；指导学生党团支部和班委会的工作，搞好学风班风建设，做好学生骨干培养工作，激发同学们的积极性、主动性。辅导员与同学们接触得最多，联系也最紧密，因而也成为学生的良师益友。所以，同学们需要及早地认识辅导员，经常和辅导员联系和沟通，这对同学们三年的学习生活是非常有益的。

2.任课教师

除了辅导员之外，同学们接触多的就数任课老师了。高校老师的授课方式完全不同于中学老师，与学生接触的时间也相对较少，但高校老师的专业理论与专业思想比中学老师深厚得多，有些老师的授课会给同学们留下很深的印象。同学们需要认识这一点，以便明了从老师身上学什么、怎么学。

首先，要尊重老师，尊重老师的劳动。学生尊重老师体现在多个方面，比如见到老师礼貌地打声招呼，上课认真听讲不搞小动作，按时完成自己学业上的各项任务等。尊重是人的基本需要，每个人都希望别人尊重自己，学生希望老师和其他同学尊重自己，老师更希望得到学生的尊重。在尊重老师的基础上，自然地应该尊重老师的劳动，这也是衡量一个学生修养与素质的标准。

其次，勤学好问，虚心求教。高校老师上课主要讲授重点、难点内容，授课进度比较快，课堂教学往往是提纲挈领式的，其余部分就要由学生自己去细读、理解、消化、掌握，大部分时间是留给学生自学的。因此，同学们需要自觉地利用课间、业余时间，实在搞不懂的问题，或直接找老师请教，或通过网络、电话等各种手段与任课老师及时沟通和联系。勤学好问是一种好的习惯，不仅直接使自己受益，还会加深与老师的交流，无形中缩短与老师的距离。除辅导员外，任课老师并没有多少时间和学生直接交往，因此，常向老师请教学习上的问题会加深师生彼此的了解和感情。

第二节　实现角色转换

一、准确完成定位

作为一名新同学，你会发现，曾经无数次在脑海里勾画过的美妙大学生活，与自己所面对的现实可能会有不小差距，新鲜感过后，你会不同程度地遇到如下问题：

○第一次离开家人独自生活在遥远的陌生地方，还有很多新生甚至是第一次住校，父母亲不能照顾你的生活。

○与六七位同学挤在一个寝室，每个人生活习惯不同，脾气性格各异，你必须天天与他们打交道，还要接受很难有安静独处空间的事实。

○手中有一个月甚至半年的生活费，却不知道该如何合理地使用这些钱。

○走进食堂，面对五花八门的饭菜，你要么找不到像母亲做得那样可口的饭菜，要么不知道自己该吃点什么。

○新地方的气候与家乡气候相差很大，你可能不知道怎样随着气候变化适时地搭配衣服。

○老师不再替你安排业余时间，一般也不会订购统一的教辅书、学习资料。除了讲课，留给你的都是业余自学时间。

○时间非常空闲，不知道自己该干什么，整天在浑浑噩噩、不知不觉中度过。

○自己选择的专业并没有想象中那么好，很多课程其实索然寡味。

○周围的同学都在忙自己的事，你不再像中学时那样是大家关注的中心，而只是班级中很普通的一员。

○ 形形色色的学生社团和组织，让你眼花缭乱。

每个人来到一个新的环境，都会或多或少地有些不适应，不要期望高校的新环境还会和以前熟悉的环境一样，也不要总沉浸在对过去的留恋中。勇敢地接受你已经处于新环境的现实，将茫然与困惑抛到脑后，看看你在入学之初应该先做好哪些事情。

跨进大学校园的大学生开始了丰富多彩的大学生活，你所面临的首先是一个适应的过程，针对这个过程，要做到以下几点：

1. 要迅速给自己今后的发展方向定位

想要深入钻研专业知识，深入学习、了解本专业研究概况，对自己学习的专业有一个全面而宏观的了解。渴望通过参加社团活动锻炼自己的组织才能、社会实践能力的同学，可以到学生会和团委报名参加学生干部的招募。但是，千万不要以为大学时间很长，学习和工作很容易兼顾。先明确自己是怎样的个性、要做什么、能做什么，再作决定。

2.要给自己的兴趣特长定位，根据个人特长来选择学生社团

我院有二十多个学生社团，每到开学之初，各社团往往都要开展纳新活动，作为大学新生的你不要盲目地参加，更不要一口气报上好几个社团。参加学生社团会在专业学习、素质拓展和兴趣培养等方面给你提供许多帮助，但同时社团活动会对你的个人时间、身体素质和经济状况有一定要求。

3.要把自己定位成一个独立生活的成年人

对大多数大学新生来说，上大学是第一次离开父母，在生活上仅仅能够自理还不够，还要不断地提高自己的生活能力。让自己成为一个真正独立的、对自己负责的人。我们要让自己的生活更有条理，身体更健康。卧具、衣服要定时更换清洗；一日三餐不用奢侈，但一定要注意营养，要保证有足够的能量，女生也不要为了苗条而不吃早餐。

二、及时完成认同

每个人都在一定的社会环境中生活，如家庭、学校、工厂、机关。承认并意识到自己在这个环境内，愿为营造这个小环境而尽自己微薄之力，这便是认同感情。在校园里，人们常常可以看到不少大学新生入学很长时间了，仍把自己当成“校外人”。宿舍卫生搞不好，他们骂学校；伙食差些，骂学校；教材缺页，骂学校；甚至连走路被树根绊着，也骂学校。这些学生不管事情是什么原因造成的，一有不满意就骂，似乎对于如何搞好学校他们没有一点责任。作为一个集体，我们需要的是鼓励，是认同感，缺乏认同感正是影响这些学生情绪的重要根源。

事实告诉我们，有共同的奋斗目标，有共同的责任感，是搞好一个集体的根本保证。如果所有人都身在集体内，心在集体外，不为集体尽一份责任，却把集体当成进攻目标，这个集体就一定搞不好。如果我们每一个人都能以主人翁的态度对待这一切，更为重要的是要及时扩大自己的人生视角、社会视角，对生活前景和自己的前途看得远些、开阔些，不要把目光局限在自己眼前的痛苦上，就有助于培养自己敢于面对困难的乐观主义态度。当你的注意力集中在更重要的事情上时，这些琐碎小事就不会太挂怀了。假如你感觉到生活压力影响你的情绪时，看看报纸，听听新闻，你会从中感受到时代的脉搏。想过去，看未来，此起彼伏，你会获得稳定情绪的力量。当我们视野变广阔，目光变长远后，就会发现，与某些人曾经经历的挫折相比，自己的这些不快只能算是无病呻吟。既然他们能挺过去，我又为什么不能呢?

三、适时完成角色转换

1.生活上

进入高校后，首先是生活环境发生了很大变化。过去，大大小小的事都可以依赖父母，由父母代劳；现在，父母不在身边，独立生活，凡事都要靠自己。从吃饭穿衣，到如何支配生活费，都得学会自理，攥着父母的血汗钱，算计每月吃穿费用，否则就会发生“财政赤字”，就免不了尴尬与窘迫。远离了父母、远离了昔日朋友的你，身处一个完全陌生

的环境，心里可能有些迷惘、有些伤感。初次远离家乡，到外地求学，许多大学生的思乡之情会随着时间的流逝日益浓烈。新同学的陌生感更增加了你心底那份化不开的孤独，每天背着书包奔波在校园中，独自品味孤独的生活。

为此，首先要不断提高生活上的自理能力，特别是一些基本的生活能力。生活自理能力还反映了一种对生活的态度和对其他人的尊重。一方面，应该学习和掌握一些必要的生活自理常识，逐渐从依赖别人的生活方式转变为独立的生活方式；另一方面，全新的集体生活与和父母在一起的生活很不一样，父母可以最大限度地包容你，现在却需要你包容其他同学。来自不同家庭、不同地方，有着不同文化背景、不同生活习惯的同学，要在同一个屋檐下相处几年。相逢是缘，大家都有优点，可以共同分享；大家也都各有缺点，更该彼此宽容，取长补短。

2. 身体上

第一次远离家乡到异地去上学的大学生，常会出现一系列原因不明的不适症状，如失眠、乏力、全身不适、头晕、胸闷、食欲减退、恶心、腹胀、腹痛、腹泻等，有时还会发生全身斑疹等过敏现象。这就是大家常说的“水土不服”。针对不同的症状，应采取不同的应对措施。

由于饮食习惯改变而引起的食欲不佳。尽可能吃一些之前经常吃的主食、菜肴相同或相似的食物，不要拒食、偏食；并适量吃些当地的主要特色食物或风味食品，以逐步适应。肠道反应比较严重，食欲不振，并伴有恶心、呕吐时，可适当服用一些抗感染及助消化药，如黄连素、复方新诺明以及酵母片、保和丸、藿香正气水等，并且要注意饮食，适量多饮用些白开水，不要吃冷饮和不易消化的食物，不喝生水，不生吃蔬菜。

3. 心理上

进入高职院校就读的学生，基本上是在与本科院校无缘的情况下而作出的一种无奈选择，往往具有或强或弱的自卑心理，或者叫“失落感”。高职生的心理发展趋于成熟，具有一定分析和解决各种问题的能力，对处理问题有一定自信心，但由于各种因素的影响，又往往缺乏自信心。因此，同学们要勇敢地面对现实，放眼未来，积极地投身于现阶段的学习和生活中来。这就需要大家做好以下事情：

(1)注重培养和提高自己的政治理论素质。积极参加时政报告会、专题讲座、演讲、辩论赛等形式多样、内容丰富的活动。

(2)积极参加具有创新意义的社会实践活动，从而提高学习兴趣和自主学习能力。

(3)主动和老师、同学们多交流、多沟通，逐步积累做人、处理各种事情的经验，使自己的思维意识逐渐变得成熟。努力培养自己勇于创新、敢于创造、善于创业的精神。

第二章　熟悉学习环境

第一节　了解高职教育

一、高职教育的含义

高等职业教育(简称高职教育)是高等教育的重要组成部分,是以培养具有一定理论知识和较强实践能力,面向基层、面向生产、面向服务和管理第一线职业岗位的实用型、技能型专门人才为目的的职业教育。高职教育既有高等教育的属性,又有职业教育的特点,是职业教育的高等阶段。

二、高职毕业生的就业

就业是民生之本,能否顺利实现就业关系到每一个毕业生的成才立业,寄托着数百万家庭的希望。为此,党和政府把高校毕业生就业工作提到执政理念的高度来认识和对待,努力解决关系民生这一最受关注、最直接、最现实的利益问题。各级政府和高校以对人民群众高度负责的精神,千方百计地为毕业生就业牵线搭桥,尽最大努力帮助毕业生实现就业愿望,帮助他们找到适合自己的社会舞台,最大限度地帮助毕业生实现其社会价值和人生价值。

过去的几年里,高职院校进一步以就业为导向深化教育教学改革,大力开展校企合作、订单式培养、顶岗实习,强化实践环节,毕业生就业能力不断提高;同时各高校不断加大投入,积极开拓就业市场,大力加强就业指导。全国各大调查机构发布的数据显示,虽然目前整个高校毕业生就业形势严峻,但不少高职院校学生就业情况比往年要好,全国一半以上省份的高职就业率已经超过本科就业率。专家分析,这是由于高职生比较实际、少有挑剔的就业观,而且实践能力强、上手快、用得上、留得住,所花费用较少,受到用人单位的青睐。随着社会主义市场经济逐步完善,经济建设和社会发展对人才需求的多样化趋势越来越显现出来,人才市场会逐步成熟,加上高职院校办学特色日趋明显,高职教育所培养的技术应用型人才的社会需求会与日俱增。此外,社会对高职认同度也有很大提高,一些行业、机构、团体愈发关注高职教育,一些办学特色鲜明的高职院校正在逐步成为新闻媒体的关注点,我院几个特色专业的毕业生还很抢手,甚至出现供不应求现象。因此,高职生就业发展趋势会越来越好。

第二节　考取技能证书

为了提高高职毕业生综合素质和竞争能力，近年来高职学院实行“双证”制，即普通高职生除了各门课程合格以外，必须获得职业技能鉴定证和英语等级证书方可获得毕业证书。

一、职业资格考试

职业技能鉴定是国家职业资格证书制度的重要组成部分。职业资格证书是表明劳动者具有从事某一职业所必备的学识和技能的证明。它是劳动者求职、任职、开业的资格凭证，是用人单位招聘、录用劳动者的主要依据，也是境外就业、对外劳务合作人员办理技能水平公证的有效证件。职业技能鉴定是一项基于职业技能水平的考核活动，属于标准参照型考试。它是由考试考核机构对劳动者从事某种职业所应掌握技术理论知识和实际操作能力作出的客观测量和评价。

***鉴定形式与标准**

职业技能鉴定分为知识要求考试和操作技能考核两部分。知识要求考试一般采用笔试，技能要求考核一般采用现场操作加工典型工件、生产作业项目、模拟操作等方式进行。计分一般采用百分制，两部分成绩都在60分以上为合格，80分以上为良好，95分以上为优秀。

职业技能鉴定的级别一般分为五个等级，分别是初级、中级、高级、技师、高级技师，根据不同的工种略有不同。

***我院鉴定概况**

我院承建的甘肃省第八国家职业技能鉴定所，是全国唯一一所设在学校的具有煤炭行业相关工种鉴定资格的职业技能鉴定所。自2001年8月2日成立至今已有15年鉴定历程，有着丰富的开展职业技能鉴定的经验。主要面向我院在校学生进行培训、鉴定，鉴定时间为每年4、5、6、10、11、12六个月，鉴定工种达30个，为我院实行“双证书”提供了重要保障，也为学生就业拓宽了道路。

★考试时间

国家职业资格统一鉴定日(以下简称“统考日”)制度。具体时间见省技能鉴定中心安排和学院通知。

二、高等学校英语应用能力考试(A/B级考试)

高等学校英语应用能力考试(简称PRETCO)是由教育部批准成立的高等学校英语应用能力考试委员会设计,供高职高专院校和成人高专院校学生参加的标准化考试。考试主要考核考生实际应用英语进行日常和业务涉外交际的能力,旨在促进高职高专英语教学向培养高等应用技术型人才的方向进行改革;同时为用人单位提供对高职高专毕业生英语水平的评价标准,以提高其进入人才市场的竞争力。考虑到目前我国高职高专学生英语入学水平的现状,教学要求分为A级和B级;A级为标准级,B级为过渡级。本考试也相对应地分为A级考试和B级考试。修完规定的全部内容的学生可参加A级考试;修完B级规定全部内容的学生可参加B级考试。

★考试方式和对象

考试方式为笔试,笔试测试语言知识和读、听、译、写四种实用技能。考试对象为高职高专学校修完公共英语课程的在校学生,对考试合格(或优秀)的学生,将由全国高等学校英语应用能力考试委员会统一颁发“高等学校英语应用能力考试合格(或优秀)证书”。

★报名和考试时间

我院是高等学校英语应用能力考试考点,报名时间为每年3月、9月,考试时间为每年6月、12月的第三个星期日。

三、全国计算机等级考试

全国计算机等级考试(National Computer Rank Examination,简称NCRE)是经教育部批准,由教育部考试中心主办,面向社会,用于考察应试人员计算机应用知识与技能的全国性计算机水平考试体系。

★报名和考试时间

一般为每年6月、12月,具体时间见每次报名通知。考生不受年龄、职业、学历等背景的限制,任何人均可根据自己学习和使用计算机的实际情况,选考不同等级的考试。上次考试的笔试和上机考试仅其中一项成绩合格的,下次考试报名时应出具上次考试成绩单,成绩合格项可以免考,只参加未通过项的考试。NCRE考试每年开考两次,分别在3月及9月举行,具体日期以上级主管部门公布为准。第一天上午笔试,上机考试从笔试的当天下午开始(一级从上午开始)。上机考试期限定为五天,由考点根据考生数量和设备情况具体安排。

＊考试科目

NCRE级别/科目设置如下：

级别/类别	科目
一级	一级 MS Office
	一级 WPS Office
	一级 B(部分省、市开考)
二级	C语言程序设计
	C＋＋语言程序设计
	Java语言程序设计
	Visual Basic语言程序设计
	Delphi语言程序设计
	Visual FoxPro数据库程序设计
	Access数据库程序设计
三级	PC技术
	信息管理技术
	数据库技术
	网络技术
四级	网络工程师
	数据库工程师
	软件测试工程师
计算机职业英语	一级
	二级(开发中)
	三级(开发中)

其中：

一级考核微型计算机基础知识和使用办公软件及因特网(Internet)的基本技能。考试科目：一级 MS Office、一级 WPS Office、一级 B(部分省市开考)。

二级考核计算机基础知识和使用一种高级计算机语言编写程序以及上机调试的基本技能。考试科目：语言程序设计(包括 C、C＋＋、Java、Visual Basic、Delphi)、数据库程序设计(包括 Visual FoxPro、Access)。

三级分为"PC技术"、"信息管理技术"、"数据库技术"和"网络技术"四个类别。"PC技术"考核PC机硬件组成和Windows操作系统的基础知识以及PC机使用、管理、维护和应用开发的基本技能；"信息管理技术"考核计算机信息管理应用基础知识及管理信息系统项目和办公自动化系统项目开发、维护的基本技能；“数据库技术”考核数据库系统基础知识及数据库应用系统项目开发和维护的基本功能；“网络技术”考核计算机网络基础知识及计算机网络应用系统开发和管理的基本技能。

四级分为“网络工程师”、“数据库工程师”和“软件测试工程师”三个类别。“网络工程师”考核网络系统规划与设计的基础知识及中小型网络的系统组建、设备配置调试、网络系统现场维护与管理的基本技能；“数据库工程师”考核数据库系统的基本理论和技术以及数据库设计、维护、管理、应用开发的基本能力；“软件测试工程师”考核软件测试的基本理论、软件测试的规范及标准，以及制订测试计划、设计测试用例、选择测试工具、执行测试并分析评估结果等软件测试的基本技能。

★成绩及证书

NCRE 考试笔试、上机考试实行百分制计分，但以等第分数通知考生成绩。等第分数分为“不及格”、“及格”、“良好”、“优秀”四等。笔试和上机考试成绩均在“及格”以上者，由教育部考试中心发合格证书。笔试和上机考试成绩均为“优秀”的，合格证书上会注明“优秀”字样。

全国计算机等级考试合格证书式样按国际通行证书式样设计，用中、英两种文字书写，证书编号全国统一，证书上印有持有人身份证号码。该证书全国通用，是持有人计算机应用能力的证明。

我院设有全国计算机等级考试考点，学生可以报考的等级有一级 B、二级 C 语言设计、二级 VB 语言设计、二级 VF 语言设计、三级网络技术。

第三节　延伸继续教育

为了满足高职毕业生继续学习的需求，学生毕业后除了就业以外，还可以通过多种继续教育途径来实现继续深造的愿望。因此，同学们很有必要了解这方面的情况。

一、普通专升本

普通专升本是为应届专科、高职学生提供继续深造普通本科的一条渠道。普通高校专升本按国家规定专升本学生入学后，按所在本科院校学生学籍进行管理，毕业后由学校统一颁发毕业证书。普通高等院校专升本招生院校及计划以省教育厅和省发改委每年下达的计划为准。报考院校为省属普通本科院校，包括：兰州理工大学、兰州交通大学、西北师范大学、甘肃农业大学、兰州财经大学、中医药大学、甘肃政法学院、兰州城市学院、天水师范学院、陇东学院、河西学院等。

★报名条件

省内普通高等本（专）科院校、高等职业技术学院按国家计划招收的普通专科（高职)应届毕业生;省内普通高职(专科届毕)毕业学历退役士兵;中等专业学校 3+2 转段的应届毕业生;身体健康。在我省定居的外国侨民,除符合上述条件外,须持省公安厅填发的“外侨居留证”,方可报名。

*** 报名时间、地点和办法**

(1)报名时间:一般为每年 12 月中下旬,具体时间见每年《甘肃省普通高等学校专升本招生实施办法》的通知。

(2)报名地点:具有专升本招生资格的本科院校招办。

(3)报名办法:符合报考条件的考生,只准报考一所本科院校的一个专业,报考专业应与本人在高职(专科)院校学习的专业相同或相近。考生报名时,须持本人居民身份证、毕业学校证明、5 张二寸近期正面免冠照片和当年被普通专科(高职)院校录取的《录取新生简明登记表》复印件等,由我院招生工作处集体到所报考的本科院校设立的报名点办理报名手续。退役士兵须持身份证、普通高职(专科)毕业证、士兵退役证以及 5 张二寸近期正面免冠照片,单独到所报考的院校办理报名手续。

*** 考试**

考试科目与计分办法。考试科目分为公共课和专业课。公共课为计算机(分理工农医类、文史财经类)、英语,每科满分为 150 分;专业课满分为 200 分。命题制卷。各招生院校自行负责计算机、英语两门公共课和专业课的命题与制卷。考试时间。全省统一考试时间一般在每年 3 月上旬,具体考试时间见省招生办公室通知。考场设在招生院校本部。考试由各招生院校按有关规定组织实施。

*** 录取**

录取工作在省招生委员会的统一领导下,由各招生院校组织实施。录取实行“学校负责、招办监督”的录取体制。即招收本科生院校根据专升本的招生计划和生源情况,从以下三种划线方法中任选一种,但不得对单科成绩另作要求:

(1)按文、理科大类划定公共课分数线,专业课单独划定最低控制分数线。

(2)按校划定公共课分数线,专业课单独划定最低控制分数线。

(3)分文、理科按专业划定公共课分数线和专业课最低控制分数线;录取新生报到时,必须交验普通高职(专科)毕业证原件,退役士兵还必须持退役证原件。

二、成人专升本

高职毕业生也可以通过成人专升本获得更高的学历证书,报考专科起点升本科(以下简称“专升本”)的考生必须是已取得经教育部审定核准的国民教育系列高等学校、高等教育自学考试机构颁发的专科毕业证书或以上证书的人员。为满足我院在校三年级学生继续深造的愿望,我院成教部一般每年 12 月份以系为单位组织报名,先期入学上课,建立考绩档案。等秋季报名参加全国成人高考录取后,再建立正式学籍档案。

＊报名时间、地点和报名办法

(1)报名时间:成人高考的报名时间一般在每年8月中旬至9月初,10月中下旬参加全国成人统一考试。具体报名、考试时间,以甘肃省考试院通知时间为准。

(2)报名地点:考生持身份证、毕业证等相关有效证件到所辖市、州招生办公室指定的报名点办理报名手续。各市、州招生办公室负责组织和指导考生报名。

(3)凡报考小语种考试科目的考生,一律集中到兰州市城关区招生办公室报名,参加考试。

(4)报名办法及要求:考生报名时须交验身份证和学历文凭原件和复印件,由报名点工作人员审核后,办理报名手续。在我省工作的外省籍考生报名应由所在单位出具证明,方可报考。具有照顾条件的考生,应同时出示各类照顾证书(证明)的原件和复印件,经审核符合照顾规定的,方可办理加分手续。

(5)考生一般应在户口所在地报名并参加考试。所有参加全国统考、单考和免试入学的考生均需办理报名手续。

＊学习形式

成人专升本主要以业余形式学习为主,全学程为三年,每学期集中面授20天,其余时间自学。现在教育部规定,普通高等学校举办的成人高等学历教育一律停止招收脱产学生,也就是成人继续教育一律实行函授教育形式,不实行脱产学习形式。

＊考试

(1)各市、州按考务管理规定组织考试。考点均设在市、州人民政府所在地(兰州市可设在近郊四区)。

(2)考生参加考试时须持准考证和身份证,以便核查。考生身份证如丢失,应事先取得当地户籍管理部门出具的贴有本人近期照片并加盖有骑缝章的证明。

(3)专升本统考科目为政治、外语和一门专业基础课。以上统一考试科目试题除日、俄小语种外,其他各科试题均由教育部命制。

(4)专升本中统考科目外语,考生根据报考学校对外语语种的要求,可在英、日、俄语种中任选一种。

(5)统考科目按教育部《全国成人高等学校招生复习考试大纲》的要求命题。所有统一考试科目每科试题满分均为150分;专升本每门考试时间为150分钟。

(6)考试时间,一般为每年10月中旬,以甘肃省考试院通知时间为准。

＊录取

(1)录取工作在省招生委员会的统一领导下,由省考试院组织实施。录取工作全部实行计算机现场局域网录取。

(2)录取最低控制分数线由省招生委员会根据考生统考成绩和招生计划按考试科类划定。录取时按考生志愿和投档比例,从高分到低分顺序投档。

＊我院成人专升本招生情况

(1)我院成教部主要与兰州大学、西安科技大学、成都信息工程学院联合办学，招收成人高等专科升本科学历教育，学习形式为函授，成都信息工程学院学制两年半，西安科技大学和兰州大学学制为三年。从考生参加成人高考取得学籍算起，三年内修完所有课程并考试合格，由兰州大学、西安科技大学、成都信息工程学院分别颁发国家教育部统一印制、统一电子注册的成人高等教育本科毕业证书。凡应届本科毕业生在校学习期间，各门课程成绩达到75分以上，并参加陕西省（西科大）、甘肃省（兰大、成信）学位外语考试成绩合格，即可取得所报院校颁发的学位证书。兰州大学学生还需参加兰大校考课程。

(2)招收专业。

兰州大学招收的专业有：工程管理（理工类）、电气工程及其自动化（理工类）。

西安科技大学招收的专业有：计算机科学与技术（理工类）、地质工程（理工类）、采矿工程（理工类）、测绘工程（理工类）、工商管理（理工类、经管类）、会计学（理工类、经管类）。

成都信息工程学院招收的专业有：大气科学（理工类）、环境工程（理工类）、雷电防护科学与技术（理工类）、计算机科学与技术（理工类）。

具体招生专业详见当年成人招生简章。

(3)收费情况。我院严格按照兰州大学、西安科技大学、成都信息工程学院规定的学费标准收费。兰州大学函授学习每学年1800元／生；成都信息工程学院函授学习每学年2200元／生；西安科技大学函授学习每学年2000元／生。教材费每学年预收200元/年，多退少补。

三、高等教育自学考试

高等教育自学考试简称自考。高等教育自学考试是对自学者进行的以学历考试为主的高等教育国家考试，是个人自学、社会助学和国家考试相结合的高等教育形式，是我国社会主义高等教育体系的重要组成部分。其考试结果是国家承认的，所取得的毕业证书是国家承认的学历文凭，但自学考试是国家出题，难度比较大。作为一种新的教育形式，国家考试是这种教育形式的核心，个人自学、社会助学则是教育形式的具体体现。通过国家考试、个人自学、社会助学的成果，得到检验和认定，并得到社会的承认。高教自学考试具有双重任务：培育和选拔人才。

＊自学考试报考条件

中华人民共和国公民，不受性别、年龄、民族、种族、学历、身体健康状况、居住地等限制（不限制户口，可在异地报考毕业），均可按省级自学考试机构规定的时间和地点报名参加考试。对有特殊要求的专业，考生须按有关规定报名。待考生办理本科毕业证书时，必须交验国家承认学历的专科及以上学历证书原件，否则，不给办理本科毕业证书。专科在读的情况也可以报考本科，只是领本科毕业证的时候必须有国民教育系列的专科毕业证。

★考试时间

报名时间

补报名：每年3月上旬，具体时间见每年通知；7月报名：每年5月底，具体时间见每年通知；10月报名：每年8月中旬，具体时间见每年通知。考试时间：每年4月、7月、10月安排考试。自考大考和小考：自考一年有两个大考，分别是4月和10月，两个小考，分别是1月和7月；大考各个县级以上都有，小考则多数只有市一级才有；大考考得比较全，小考只考些公共科目，可以跨区报名考试。

★考试地点

笔试：一般在报名的自考办所在辖区。

实验、上机类：由主考院校与省自学考试办公室协商，一般在所报专业主考院校内的相关专业的系（学院）的实验室、机房。

第四节 利用图书资料

图书馆是人类知识的宝库，对广大读者而言，它是知识之源，是良师益友，是终身学习提高的好场所。我院图书馆是全院广大师生进行教学和开展第二课堂的重要基地，也是广大师生陶冶情操、提高道德文化水平的基地，尤其在各种科学文化知识亟待更新的时代，图书馆工作和藏书的质量对学院所有人员有着不可低估的价值。只有了解图书馆、认识图书馆，才能学会利用图书馆，只有充分利用图书馆，才会激发求知欲，提高利用网络查找信息的能力，提高鉴别和组织信息资源的能力。

一、学院图书馆基本情况

兰州资环学院图书馆共六层，地上五层，地下一层，总建筑面积21000多平方米，拥有纸本图书45万册，各类中、外文期刊300余种，拥有电子图书300GB，数据库13个，种类丰富，品质优良。能够提供阅览座位1200多个。馆藏结合学院各专业学科以气象、煤炭、地质、水工、电子、经济、计算机管理等专业藏书为主，突出气象、煤炭特色。图书馆一贯坚持“以服务为宗旨、以创新为目标”的办馆方针，确立了将本院图书馆建设成为全校师生文献检索中心的目标。提倡新的道德风尚，加强精神文明建设，提高服务水准。首先，坚持“服务师生有热心，解答问题有耐心，团结同事有爱心”的目标；其次，规范服务用语；再次，提倡良好的学习、研究环境和借阅场所，力争让一本书、一句问候、一个微笑都能蕴涵独特的人文精神。图书馆开设了“怎样利用图书馆”和“网络检索”等专题讲座，努力开展多项服务，如流通服务、阅览服务和信息技术服务。

图书馆是为公众提供学习的场所，因而需要订立一些制度和公约来规范和约束大家的行为。

＊读者文明公约

(1)严格遵守图书馆的规章制度，文明借阅，爱护各项公用设施，不得在桌椅、门窗、墙壁上涂抹刻画，不得撕裁、污损图书，违者按《图书赔偿及罚款细则》处理。

(2)读者进入书库，要保持安静，禁止大声喧哗，言谈举止要文明礼貌。不得穿拖鞋、背心、响底鞋入库，禁止在书库进餐、嚼口香糖、吃零食，严禁随地吐痰和乱扔纸屑、杂物等，要自觉维护公共秩序。

(3)不允许带书包、课本等自己的书物入库。

(4)书库内严禁吸烟，严禁带火种和易燃易爆品入馆。

(5)闭馆前五分钟，一般不再允许读者进入书库，并提醒读者办理有关手续。读者应严格遵守借阅部的规章制度，服从工作人员管理，不得无理取闹。对违反规定者，视情节轻重给予批评教育、扣证、罚款或交有关部门处理。

以上公约，全体读者应自觉遵守，望大家共同努力，把兰州资环学院图书馆建设为一个安静、舒适、幽雅的学习场所和社会主义精神文明的阵地。

二、怎样办理借阅借书证

＊办理借书证

(1)本院教职工、学生均可凭本人工作证或学生证，交近期一寸免冠近照1张，在图书馆借阅处办理。

(2)每年新生入学以教务处审查合格后的新生注册名单，由各班学习委员负责，每名学生交近期1寸免冠照片1张，统一到图书馆借阅处办理。

＊怎样借阅图书

(1)明确检索目的：读者首先要明确是要查找一本具体的图书，如已知所需书书名或是某一作者的书，或是查找某一主题的书，如“关于电子商务的书”，明确了自己的检索目的以后，即可入库借书。

(2)查询图书收藏情况：读者依自己的检索需求，查询图书馆的卡片目录或机读目录，获取相关的查询信息，比如分类号、索书号、收藏信息等，然后准备入库。

(3)入库选书：本馆书库全部实行开架服务，即读者自己可以进入图书馆的书库，选取自己所需的书，也可凭浏览获取相关的图书。读者入库时，在借书入口处将本人借书证交给工作人员，领取代书板，进入书库选书。

第三章　渐入学习状态

第一节　调整学习状态

一、体验军训生活

＊军训的意义

人生中的每段经历都如一颗颗晶莹剔透的珍珠，当你驻足回首，用心将其一一串起时，你会发现你将会拥有一笔美丽而又珍贵的财富。军训对我们每个人来说，是人生旅程中不可多得的一次磨炼自我、发展自我的契机。军训有以下意义：

第一，军训有利于培养大学生吃苦耐劳的精神。中学时代大家都很辛苦，而军训之苦却是另一番滋味。简单地说，军训之苦是一种强制性的苦，是一种更能磨炼人意志的苦。

第二，有利于增强国防观念，并培养时刻准备捍卫祖国的意识。我们现在的年轻一代生长在和平年代，享受着革命先辈们开创的幸福生活。我们一是不能忘记今天的生活来之不易，要懂得珍惜；二是要有居安思危的意识，要知道当前国际环境非常复杂，我们的国家仍然面临许多不安全、不稳定因素，一旦有危及国家和民族安全的事件发生，我们大学生就要顺应时代要求，敢于担当。军训是一个契机，它能培养我们的国防观念，锻炼我们顽强拼搏的意志。

第三，军训有助于大学生培养集体荣誉感。军训提供了一个能够让我们融入大集体的环境，在这个环境中，大家相互关爱、相互帮助，集体团队意识得到增强。在军训的那段时间里，同学们同时起床、同时吃饭、同时出操，劲使在一起，汗洒在一起，一同感受苦和累，一同收获成果与快乐。短短十几天，大大增进了新同学之间的相互了解，更进一步融洽了同学之间的关系。大家在不知不觉中已经感受到了集体荣誉感的伟大与崇高，这是同学们人生道路上的生动一课。

第四，军训有益于大学生德、智、体、美的全面发展。军训在锻炼大学生强健体魄的同时，还使同学们初步学到一些国防知识和条令条例，学到了军队令行禁止的原则，感受到了解放军严明的纪律和雷厉风行的作风。

进入高校后，我们首先迎来的就是军训，“军号嘹亮步伐整齐，人民军队有铁的纪律，服从命令是天职……”是迎接新生的第一堂课，也是大学生一生难忘和骄傲的一段经历。

军训的任务由学院联系具有军训资质和经验的解放军或武警部队的教导队来承担，军训教官都有较高的军事素质和军容风纪，他们根据学院的要求和学生的体能情况，有针对性地实施军训课程。军训时大活动以方阵编队为单位，小活动以班为单位来组织，有规定的训练课程，也有各种类型的评比和竞赛。军训的形式和内容丰富多彩，包括常规的整理内务训练、军容风纪大检查、队列训练、军体拳训练、大阅兵等，其中也穿插文艺活动，如拉歌比赛、小型联欢会等。军训中的一举一动、一招一式都有严格的规范和要求，都要认真去做，同学们随时随地都能感受到纪律的约束力和强制性，这对大家养成遵守纪律的意识具有重要意义。

*** 军训小常识**

军训是很苦很累的，注意保护好自己的身体更重要：

(1)军训之前，一定要进行必要的体检，对于身体不适应参加军训的同学，只可参加军事理论学习和观摩军训活动；军训中虽然讲“流血流汗不流泪，掉皮掉肉不掉队”，但是体质较差的同学，身体实在坚持不下去，就要注意休息，不要硬撑，防止出现意外。

(2)军训期间，要注意补足水分，不要饮用生水，不吃变质食品。以喝运动饮料、茶水、盐水为最佳，不要拼命喝白开水和矿泉水。军训后体力消耗较大，这个时候不要亏待自己，多吃一些肉类、蛋类，注意补充营养，同时注意补充各类维生素。

(3)军训期间，一定要按时作息，注意卫生。军训时常会遇到高温天气，体力消耗大，在休息期间不要做其他事情，保证自己有充足的睡眠，以便恢复体力。

(4)要注意防晒。尤其是爱美的女生，出门前半小时涂防晒霜，因为它需要时间吸收。防晒霜一般要两个小时涂一次，军训时休息时间不由自己掌握，而且出汗较多，所以休息时抓紧时间涂。

(5)大雨或大汗淋漓后不要急于喝水，休息片刻再补充水分，以免突然加重肠胃负担，造成伤害。

(6)军训生活中要学会与同学沟通，有困难要学会虚心向同学和教官请教，如：着军装、走队列、站军姿、整内务、叠军被等。

二、适应高校学习方法

短暂的军训生活结束后，接下来就要进入学习阶段了，这时，同学们需要尽快地把注意力转移到如何适应学习上。在此期间，必然有一部分学生不太适应，这种不适应在三年里表现的侧重点也有所不同。

大一：对新环境不太适应

对于刚刚进入高校的大一新生来说，面临的问题相对最多，包括学习、人际关系、生活环境等，而绝大多数问题都源于“不适应”。进入高校后，首先面对的是学习内容上的较大变化，因为高中的课程还是延续初中的知识，而进入大学后，除了一些公共课，还要开始学习专业课，要学习很多平时从来没有接触过的知识。不少新生会感觉难以消化这么多知识，学习很吃力。另外，大学时期，班级不像高中那么紧凑，老师对学生的管理相对较少，给学生更多的自由空间。这样较为松散的班级关系同样让一些新生难以适应，感觉无所适从，心里没着落，中学时班主任管得多有点烦，这时没人管反倒不习惯。

大二：学习问题比较突出

根据经验，大二是相对平稳的一年，因为大部分人通过一年的调整，已经能适应大学生活，但仍有少数人难以适应，出现抑郁症甚至退学等。这期间大多数学生面临的难题就是学习，比如专业课开得较多，英语要考四级等。学生此时开始思索自己的前途，有的想多考证以便于找工作，有的想继续深造，觉得任务重，压力大。

大三：就业选择的压力

相对于大二，大三的学生会更有意识地考虑自己今后的去向和发展，学习压力仍然没有减轻，而与前两年不同的是，就业的问题日益迫近。就业关系到每一个学生的前途命运，备受家长和学生本人的关注，它的重要程度无论从哪一方面说都不为过。一般情况下，从大三的第一学期开始不久，就陆续有用人单位来校招聘毕业生，其中有一部分学生会提前签约，这当然是十分幸运的。不过，这样顺利签约的毕竟还是少数，多数学生还处在观望与等待之中，有时这个过程不免有些焦虑和难熬，这或多或少都会对学生的学习产生影响。还有的学生在校期间谈了对象，这时候两人的关系怎么处理，是继续保持关系毕业后往一起走，还是就此分手天各一方，这种情况也困扰着这部分同学，给他们带来不小的心理压力。所有这些问题的出现，都不同程度地影响着学生的情绪，当然也影响正常的学习生活。

如何适应高职院校的学习特点和变化，尽快了解和掌握高职院校学习的基本规律，是摆在每一名新生面前的首要问题。

★正视现实，迎接挑战

同学们接到录取通知书后，有些同学可能因自己的考分不理想，没实现加上父母的意愿，为没能进入自己喜欢的学校或专业而惋惜，尤其是学校环境、条件、设施尚有不尽如人意之处时，心中对大学的渴望变成一种失望，或者有一种理想破灭的感觉。一些新生会对学校没信心，对专业没兴趣，有的是凭想象，有的是仅凭道听途说的某些议论，而对所学专业或学校不了解，因此不想学习。其实，专业兴趣不是天生的，而是后天养成的，兴趣是可以培养、转化的，人是自己志向的创造者。大多数同学进校后能够积极地面对现实，及时调整自己的方向，并没有因为学校和专业不理想而影响学习的进步。但也确实有极少数同学因学校或专业不如意而放弃了理想，整天混日子，听不进老师的忠告，得过且过，一年下来，轻的几门功课不及格，重的落得个退学的下场，既影响了学业，也毁掉了个人的前途。因此，无论我们是以怎样的心态迈进高校的校门，无论我们是否进入了自己理想的天地，也无论我们在学习过程中还会遇到什么样的挫折，只要我们面对现实，始终保持永不言败的进取精神和饱满的求知热情，我们就一样会成功。

第二节　适应集体生活环境

高校与军队相仿，是一种典型的集体生活方式，大学生要很快融入这个“大家庭”中，并且习惯这种生活方式，有一个适应的过程。

一、享受多姿多彩的公寓生活

“百年修得同船渡，千年修得共枕眠。”照此计算，我们大学三年住同一宿舍的舍友最起码也有几百万年的修行了。舍友在我们一生中是极有分量的角色，在我们最渴望经历、最需要友情、最渴望成长的年代，一群原本素不相识的青年因一个共同的“梦想”而走到了一起。在那么一块小小天地里，在简朴的架子床上，在缘分的天空下，分享了最为美妙的成长时光。他们就是“睡在我上铺的兄弟”或“住在我对面的姐妹”。而且舍友也是我们走出校园联系最多、最为密切的朋友，甚至在以后的人脉中占据最为重要的位置。愉悦的宿舍生活是快乐大学生活的重要组成部分，宿舍生活也是塑造性格、锻炼独立生活能力的必修课。

三年里，如同人的成长一样，宿舍是不断“成长”的。不同的阶段，宿舍有不同的风景。我们在这绚烂的风景中感受青春，体味“成长”。

⋆宿舍的成长阶段

每个宿舍的“成长”过程是不同的，有的可能因为同学性格相合、人数较少等原因而在短时间内融为一体，有的可能因为其他原因至大学毕业仍然各自为政。一般来说，宿舍的“成长”大致可以经历三个阶段。

第一阶段：彬彬有礼

从进入高中的那天起，大学生活的美妙图景就如挂在大象头上的一串香蕉，永远不远不近地悬在那里，诱惑我们拼命前行。这串香蕉上最甜美的无疑就是“宿舍生活”。当我们竭尽全力闯过终点，终于等到剥开这只香蕉的时候，几番摩拳擦掌，在打开宿舍大门之前，都已经幻想了好多遍。门在一瞬间开了，架子床、大书桌、铁皮柜、脸盆架，都与想象中的差不多，最吸引我们目光的是坐在床边早到一步的舍友。他们转过了头，我们的第一个反应就是礼貌的一笑。在这一笑中，宿舍生活拉开了彬彬有礼的第一幕。

因为父母亲的教育，因为十几年的人生经历，因为相互之间还不很熟悉，所以彼此都暗下决心要做最受欢迎的人，所以在这个阶段同学们表现出了最有修养的一面。起床微笑问好，热情代打早饭；上课呼朋引伴，唯恐把谁落下；交谈巧言附和，将芝麻绿豆当国家大事讨论，轻松愉快皆大欢喜。一旦遇到有谁需要帮忙，立刻一呼百应，围拢一团，献计献策，使受助者深受感动。

这一时期的舍友发出互相友爱、团结的熠熠光芒，一干舍友神清气爽，感觉自己都是当之无愧的“四有”新人，感觉自己又找到了社会主义小家庭的温暖，梦想与计划在每个人的头脑中飞速成长。

第二阶段：原形毕露

在经过第一阶段即半学期后，各位舍友便绷不住只作这样有理有度的交往。好像走了太久的模特步，现在很想伸伸腰、踢踢腿、晃晃脑袋、蹦两下，每个人的个性特色和生活习惯这时也从彬彬有礼的水面下浮出。

宿舍的放松是从睡懒觉开始的，某个冬日的早晨，有人没有按时起床。舍友嘘寒问暖、好言相劝，他就是被瞌睡虫绊住了脚，最后一蒙被子说：“这节课我不上了！”有了第一次的出格，井井有条的生活秩序就被打乱了。老大从墙上摘下吉他“噌噌”地弹奏噪音；老二兴致勃勃抨击某事，口无遮拦；老三的秉烛夜读与老四的早起晨读英语同样扰人睡眠；老五就把宿舍电话变成爱情专线；老六脏衣服堆积如山；老七一天到晚吃个没完……

从点头微笑到大呼小叫，从客气到打打闹闹，每个人都生动起来了，屋子里的空气也热闹起来了。放松方显本色，本色带来丰富，丰富显出不同，不同导致矛盾。几个热血青年同住一室，小磕小碰在所难免。一切不比以前在家，别人的习惯你干涉不了，自己的不满也就不好逢人就说。每天生活在六七种声音、十几只眼睛中，一时间会想，这日子过得也真麻烦！

第三阶段：人以群分

当我们发掘出一个志趣相投的舍友时，那种喜悦是无法言语的，他比爱情来得平静，却比爱情来得持久。刚入学时不少同学拼命给老同学、旧朋友写信、打电话，倾诉烦恼，排解寂寞，而现在则把更多的时间与心情给了身边的新朋友，青年时期最可贵的友情往往就在此时产生。

大学的友情，比小学来得有选择，比中学来得有情趣，比工作后来得有诚意。这是一个心灵最为开放的时期，渴望友情如同渴望爱情一样强烈，在成长中遇到志同道合的伙伴，找来感兴趣的事情一起做，为的是品尝生活的蜜到底有多甜。朋友间的影响是巨大的，很多事情都是在相互鼓励和支持中完成的：排演一个节目，参加一次实践，甚至谈一场恋爱。这时候的舍友有那么多的事情需要询问，需要参谋，需要靠得住的盟军。大家纷纷用同床而眠、彻夜长谈来表达亲密。大把的时间、大把的激情，追忆往昔，笑谈未来，真是快意人生！

逝去的永不再回，大学宿舍，百味俱全，个中滋味，只有亲身体会方能体会深刻。大学新生对宿舍生活既不要有太多幻想，也不必有任何恐慌，一个新环境总是需要一段时间去适应，关键是怎么处理好宿舍里的关系。为人处世是大学生的必修课，也是走入社会后无法回避的问题。从协调宿舍关系做起，处理好与舍友的关系，为处理好人际关系迈出第一步。

案例:“睡觉了,关灯啦!”“哎,我还没睡呢,等会儿……”话还没说完,寝室已经一片漆黑,小亮“啪”的一声将灯关了:“开自己台灯吧!”

第二天,小亮一大早就起来了。拿东西也不轻点,盆、杯子撞得啪啪乱响,还把房间的灯都打开了。可怜有人凌晨3点才睡觉。

大家都不喜欢小亮早晨的“叮叮当当”,于是商量好晚上派宿舍长跟小亮谈谈。“小亮啊,你以后起床的时候能不能先不开灯啊?你把台灯打开,走廊也有灯,这样差不多能看见了吧!”室长小心翼翼地说。

“那怎么行?台灯在上面,我下来哪看得见啊,你总不能叫我摸黑吧!”

“可是,你一开灯我们都醒了,睡不着了!”

“那是你们的习惯问题,那个时候本来该起床了,谁让你们这么懒!”

“但是你晚上要睡觉关灯我们都没意见啊,那个时候我们还没睡呢,相互体谅一下吧?”室长一直尽力保持柔和的语气。

“那可不关我的事,你们都开着台灯我不也没要求关吗?”

*** 宿舍生活原音再现**

难忘的大学宿舍,留下的回忆是美好而永恒的,再次回到那里,追忆往昔,捕捉一丝旧日痕迹,唤起久违的记忆,也给大学新生一些感性认识。

片段一:宿舍多能

我们的宿舍可谓同学们的安乐窝,一室兼多能,既是旅社又是食堂,既可当病房又可做聊天室,当然还是自习室和洗衣房,所有形式的喜怒哀乐都在这个“家”里。

一起上课,一起吃饭,一起逛街,一起睡觉,除了男(女)朋友,我们什么资源都可以共享。零食从来都是买回来摊在桌上供大家自选,俨然是把 supermarket 搬回了“家”。虽然睡前的“卧谈”由每天一题变成了每周一题,再到每月一题,却仍不失为增进感情的绝招。每当你还在滔滔不绝的时候,却从某床传出了鼾声,你也不用自尊心受挫,这事告诉你——明天又该换主题了。

宿舍悖论:最富裕的人欠最多的账;天天减肥的人长得最胖;爱情理论最多的人单身;为学习发誓最多的人一般拿不到奖学金。

男生宿舍是真正的小团体大社会,因为他们讨论的三大主题包括了组成世界最基本的三元素:政治、足球、爱情。

片段二:宿舍梦语

革命型梦语:“大不了老子上山打游击去!”这是我们隔壁宿舍一个很勤奋的同学半夜突然吼出来的!

需求型梦语:宿舍里一个女孩子半夜突然说:“两块面包,两个帅哥!”睡了一会又补充道:“面包变质了,帅哥不见了!”

广告型梦话：一个同学说梦话："女士请问你叫什么？"然后自己换了一女声回答："我叫小丽！"

行动型梦话：军训某一天半夜听见一个同学说了一句："向左转！"紧接着一声巨响，那家伙从床铺上砸了下来！

爱国型梦话：某系的一同学睡到半夜，吼了一声："我登上月球了，china！"俨然一爱国人士。

片段三：宿舍备考

我们学院考试很多，期中期末、英语四级、计算机AB级、各类职业资格考试、证书考试等。每逢考试，宿舍人人必定正襟危坐，之前的活跃、调皮俨然与他们无关。匆忙复印笔记、资料，备好食物、台灯，仔细研读，偶尔也互相讨论，默看居多。珍惜每一分钟，不去食堂吃饭，不到熄灯不洗漱。直到灯灭，所有人开始刷牙洗脸。更有甚者，躺在床上仍要继续讨论"程序与正义"的关系。当然，偶尔也有熬不住的，在中途趴在桌上进入梦乡，其他人因为专注而没发现，直到灯灭发现没动静才将其推醒……

宿舍生活丰富多彩，美妙无穷，令人回味一生。大学新生，珍惜这段时间吧，这段日子将是我们一辈子值得珍藏的记忆。

⋆美化寝室要领

整洁——室内地面要经常扫，桌子、柜子、门窗要常擦。

整齐——物品多没关系，只要摆放整齐，看上去就比较舒服。

统一——室内的物品要统一摆放，要有条理，蚊帐统挂统收。

通风——经常打开窗户，防止室内有异味，新鲜的空气对身体是很有好处的。

适当装饰——寝室里可以放一些花，显得温馨，放一些书画，显得有品位。

二、养成良好的生活习惯

习惯能造就第二天性。习惯是社会巨大的飞轮和最可贵的维护者。印度作家泰戈尔说："对我们的习惯不加节制，在我们年轻精力旺盛的时候不会立即显示出它的影响。但是它逐渐消耗这种精力，到衰老时期我们不得不结算账目，并且偿还导致我们破产的债务。"

1. 保持良好睡眠

睡眠是人的正常生理现象，是恢复体能的必要环节，每个人都概莫能外。每天睡多少觉合适，要因人而异，大多数人需要保证7到10个小时睡眠。美国斯坦福人类睡眠研究中心推荐了两种方法，可以帮你计算自己到底需要睡多长时间。利用度假时间计算，专家建议人们在度假时记录自己每天大概睡了几个小时，应该就是符合你身体需要的理想睡眠时间。没有机会度假的人可以计算工作日睡眠时间与周末睡眠时间的平均值，自己把握一个合适的时间段。专家提醒人们，一旦计算出自己需要多少睡眠，就应该制定一个作息时间表，并按它执行。

有的新生由于换了环境而出现失眠的现象，这可能是由于心理因素造成的。越担心越睡不着，越睡不着越担心，常常觉得疲劳、失眠、乏力、记忆力好像也大大下降。遇到这种情况，就需要进行调节，尽快调整到正常状态。怎样使同学们保持一个好的睡眠状态呢？

首先，每天必须准时上床。一般地说，睡眠最理想的时间是晚上 9 时至 11 时。如果太晚，则难以保证足够的睡眠，而且对皮肤十分不利。最好自然入睡，自然醒来。如果需要闹钟叫醒你，也要把它设定在固定时间，这样有助于调节你的生物钟。

其次，白天的小憩应该控制在 45 分钟以内。这个时间足以帮你恢复精力。如果时间过长，醒来后你仍会感觉昏头昏脑，而且影响晚上的睡眠。

***优质睡眠六大秘诀**

秘诀 1——避免咖啡因、酒精和烟草

含有咖啡因的饮料，例如咖啡、茶、苏打水和巧克力会导致人类神经的兴奋，进而影响睡眠的质量。而酒精虽然在某种程度上会让人发困，但是这种困倦并不会持续整个晚上，酒精可以发挥镇静剂的作用，然而随着身体的酒精浓度下降，睡眠将会受到干扰。

秘诀 2——热牛奶或草药茶

牛奶中的钙质可以帮助人体更好地放松，如果是热腾腾的牛奶效果就更好了。不过也许并不是每个人都喜欢牛奶的味道，那么他们可以选择草药茶，这些茶专门针对睡眠制造，对放松身心、提高睡眠质量大有帮助。

秘诀 3——创造一个良好的睡眠环境

请注意：就寝的房间对于睡眠质量起到至关重要的作用。要保证它黑暗、干涩并且通风良好，保持室内有合适的温度。

秘诀 4——白天不要打盹

白天的小憩无疑会影响到夜间的睡眠。比起白天的打盹，毫无疑问，夜间的睡眠质量要高出许多。

秘诀 5——有一个良好的作息时间

生活不能单调乏味，但是身体却对严格的时间安排情有独钟。请尝试每天在同一时间起床和就寝，即使是周末也不要放纵自己。

秘诀 6——心中养成正确的对床的认识

床的功能只有一个，那就是睡觉。许多人喜欢在床上读书和工作，或者看电视，甚至吃东西，这样会在潜意识里对你造成影响，对床的功能产生错误的认识。另外，在睡眠之前请不要看电视或者读书超过30分钟。如果那样，精神将会持续在亢奋状态。

以上有些方法可能不一定适合大学生，大学生可以根据以上提供的不同方法，有选择性地尝试，但是切不可依赖于这些方法，这些方法仅仅起到调节作用，最终目的是达到自然状态下的好睡眠。

***小贴士**

一天8杯水有益健康

6:30 晨起喝250毫升的淡盐水或凉白开水，补充夜晚流失的水分，清肠排毒。

8:30 到教室后喝250毫升水，清晨的忙碌使水分在不知不觉中流失了很多，这时候补水特别重要。

11:30 午餐前忙了一上午也该休息一会了，午餐前喝水有助于激活消化系统活力。

12:30 午餐后喝水加快血液循环，促进营养素的吸收。

14:00 上课前喝杯清茶消除疲劳，给身体充充电，这一杯水很重要。

17:00 下课前喝一杯，忙了一天，身体内的水分也消化得差不多了，这时候补水还能带来肠胃的饱胀感，减少晚餐食量，这一招特别适用于想减肥的人士。

22:00 睡前喝200毫升水，降低血液粘稠度才能睡得更好，这样你就完成了每天2100毫升至2800毫升的补水量。

***生活小常识**

1.眼睛进了小灰尘，闭上眼睛用力咳嗽几下，灰尘就会自己出来。

2.刚刚被蚊子咬完时，涂上肥皂就不会痒了。

3.若有小面积皮肤损伤或者烧伤、烫伤，抹上少许牙膏，可立即止血止痛。

4.经常装茶的杯子里面留下难看的茶渍，用牙膏洗之，非常干净。

5.衣服洗好后，常发现衣服上的拉链拉不动，只要洗衣服前，在拉链上涂层蜡，洗后拉链就不会卡住了。

三、保持身心健康

1.健康的含义

世界卫生组织给健康下的定义为："健康是一种身体上、精神上和社会适应上的完好状态，而不是没有疾病及虚弱现象。"从这一定义可以看出，与我们传统的理解有明显区别的是，它包含了三个基本要素：(1)躯体健康；(2)心理健康；(3)具有社会适应能力。具有社会适应能力是国际上公认的心理健康的重要指标，全面健康包括躯体健康和心理健康两大部分，两者密切相关，缺一不可，无法分割，这是健康概念的精髓。

健康有十个标志：有充沛精力，能从容不迫地对待日常生活和工作，而不感到精神压力；处事乐观，态度积极，能勇于承担责任；善于休息，睡眠良好；适应能力强；体重合适，身体挺拔、匀称；眼睛明亮，反应敏捷……

心理健康是指一种高效而满意的、持续的心理状态。从狭义上讲，心理健康是指人的基本心理活动的过程内容完整，协调一致，即认识、情感、意志、行为、人格完整和协调，能适应社会，与社会保持同步。

了解与掌握心理健康的含义，对于增强与维护人们的健康具有重要意义。明白了人的健康与标准，以此为依据对照自己，进行心理健康的自我诊断。发现自己的心理状况某个或某几个方面与心理健康标准有一定距离，就有针对性地加强心理锻炼，以期达到心理健康水平。如果发现自己的心理状态严重地偏离心理健康标准，就要及时地求医，以便早期诊断与早期治疗。

2. 心理健康的特征

*** 智力正常**

智力正常是人正常生活最基本的心理条件，是心理健康的首要标准。世界卫生组织（WHO）提出的国际疾病分类体系把智力发育不全或阻滞视为一种心理障碍和变态行为。

*** 情绪稳定与心情愉快**

情绪稳定与心情愉快是心理健康的重要标志，它表明一个人的中枢神经系统处于相对的平衡状态，意味着机体功能的协调。如果一个人经常愁眉苦脸，灰心绝望，喜怒无常，则是心理不健康的表现。心理健康者能经常保持愉快、开朗、自信、满足的心情，善于从生活中寻求乐趣，对生活充满希望，更重要的是情绪稳定性好。

*** 具有较强的意志品质**

苏联作家高尔基曾说："人最凶恶的敌人，就是他意志力的薄弱和愚蠢。"健康的意志有如下特点：目的明确合理，自觉性高；善于分析情况，意志果断；意志坚韧，有毅力，心理承受力强；自制力好，既有现实目标的坚定性，又能克制干扰目标实现的愿望、动机、情绪和行为，不放纵任性。

*** 行为协调统一**

一个心理健康的人，其行为受意识支配，思想与行为是统一协调的，并有自我控制能力。如果一个人的行为与思想相互矛盾，注意力不集中，思想混乱，治疗支离破碎，做事杂乱无章，就是心理不健康的表现。

*** 良好的适应能力**

人生活在纷繁复杂、富于多变的大千世界里，一生中会遇到多种环境及变化，这种环境既包括自然环境，也包括社会环境。因此，一个人应当具有良好的适应能力，无论现实环境有什么样的变化，都能够适应，这也能反映人的心理和行为能力。

*** 人际关系和谐**

人际关系和谐的表现：一是乐于与人交往，既有广泛而稳定的人际交往面，又有深交的知己朋友；二是在交往中保持独立而完整的人格，有自知之明，不卑不亢；三是能客观地评价别人，以人之长补己之短，宽以待人，友好相处，乐于助人；四是交往中积极态度多于消极态度。

以上是心理健康的主要特征，但是心理健康并非是超人的非凡状态，一个人的心理健康也不一定在每一个方面都有表现，只要在生活实践中能够正确认识自我，自觉控制自己，正确对待外界影响，使心理保持平衡协调，就已具备了心理健康的基本特征。

＊大学生心理健康标准

1. 能保持对学习较浓厚的兴趣和求知欲望。

2. 能保持正确的自我意识，接纳自我，自我意识是人格的核心，指人对自己与周围世界关系的认识和体验。

3. 能协调与控制情绪，保持良好的心境。心理健康者能经常保持愉快、自信、满足的心情，善于从生活中寻求乐趣，对生活充满希望，情绪稳定性好。

4. 能保持和谐的人际关系，乐于与人交往。

5. 能保持完整统一的人格品质。心理健康的最终目标是保持人格的完整性，培养健全人格，人格完整是指人格构成的气质、能力、性格和理想、信念、人生观等各方面平衡发展。

6. 能保持良好的环境适应能力(正确认识环境及处理个人和环境的关系)。

7. 心理行为符合年龄特征。一个人的心理行为经常严重地偏离自己的年龄特征，一般都是心理不健康的表现。

3. 生理健康与心理健康的关系

生理健康与心理健康的关系，就像大地与楼房的关系，生理健康是大地，心理健康是建筑在大地之上的楼房和建筑物，大地是楼房、建筑的基础，而且建筑材料等也是取自大地的。生理健康是人的心理健康的基础，前者决定了后者的性质、外观和发展趋势，而后者又对前者具有反作用，影响前者的变化和发展。实际上，它们就像人的手心手背一样，相互联系、相互作用、相互影响。

有些人认为生理健康和心理健康没有多大关系，在现实生活中，心理健康每时每刻都在影响人的生理健康。如果一个人性格孤僻，心理长期处于一种抑郁状态，就会影响体内激素分泌，使人的抵抗力降低，疾病就会乘虚而入。一个原本身体健康的人，如果老是怀疑自己得了什么疾病，就会整天郁郁寡欢，最后导致真的一病不起。

4. 大学生不良健康现状

我们先通过一组调查数据，来看看校园中大学生健康状况到底如何。

2004 年 12 月，北方工业大学一名学生在体育课上进行体能测试时猝死；2005 年 1 月，吉林省一名大学生在期末考试的过程中突然倒地身亡；西北第二民族学院一名大学生猝死在练长拳的体育课上；北京邮电大学计算机系 2002 级一名本科生踢球时突然倒地猝死;2009 年 9 月,兰州大学一名学生在体育课上跑步时猝死在跑道上……

年轻的生命竟然如此脆弱,反映出大学生整体身体素质状况不容乐观。教育部曾对 12 万名大学生身体健康进行了一项抽样调查。调查显示,80%的学生视力近视;23.3%的学生因心理压力而患心理疾病。

近几年,教育部、国家体育总局、卫生部、国家民族事务委员会和科学技术部的联合调研结果也表明:我国大学生的体重等形态发育指标水平呈增长趋势,反应速度、力量的素质指标有所提高,营养状况得到较大改善,但学生体能素质、肺活量指标长期持续下降,肥胖学生的比例明显增多,近视发病率居高不下,多数大学生心理素质不高,抗挫折能力差。

一份医学专业大学的非专业调查结果(调查基数为 92 人,年龄段 19~24 岁):

发质:头发乌黑而较好的 22 人,其余 70 人都有不同程度的白发。

面容:虽然憔悴和蜡黄的并不是很多,但面容正常者仅维持在 15 人左右,特别是频繁熬夜的,一个个面容灰白。

体态:肥胖的越来越多,92 人中只有 31 人体态比较匀称,包括干巴猴一样的纯瘦子,其他的人都显示出肥胖症状,尤其是女生。

步态:基本正常,除了练轻功的走路速度比较轻快之外,都比较蹒跚。

视力:基本都不正常,92 人中 84 个戴眼镜的,还包括弱视、散光、青光眼。

听力:有 64 人耳背,这是因为他们长期用耳机听 MP3 以及电脑耳机的缘故,无论是耳朵的结构还是脑部的听力反射区,都多少有问题,手机辐射对于听力和脑袋的反应能力也有很大的影响。所以在英语四级考试的时候,很多人的听力都有障碍。

嗅觉:女生普遍比男生要好,因为男生都喜欢吸烟,所以易患咽炎、鼻炎,一般情况下嗅觉都不太灵敏,而且有的人痰很多。

味觉:现在许多年轻人无论男女都喜欢肥甘厚味,所以一般情况下味觉也颇迟钝,特别是爱吃麻辣烫的人,味觉就更不好,因为舌头上的味蕾已经基本被损坏殆尽。

触觉:现在很多年轻人养尊处优惯了,手脚都不太好使,除了上网打字外,干其他事的时候触觉也不好使。

再来看另外一种病态,即不能承受“生命”之重——大学生自杀现象。下面是一组使人心情沉重的统计数据:

2005 年北京高校大学生自杀案例不完全统计:

2005 年 2 月 12 日中午 12 时 20 分左右,20 岁的小彭喊着“死亡也是很快乐的事”,纵身跳下中国农业大学西校区的科研楼。

2005 年 2 月 18 日中国传媒大学一女研究生在家中跳楼身亡。

2005 年 4 月 22 日下午 4 时,北京大学理科 2 号楼,一名中文系本科女生从 9 楼坠亡。

2005年5月7日晚9时10分左右，北京大学理科2号楼，该校2002级数学系一名博士生从9楼跳楼身亡。

2005年5月13日，北京大学医学部大三学生张某在成都双流机场跳天桥自杀。

以上这些是媒体报道的数字，至于还有多少潜藏的自杀案例我们不得而知，而这些已知的数字已足够我们震惊的了。自杀，已取代突发疾病和交通意外，成为大学生死亡的第一大原因。“活着还是死去，这是个问题。”这个古老的命题是什么时候就缠上大学生的，我们不得而知。

有的学生在网上发帖：“作为天之骄子的大学生居然会如此轻易地选择自杀，简直让人不可思议。一般人也许会想，经过改革开放20多年的发展，社会财富极大地丰富，现在的大学生可以说是蜜罐里泡大的，想啥干啥，要啥有啥，真想不通大学生为什么会选择自杀，大学生凭什么选择自杀？”

心理障碍、生理疾患、学习和就业压力、情感挫折、经济压力、家庭变故以及周边生活环境等诸多因素，都可能成为自杀的直接原因。

面对这些极端案例，我们不禁要问：是什么病魔侵蚀了大学生的健康，是什么原因使青春洋溢、朝气蓬勃的年轻人成了“柔弱一族”呢？

简单地分析，原因不外乎下面几条：

其一，锻炼意识十分淡薄。相当多数的学生从上小学开始，上课、考试、拿分数的思想意识已经根深蒂固，体育课也不例外，课上往往存在着考什么练什么的现象，这在一定程度上扭曲了体育应有的魅力。大学之前的中学阶段体育课常常得不到有效的保证，经常为其他文化课让路，每天用于功课的时间多达十四五个小时，升学的压力怠慢了身体的锻炼。很少抽时间去锻炼，即使运动一下，也很难达到锻炼的强度，这使许多同学得到了升学的机会，而给身体健康留下了遗憾和隐患。

其二，业余时间挪作他用。对大学生来说，并非没有锻炼的时间，许多人将大量时间用在上网、玩电子游戏、打牌等项目上，因而也就导致了肥胖、近视等诸多不健康症状。

其三，不良的生活和饮食习惯，不良习惯形成自然，自然又成为诱发疾病的必然。

5. *如何保持身心健康*

懂得了健康的含义以及不参加体育锻炼、不注意健康的危害，大学生就应该注意自己的身心健康，加强体育锻炼，从今天做起，从一点一滴做起，具体要做到如下几条：

第一，平时注重体育锻炼。我们在一些大型体育场馆不难看到这样一幅标语：“每天锻炼一小时，健康工作五十年，幸福生活一辈子”。这是国家体育总局向全国提倡的，其中的道理既通俗简单又包含深刻的寓意。

生命在于运动，体育锻炼是积极的保健投资。也许有的人会说“学习太忙，没时间锻炼”，有的人借口没条件锻炼，有的人则压根没有锻炼的意识。身体健康，自我感觉良好,锻不锻炼关系不大成了许多大学生冷落体育锻炼的借口。调查发现,有近半数的大学生在体育课之外,很少甚至没有从事其他体育活动。一、二年级的体育锻炼比高年级同学多,因为他们有体育必修课。在三年级的大学生中,大部分学生连一周一小时的锻炼时间也不能保证。

按我们目前的条件说,场地和时间都不是不参加锻炼的理由。当年在延安那样艰苦的岁月里,朱德、贺龙等老一辈革命家还时常抽空在土操场上打篮球,打得那个开心劲就不用说了,为的就是有个健康身体好为革命作贡献。相比之下,今天的我们有什么理由呢?

大学生是未来社会的主力军,你们还很年轻,社会给予你们那么多的关注,就应该充分地意识到身体是一切的根本,从点滴做起,使身体保持良好状态。一个不懂得爱自己的人很难成为一个有用的人,这里的爱当然包括对身体的爱惜。擅长情感写作的亦舒曾说:"我要很多很多的爱。如果没有爱,那么我要很多很多的钱。如果两件都没有,有健康也是好的。"请大学生们记住这句话吧。从刚入学就养成良好的意识,培养良好的生活习惯,只有健康的人生才是美丽的人生。

对于许多学生来说,体育锻炼常常会有决心没有行动,有开始没有坚持,克服这些问题的秘诀是"努力追求今日"。时间不可逆转,你能够使用的只有被给予的那一瞬间,也就是今天、现在。"一日之计在于晨。"首先,你应该早点起床做运动,赖床是健身的大敌。你若想改头换面做一个迎向朝阳的人,刚开始必然是困难重重,但是千万不要放弃,先强迫自己与太阳同时起床,梳洗完毕再做晨跑或早操,不但可伸展肌肉,而且早晨的新鲜空气会使你精神振奋,上课不会打瞌睡,吃饭时也会胃口大开。适当的锻炼会使你在晚上带着适度的疲倦,带着充实与满足的微笑很快入梦,这会是一个良好开端。其次,"今天"是你唯一拥有的时间。昨天是作废的支票,明天是尚未兑现的期票,只有今天是流通性的现金。所以,把握每一个今天,并且好好地充实今天,切实实行"今天"的行动策略,你才能把体育锻炼坚持下来。在每一个"今天"的健身之中,你会拥有坚强意志、勇气和信心以及喜悦的心情。如果能做到这一点,"健身不能持之以恒"的毛病就痊愈了。

在很多情况下,健身的方式在于顺其自然。不要认为体育锻炼就必须有专门的场地、专门的时间、专门的工具、特有的心情。其实,健身运动就在日常生活中,休闲运动是消除身心紧张最有效的方法。有很多的运动方式要受到场地、设施、天气、运动器械等方面的制约。对于学生来说,最因地制宜、最容易坚持、最贴近生活的运动就是骑自行车和爬楼梯。骑自行车的优点很多,一是专人专用,说走就走,说停就停,全由自己支配;二是不挤,上车就有座位,不像网球什么的要等场地,挤的时候还排不上队;三是时间有保证,可长可短;四是郊外空气清晰、阳光灿烂,于健康有利。骑车不仅活动筋骨,还能锻炼神经,它使人头脑灵活,反应敏捷,这是在路上的锻炼方法。进了教学楼上课,又有一种可取的活动，就是上下楼梯。所以建议你别坐电梯，用跑的速度，每天上下楼梯。时间长了，你就能面不改色气不喘，在平地上更可健步如飞。上下楼梯的健身运动，你不妨试试看，一定会收到意想不到的效果。

第二，要保证必要的休息时间。相当一部分大学生总以为自己年轻，有资本，不需要休息那么长时间，甚至有的还认为休息多了是浪费时间。每天晚上12点以后才入睡已是司空见惯。早上如果有课还必须早起，中午午睡也不多。当然，这种情况只是发生在一少部分学生身上，他们背负着比较沉重的社会压力，他们疲于学习、疲于兼职，“吃得苦中苦，方为人上人”也成为老师与家人指导他们人生的座右铭。许多老师也用类似的言语激励这些学生：“我们读书的时候可比你们用功多了，每天看书到两点多，早上六点多起，看看你们，一个个都睡那么长时间，还想有什么成就?”但对于相当多数的学生来说，情况并非如此。他们很少参加体育锻炼，并非是把时间全部用到了学习上，而是把闲暇时间用到了上网、游戏及各式各样的玩上。过度的玩既耽误了学习，又影响了身体健康。

第三，树立和保持积极健康的生活情趣。信念能够造就健美的身躯和积极的人生，若想保证心理和生理全面健康，就从体育锻炼开始。

在日常生活中，一方面应该注意合理饮食和身体锻炼，另一方面更要陶冶自己的情操，开阔自己的心胸，避免长时间处在紧张的情绪状态中。信念和意志会使平凡的你做出惊人的成绩，进而最有上进心，以最积极、最有意志力的态度投入生活，从而以更坚定的信念和毅力去实现下一个人生目标。

四、学会合理消费

1.大学生群体消费的特点

“新学子调查”课题组在“大学生价值取向”中列出了11种大学生活中最主要的内容：知识、地位、友谊、爱情、名誉、金钱、权利、健康、家庭、事业、理想，从统计数据中我们看到，大学生认同率最高的三个选项是知识(47.65%)、事业(47.27%)和健康(43.65%)；其次是友情(38.58%)、爱情(30.43%)、家庭(30.9%)和金钱(19.63%)；而后才是理想(14.67%)、权力(7.30%)、地位(6.33%)和名誉(5.17%)。这说明，当代大学生的价值取向实用化，那么，在实用化价值观念指导下的大学生消费自然有一个共同的特征，就是以实用消费为基本出发点。

从大学生的消费状况来看，不论是基本生活消费中衣食住行消费，还是学习消费中的学费、书费、电脑等，不论是休闲及娱乐消费，还是人际交往消费，都带有浓厚的实用色彩。大学生在闲暇生活中的阅读范围倾向于实用类、娱乐类书籍，而不是理论类中比较枯燥的书籍。实用技术类书籍、文学类书籍、娱乐、消遣类报纸杂志的选择率分别为45.6%、52.7%、62.1%，而科普读物、人文社科类理论书籍的选择率仅为22.5%、32.1%，这明显地体现了大学生闲暇生活行为倾向的实用主义以及休闲这一基本特质。

多样:当代大学生消费的重要特征。多样化消费的特点根源于大学生多元化价值目标的存在,这种多元化的价值目标,一方面使大学生的思想活跃,有益于充分发挥个人的聪明才智和创造力,善于理财,理性消费;另一方面也可能导致大学生受到不良倾向的影响,出现一些消极的消费类型。

个性:新观念的表达。多元化发展源于个性化的彰显,大学生消费个性化或称为时尚化和风格化的表现,是新一代青年文化的显著特点。由于新知识的快速增长、新技术的迅速推广应用和新的信息传播媒介对日常生活的深入影响,使时尚的形成和流行更快捷,同时具有更鲜明的主题和更人性化的表现形式,因而成为大学生日常生活和社会活动中具有象征性和大众化的色彩和基调,即成为一种风格化的东西。这从一定意义上反映了这样一种观念:没有什么东西是不能改变的,没有什么系统是完全封闭的,没有什么事物或道理是不能用形象来表达的。

差异:社会贫富差距在高校的反映。某市一项调查显示,大学生年消费平均略高于8383.96元(包括学费、住宿费),最高的达到18500元,最低的只有2100元,差异很大,这种差异的形成主要来自于家庭收入差异。一般来说,家庭经济收入基本决定大学生的消费水平,调查结果证实,有92.7%的大学生把家庭供给作为最主要的经济来源,占其总消费的70%以上。目前社会财富的分配差异同时也决定了大学生的消费水平差异,在校园内也有一个为数不少的贫困生群体,他们的消费水平较低,有些人仅能勉强维持基本生活费,谈不上其他消费。

前卫:时尚的选择。大学生消费“前卫”的特征主要表现为:追求品牌,崇尚权威;追求新颖、时尚,体现个性、理性、成熟三个方面。这些现象都充分表明,日益前卫的消费行为与日趋多元的价值观念,已成为当前大学生的一大特征。一方面,他们接受着先进的科学文化知识,接触最时尚、最前沿的社会资讯,形形色色的网上购物天堂、五花八门的潮流动向、让人眼花缭乱的名牌广告,极大地刺激了他们的消费欲望,他们慢慢地开始推崇张扬个性,体会超前消费带来的兴奋和满足;另一方面,作为一个特殊的社会群体,绝大部分学生都是纯消费者,经济主要来源于父母,可供支配的钱毕竟有限,这就决定了学生们的消费能力是有限的,消费观念超前和消费能力滞后之间的矛盾依然存在。

2.大学生消费的误区

大学生消费观念超前和消费实力滞后之间的矛盾使得其消费状况存在不少问题。这不仅加重了学生家长的经济负担,增加了学生教育管理的难度,也直接影响到学生的世界观、人生观、价值观的形成与发展,应当引以为戒。当前大学生消费主要存在以下误区:

(1)为享受生活而进行的盲目消费。处在特定年龄段的大学生理财能力往往较差,开支没有计划性。当面对社会上流行的时尚诱惑时往往会失去理智,“花明天的钱,圆今天的梦”、“年轻没有什么不可以”等诱惑性极强的广告语在大学校园里广泛流行传播。有些大学生从不会亏待自己，陶醉于自己的生活方式中，很少会考虑到父母的辛劳与不易。他们心中亦很少想到对父母感恩，把自己所应肩负的社会责任也丢在了一边。

(2)为攀比而产生的从众消费。大学生消费的主要组成部分以生活费用和购买学习资料为主，但也存在过分追求时尚和名牌、盲目攀比的现象。大学生总是会有意无意地与身边的同学作以比较以求心理平衡，获得自我认同。有的大学生不懂得量入为出，虚荣心的驱使又极易形成无休止的攀比心理。这使得他们自觉或不自觉地放弃自己的意见而实施与大多数人一致的行为，这种从众行为是日常生活中普遍存在的一种现象。

(3)为彰显个性而进行的时尚消费。大学生正处于追求个性发展、自我意识增强、乐于接受新鲜事物的年龄阶段。面对五彩缤纷的消费市场，大学新生追求个性独立，乐于表现自我，而且崇尚自由，彰显个性。有些学生把自己当做社会的前卫群体，在消费过程中总乐于接受流行，领先于时代，追求品牌、新颖、时尚和潮流。对此，我们还是要提醒同学们，应该树立科学合理的消费观，养成良好的消费习惯，把握好个人的消费能力和消费水平，把自己的消费行为定位在理性和务实的方向与轨道上。

3. 大学生如何合理消费

理性的消费行为应该有一个预期计划和目标，应该坚持目标消费、量入为出、合理分配开支的基本原则。目标通常是指在一定时期内人们想要达到的目的或预期结果，目标消费则指消费者有明确的消费目的和行为的消费。其消费行为表现为：态度自信、目的明确、注意力集中、决定果断。这一原则要求作为消费者的大学生对自己每天、每周、每月甚至每学期能用于各种消费的收入总量应该有一个较清楚的估量，并且对包含生活消费、发展消费在内的众多消费进行周密的目标规划、合理统筹。目标消费是消费者正常的消费行为，属于理性消费。

合理消费、节约花钱不妨从记账开始，应该给自己做一份月现金流量表，看看自己的每月支出与收入是否平衡，支出方面主要包括餐费、电话费、交通费、衣服等相关开支，收入方面主要包括父母的资助、兼职收入等。科学的理财计划可以帮助我们实现收入大于支出，每月略有盈余，或者个别月份出现负收入，但年终总体要保持月现金流量是正数。有的大学生兼职后，觉得自己有了收入，花钱开始大手大脚，请客吃饭，娱乐消费，到了月末或年末，手头很紧甚至需要借钱“过度”。理财师表示，不少大学生不是没钱花，而是不会花钱，要每天记下自己的支出，过一段期间后看看哪些是不必要的支出，可以尝试节省那些可花可不花的支出。

大学生的消费基本上以伙食、日常用品为主，应该尽可能在学校食堂就餐，生活用品不要盲目追求高档或者名牌，不要在服饰、化妆品、奢侈品等上面花费过多金钱，打电话、上网等也要根据自己的经济条件而有所节制。一切花销应该根据自己家庭的财力，量入为出，与父母约定了自己每月的生活费以后，尽量不要超出，因为父母对家庭的总收入也是有规划的。去购物之前，不妨列一张购物清单，将要买的东西写在上面，东西买齐以后就可“打道回府”，避免买一些非必需品而增加开支。有的大学生从小就追求名牌，习惯攀比，这实际上是一种不成熟的表现，而且也是没有品位的表现，真正的修养从来就不是从衣物牌子上表现出来的。

这里特别需要提醒同学们注意的是，要控制请客消费。据调查，在大学生的所有消费支出中，互相请客是数目不小的开支。无论时下餐饮如何不景气，只要是靠近学校的餐饮业，生意肯定红火。学生之间的聚餐常常可以找到不少由头，如过生日、老乡聚会、考试合格、比赛获奖等，即使没有什么事由，双休日也要三五成群地撮一顿，喝一场，美其名曰“营养充电”，其实吃的是一种彼此交流的氛围。大学生的每次请客费用少则几十元，多则上百元，请客消费成了学生无法避免的负担。当然，并非绝对不请客，而是要节制，要有个度，这既是为钱袋着想，也是为学业着想。

第三节　远离不良习惯

一、青少年吸烟的危害

1. 吸烟——校园文化的缺憾

2011 年 1 月 9 日是国家履行世界卫生组织《烟草控制框架公约》5 周年。2005 年 8 月 28 日，经全国人民代表大会常委会表决，中国正式加入该公约。2006 年 1 月 9 日，公约在中国生效。中国疾病控制中心发布了世界卫生组织全球成人烟草调查的中国部分数据：近三分之一的中国成年人（15 岁及以上）吸烟，且有近八成中国人对吸烟的危害不够了解。在此方面，大学校园情况如何呢？

“烟草致命如水火无情，控制履约可挽救生命”，这是世界卫生组织提出的 2011 年烟草控制口号。然而，人们在痛斥香烟危害、纷纷倡导禁烟的时候，大学校园这块“净土”里，却依然不乏烟熏的味道，这是校园文化的缺憾。

2. 吸烟——一个不适合的追求

最近某高校组织的一次关于大学生吸烟的专项调查结果表明，大学生吸烟现象比较普遍，吸烟者占学生总数比例不低。大学生吸烟主要受到社会环境、家庭和个人自身因素的影响最大。

当今社会，不论是宾馆、酒店、会场等公共场所，还是影视、网络媒体等虚拟环境，吸烟风气仍然比较浓重，青少年受其影响最大。青年学生比一般人更喜欢追求流行时尚，他们吸烟，部分是由于追逐潮流、盲目跟风。看着别人抽烟感觉很帅、很酷，于是跟着抽烟。

家庭渲染和家长对孩子的教育不健全，是青少年吸烟的另一个原因。调查发现，很多学生从小就受到家庭成员吸烟的影响。在 62 名被调查大学生中，父亲吸烟的有 38

人，占69.6%，其中不乏重度和长期吸烟者。据统计，大学生吸烟首要场所是寝室，其次是网吧、影院、餐馆等公共场所。

部分青年学生在遭遇挫折、失败时，用吸烟来解除烦恼。青年学生在走向独立的过程中，难免会遭遇一些挫折，如失恋、与同学发生矛盾、求职择业失败等。如果不能很好地处理这些问题，便会出现颓废、偏激现象。

自我约束能力差，拒绝师长的教诲。青年学生处于青春期，叛逆心理强，有时不听师长的教诲，不能控制自己吸烟。

大学生生活相对空闲，大学生交往范围大，社会活动自由度高，吸烟发生率高。即使是在课间、上自习、回宿舍的路上，吸烟的学生多会习惯性地点上一支。有些胆大者还会在课堂上偷着吸上两口。有些大学生已经吸烟成瘾，打火机和烟不离身，从他们发黄的牙齿和发黄的手指上可以看出其已有较长的烟龄。

男生把吸烟当做社会交往的必要。在寝室内，不吸烟者多以主动避开的方式应对吸烟。不吸烟者对吸烟行为的包容态度，也为吸烟行为的盛行提供了助推力量。很多大学生对吸烟危害健康的认识不足，轻视吸烟危害健康的远期效应。有的大学生烟民甚至为了吸烟，宁愿把伙食费省下来买烟，有的骗家长交学费、培训费等，让家长打钱来满足他们吸烟的需求。

3.戒烟——需要有坚强的毅力

戒烟是需要毅力的。前不久去世的我国航空发动机科研事业的开拓者、奠基人吴大观原来是吸烟的。一位同事开玩笑说："如果你说到做到，我每年送一只烤鸭作为奖励；你要是做不到，那就要送我一台电视机。"吴大观当即表示"我一定戒"，从那以后靠自己的毅力戒了烟。后来，吴大观在自己的回忆文章中写道："我的脑力、智力并不是很高，但我认准了'笨鸟先飞'和'勤能补拙'的道理。回想自己的一生，如果说做了一些对国家、对人民有用的工作，很重要的一点就是要有毅力。"

吴大观吸了大半辈子烟，居然能够做到说戒就戒。吸烟的大学生应向吴大观学习，有毅力就能戒掉烟，做到对自己和他人的健康负责。另外，培养不沾烟、不吸烟的好习惯，还要提高自己应对挫折的能力，交际看对象，交往选方式，不交损友，只交善友，不因任何理由吸烟。

爱护生命，抵制吸烟，建设无烟校园，需要从我做起，需要全体师生共同努力，也需要社会各界给予更多的关注。

二、大学生酗酒的危害

酒，无论度数高低，都是含有酒精的饮料，而酒精（C_2H_5OH）是一种能够刺激和麻痹神经系统、有镇静作用的物质，进入口腔后，经过人身的胃、小肠，渗入到血液中，再由血液带到身体的各个部位。在肝脏内，酒精分裂成水、二氧化碳和能量；在大脑内，当它麻醉了大脑细胞，思维过程直接受到干扰而变缓，酒精浓度越高，受影响的脑细胞就越多。过量饮酒往往带来下面一系列危害：

(1)伤害身体。酒精过量，会程度不同地造成心率加快，皮肤升温，神志不清，控制力减弱，动作不协调，或出现疲劳、恶心、头痛、呕吐，严重的还会出现酒精中毒现象。

(2)殃及四周。醉酒后，由于身不由己而行不知所往，处不知所持，食不知所味；一种原始的冲动使人变得野蛮、愚昧、粗暴；异常的兴奋，又能诱导人为所欲为，出现迷离恍惚而又洋洋自得的举止。人在这种失去理智的状态下很容易对周围的人破口谩骂，动手殴打，或者从事一些莫名其妙的破坏活动。

(3)荒废学业。很难想象一个醉汉还能潜心于钻研什么学业。醉酒的程度同智力恢复所需的时间大致成正比，在当今知识飞快更新的信息时代，不难推算出，一个经常醉酒的人在工作和学习上的损失到底有多大。

(4)惹是生非。醉酒的人动辄摔倒、撞伤，酒后开车酿成大祸一类案件屡见不鲜；酒后溺水身亡，自食恶果的悲剧也不乏其例，惨痛的教训实在太深刻了。为此，我国有关法律规定，醉酒的人违法犯罪，应负相应的法律责任。

正因为饮酒有上述危害，为了保证同学们健康成长，维护正常校园秩序，有关部门规定，大学生在校园内一般不允许喝白酒，更不许酗酒。

(一)在饮酒问题上有哪些应该纠正的糊涂观念和错误做法

引起人们酗酒的原因是多方面的，对于一个大学生来说，要特别注意以下糊涂观念和错误做法的出现：

(1)“今朝有酒今朝醉”、“借酒浇愁”。这里表现的实质是逃避现实、自暴自弃的消极情绪。实际上“药能医假病，酒不解真愁”。

(2)片面理解“酒逢知己千杯少”，认为交朋友离不开饮酒作乐。事实上“酒肉之交”未必靠得住。

(3)错误地认为“男子汉天生应当会喝酒”。其实，用这种标准来衡量“男子汉”未免失之偏颇。“会酒未必真豪杰，忌酒如何不丈夫？”

(4)为达到预定目的而特地设酒摆宴，饮酒为名，交易是实。

(5)逢场作戏，为“助兴”而即席端杯，或出于好奇而涉足，这种人最容易成为摆弄的对象。

(6)硬着头皮充好汉，在酒桌上，“舍命陪君子”，“为知己即便是敌敌畏也喝下去”，“一醉方休”。这种人大多酒量并不大，总想博取他人心悦诚服，而最终往往授人以笑柄。

凡此种种，不一而足。其中不乏陈腐观念和陈规陋习，有些则是嗜酒者自欺欺人的贪杯“口实”。当您举起酒杯时，不妨思忖一番，您是“为何而饮”，“为谁而饮”，“今朝饮酒又是为哪番”？

(二)应该怎样禁酒和预防酗酒

问题在于您是否真有诚意，是否真的认识到了酗酒的危害，如果确有禁酒的诚意，深切体会到酗酒的危害，那么您不妨试一试如下一些方法：

1.禁酒者

不要把不会喝酒当做一种遗憾，人群中，滴酒不沾者毕竟是大多数。要做到始终如一地禁酒，最难过的关是亲朋相聚、朋友相约的场合。不要被一些“难得的聚会”、“今天不同寻常”之类的言语所打动。这时最好要注意以下几点：

(1)开席即声明自己不会喝酒。

(2)拒绝要有礼貌，但是态度要坚决，不要给人以“在讲客气”的错觉。

(3)主动倒上一杯饮料或茶水作陪。

(4)不喝酒是一种权利，态度要大方。

2.饮酒者

无论自斟自饮还是群饮，都不要忘了“节制”、“适度”，同时要注意几个细节问题，

(1)饮酒之前先吃点东西，空腹酣饮是最容易醉倒的。

(2)“干杯”本是礼节性的辞令，演化到“一饮而尽”，当属一种错觉。要尽量避免“干杯”，低酌浅饮并不失风雅。

(3)量力而行，适可而止，记住自己的酒量。

(4)喝酒已感到不适，产生反应时，联想一下自己和他人醉酒后难堪的情景。

3.群饮者

多人在一起喝酒，是最容易发生酗酒和醉酒现象的。醉酒往往有一个过程，酒多话多，从语言上看，大体经历如下四个阶段：

(1)直言快语。相互之间，好言劝酒，也有怀抱某种目的，选中某个特定对象甜言蜜语集中相劝。

(2)豪言壮语。酒过数巡，有了几分醉意，往往出言不逊，漫天夸海口，大话不绝于耳。有此征兆，明智的选择是停止继续饮下去。

(3)胡言乱语。当酒量过度，不胜酒力者，酒性开始发作，神志不清，思维紊乱，语无伦次，断断续续，似真非真，似假不假。然而，无休止“再干最后一杯”的情景恰巧在这个时候最容易出现，此时的鼓动行为无异于落井下石。

(4)不言不语。这是醉酒后无可奈何，身不由己的一种表现形式，情况严重的，必须采取治疗救护措施。

应该指出的是，一个真诚的人是不忍看到自己的同窗好友酒后出洋相的。那么，同学之间就应该相互关照，知己知彼，当止则止，己所不欲，勿施于人，以免失节、失当、失度，产生不应有的后果。

第四节　运筹闲暇时间

时间是最重要的资源，同时也是最有限的资源。随着现代信息技术的进步与发展，

每个人每天处于快节奏、高压力的生活之中，在这种被时间追着跑的节奏中，时间的科学分配与运用是学习、工作取得成效的重要保障。从某种意义上来讲，时间管理运用得好，可以使理想变为现实；相反，运用得不好，一切理想只能化为泡影。要成功地进行时间管理，首先要从认识时间管理开始。

我国古代著名的思想家、教育家、儒家学派创始人孔子，曾站在河边感慨地说："逝者如斯夫！"可见古人早就意识到时间一去不复返。"一寸光阴一寸金，寸金难买寸光阴"的至理名言提醒我们珍惜和重视时间。包括大学生在内的现代社会中的每个人，为了取得学业上、事业上的成功，树立正确的时间观念是至关重要的。

高校生活中可供学生自由支配的时间较多，然而这些课余时间怎么安排，却是许多大学生把持不住的问题，尤其是新生，从来没有如此多的空余时间，是不是该放松放松自己了？是不是就此歇一歇了？大学生活丰富多彩，大学的娱乐休闲活动数不胜数，让人眼花缭乱。学习之余，我们有了许多可供自己支配的时间，怎样充实地度过这些时间，对许多学生来说的确是一个考验。如何充分利用好这些时间，就需要掌握合理运筹时间的艺术。

一、认识时间的价值

时间是有价值的，时间的价值可以分为两种：一种叫做无形价值，另一种叫做有形价值。

时间的无形价值是指把时间投入到学习、工作、家庭、社会等方面，通过建立某种关系如工作关系、家庭关系、人际关系等形成价值。不管是谁，你为此花掉时间，但它带给你的收获可能是无法用金钱来衡量的，因此，这是一种无形价值。

时间的有形价值是指现在花费时间学习知识，为今后的事业打好基础，或者把时间用于开拓事业，将来能带来许多有形的回报。

二、避免错误的时间观

俗话说，时间抓起来就是黄金，抓不起来就是流水。如果时间观不正确，人们便不可能珍惜时间，只能让时间白白流逝，虚度人生，最终一事无成。现实中有以下几种时间观需要避免：

一是任其流逝的时间观。这种时间观认为，时间是取之不尽、用之不竭的，时间不用花钱买，不必求人借。持有这种观点的人整天糊里糊涂混日子，他们办事没有紧迫感，任凭好时光白白流逝，从不在意。

二是及时行乐的时间观。这种时间观认为，时间不可逆转，我不想支配时间，也无力支配时间。这种人信奉"醉生梦死"、"今朝有酒今朝醉，管他明日生与死"的及时行乐的生活方式，虚度时间。

三是幻想来世的时间观。这种时间观惧怕死亡，头脑里转来转去就是人生短暂，朝生暮死，昙花一现。他们看到随着时间的流逝，凡是活着的生物都要死去，认为世界上只有死亡才是最终结果，面对时间他们是悲观的、畏惧的，表现出束手无策。

三、树立分秒必争的时间观

时间对于整个世界来说是无限的，但对于每一个人来说却是有限的。时间的节约与运用是一条重要的经济规律，凡是有理想、有作为的人，都应该把时间看做有限的物质财富，认真对待每一天，科学地进行时间管理，充分利用人生的有限年华，尽可能地多学习知识，多创造一些美好的事物，实现自己的人生价值。这才是正确的时间观，是对时间的正确认识和应该持有的态度。

常言说，勤奋的人，总是觉得自己对时间抓得不紧；懒惰的人，总是埋怨时间过得太慢。珍惜今天吧，正像一位哲人对时间的看法一样：昨天是一张已被注销的支票，明天是一张尚未到期的本票，今天则是随时可运用的现金。今天是最重要的，每一个大学生都应该珍惜时间，把握时间，科学地管理好时间，利用好时间。

四、掌握运筹时间的艺术

在一天之中，有一些事情的时间不是你能改变和控制的，例如上课的时间、开会的时间及一些随时可能发生的重要事情。而有些时间则是你能够控制并利用的，比如吃饭、睡觉等日常作息时间，没有课的空余时间以及周末的时间等。下面介绍几种运筹时间的艺术和方法：

1.编一份时间预算很重要

时间是生活的资金，而你就是使用这笔资金的“财政部长”。该怎样合理花费这笔财富呢？一个简便而管用的方法是：精打细算，编制预算。以一天为例，同学们每天学的课程、干的事情很多。事情有轻重之分，急缓之差，大小之别，不分主次地眉毛胡子一把抓，只能是丢三捡四，顾此失彼，既虚耗了时间，又办不好事情。而编一份预算，文明科学地安排时间，把各门课程和要干的工作列入计划，协调学习、工作和生活，让每分钟时间都充分合理使用。

2.善于抓住高效时间

科学地运筹时间，一个重要原则就是抓住高效时间，高效时间就是你一天中思维能力、活动能力最旺盛的时间。不同的时间具有不同的效能，在有的时段你学习、工作精力充沛，动作敏捷，效率很高，一分钟能顶两分钟用；而另一段时间，却显得头脑迟钝，动作呆滞，两分钟才顶一分钟。科学家研究表明，人在一天二十四小时内的工作，就像大海的潮水一样，有高潮和低潮，在正常情况下，每天的高潮和低潮是有规律的。一般早晨和上午是高效时间，到了中午处于低潮；经过一段时间的休息，下午又进入一段高潮期；到晚饭时又进入低潮；过后再进入一段高效期，然后就要睡觉休息。只有在紧急情况下，当大脑发出强制性命令时，才会改变你的生物节奏。

使用高效时间要讲求规律和效率，假如你今天用高效时间苦读书，明天则在高效时间睡大觉，又强迫自己在低效时间兴奋起来，长期如此，会把自己的生物钟搞乱。而有规律的正确使用，则会使高效时间固定下来。要善于利用高效时间，不要错过时机，及时进入状态，一旦进入状态就一定要保持住。在高效时间内，要尽量使自己保持专注状态，避免受到干扰。

3. 在时间的园地里交叉轮作

时间是一块等待你耕种的田地。农业生产上有个办法，叫做交叉轮作，这季种黄豆，下季种麦子，可以增强土质的肥力，提高作物的产量。对于时间来说，你一天里的各门课程和各项活动也应该交叉轮作，方能提高效率。

夸美纽斯说过："时间应分配得精密，使每年、每月、每天和每小时都有它的特殊任务。"培根写道："合理安排时间，就等于节约时间。"进行交叉轮作时，还要给每件事分配最佳的时间数量，比如什么时间记忆、什么时间做习题、什么时间写整块文章、什么时间做不用脑的事，都应筹划安排好。此外，交叉轮作还能起到相互调节休息的作用。

4. 提高时间"单位面积"的产量

一天只有二十四小时，谁也不能多变出一分钟，然而，你可以在二十四小时内干出二十五小时的活。这个结果是由提高时间"单位面积"的产量得来的。谁都知道，提高粮食产量有两条途径，一是扩大耕地面积，二是提高单位面积产量。当土地开垦的差不多时，提高亩产量将摆到首要位置。

提高时间"单位面积"产量即增加效率，效率就是劳动时间与劳动效果的比率，即单位时间里完成工作量的大小。有的同学虽然花费时间不多，但学习和工作效率却很高，也就是这个缘故。

5. 搞好时间的统筹

统筹法是一种统筹兼顾、科学安排的组织计划方法，是通过统筹的形式，在多项事情中，分清主次缓急，加以科学安排，以便有效地对学习工作进程加以控制和掌握。大学生在学校除了吃饭、睡觉大体有三件事，即学习、工作、娱乐活动。为了使统筹搞得好些，可以给自己画一张统筹图：排排一天有哪些事情要做；理清这些事情的相互关系，比如先是前后关系，哪件事先做，哪件事后做，然后是左右关系，看一件事做完了会给其他事带来什么影响；计算每件事需要多少时间才能做完。

每天保证至少30分钟的锻炼时间。健康的身体是我们生活、学习的保证。早起参加体育锻炼对于保持足够的精力和清醒的头脑非常重要。俄国大作家托尔斯泰在谈到一天的时间说："我每天如果不走一步，活动一下手脚，到晚上我就什么也干不成，既不能读也不能写。"他每天早起30分钟去跑步。工作一天后，人已很疲劳，稍事休息，然后参加些体育活动，可以锻炼身体，恢复体力。直到古稀之年，他仍然坚持体育锻炼，六十五岁学会骑自行车，七十五岁还经常滑冰。体育锻炼是美国科学家富兰克林事业成功的一个重要因素。他从小喜欢游泳、划船、跑步、做体操。每天清晨，他按时起床，舒展拳脚，跑步做操，还准时到阳台上站定，脱去外衣，进行一小时的日光浴和空气浴。

6.把“零头布”拼接成有用之才

所谓“零头布”,就是指零星时间,它可能是半小时或十分钟甚至五分钟。许多人会不以为然,认为这么丁点时间,能有什么用处?一位聪明的作家曾描写过这样一种心理:“我们好像只能使用经过精选的时间,我们记得的只是一生中最精彩的时刻,半小时对我们来说不是时间,我们只承认整段整段的时间,只有在这样的时间里,我们才打算大显身手。短点的时间,我们马上会借口外界干扰,借口客观条件而认为不适用。”可以说,持这种观念的人非常普遍。可见,把“零头布”拼接成有用之才,是时间运筹的一个基本功。“泰山不辞微尘,故能成其高;江湖不让涓滴,故能就其深。”零星时间虽短,但只要抓住它,一段一段地接起来,就能由短变长。况且,许多活动本来就不必使用整块时间,点滴时间足矣。

7.给时间设一个“账本”

时间是你最可宝贵的财产,究竟花到了哪里,你应该了如指掌才是。时间有纯时间和毛时间之别,纯时间是干正事花掉的时间,毛时间则是掺了水分的时间。一般说来,毛时间比纯时间要多得多。可是,人们为省事,对毛时间中的损耗数不作统计和扣除,一概视为有效时间,这就造成了一种假象,似乎干正事的时间是很多的。其实,相当多的时间从未被察觉的漏洞里流走了。因此,你很有必要设一个时间“账本”,对时间消耗进行统计和审核,这是时间运筹学的重要内容。如果达到了这个程度,你就有了支配时间的主动权。

第四章　参加社会实践

社会实践活动是学生学习知识、增长实践能力的“第二课堂”，是丰富大学生活的必要途径。在高校里，除了教学计划安排的课堂学习和实习以外的其他活动，都可以称做社会实践活动。“纸上得来终觉浅，绝知此事要躬行。”在高职学院里，学习书本知识固然重要，但参加社会实践活动也是必不可少的。如果说前面的课余活动大都局限在学校内的话，参与社会实践将是大学生更多地走出校门、与社会近距离接触、学到书本上和课堂上没有的东西的有效途径。因此，在校大学生要更多地参加学生社团，积极参与学生管理和活动，参加课余兼职和实习，参与志愿者服务等社会实践活动。

一般来说，高校的社会实践活动是借助高校中的学生组织来开展的，学生也是通过这些学生组织来参与各项社会实践活动。下面就介绍一下这些学生组织及所开展的社会实践活动的情况。

第一节　党团学组织活动

一、党组织活动

1.明确对党的认识

现在的大学生都是生在新社会长在红旗下的新一代，从小就接受了党的阳光雨露的哺育，经过了中学阶段的思想启蒙教育，对党已有初步的了解和认识，并且向往以后能够加入中国共产党。要想加入党组织，就必须更深入地了解党、认识党。中国共产党究竟是个什么样的组织呢？党章对党的性质是这样定义的：中国共产党是中国工人阶级的先锋队，同时是中国人民和中华民族的先锋队，是中国工人阶级中有共产主义觉悟的先锋战士。

申请加入中国共产党，必须是中华人民共和国的公民，必须是年满十八岁的中国工人、农民、军人、知识分子和其他社会阶层的先进分子。之所以规定年满十八岁才能申请入党，是因为当一个人年满十八岁时，才是一个成年人，他的世界观、人生观、价值观以及政治思想、政治立场、政治观点才趋于稳定，才能确立自己的信仰和终身志向。

要求入党的同志应以实际行动争取入党，主要应解决好三个问题：

(1)树立正确的入党动机。入党一直是许多大学生孜孜以求的人生理想，也是当代大学生实现自我价值的重要途径。中国共产党领导全国人民取得的举世瞩目的伟大成就，以及许许多多优秀共产党人的感人事迹深深地影响着有抱负的年青一代，大学生更是肩负着建设祖国的重任，多数大学生一入校就把加入中国共产党作为自己的人生追求。而且，随着社会的发展，用人单边也愈来愈看重高素质人才，而“是否是中共党员”则成为衡量合格乃至优秀学生的一把重要标尺。所以，入党问题成了大学生关注的一个热点。

端正入党动机，从思想上入党，是一个积极争取入党的同志必须考虑的首要问题。入党动机，就是一个人要求入党的内在原因和动力。在现实生活中，要求入党的人由于所处的社会、家庭环境不同，认识水平、思想觉悟程度不同，或者说世界观的不同，所表现出来的入党动机也是不相同的。例如：有的人是为了共产主义的远大理想，把共产党人的理想与个人理想统一起来，并且努力全心全意为人民服务而要求入党的，有的则简单地认为入党光荣，入了党个人和家庭都光荣；有的出于职业的考虑，想找一个好工作，或者为了将来更好地发展自己，以出人头地；有的是因为别人都申请入党，怕自己不申请面子上不好看，为了表示“进步”而申请入党；有的认为现在党的政策好，个人和家庭都得到了实惠，对党有感情，为报答党的恩情而申请入党；也有的认为“党票”是一种政治资本，入党后受重用、提拔快。

在上述种种入党动机中，只有第一种即为了共产主义远大理想，更好地为人民服务而要求入党，才是唯一正确的入党动机。这种入党动机之所以是唯一正确的，是因为它与党的性质、宗旨、奋斗目标和党员条件是一致的。而其他入党动机有的只是自己对党怀着一种朴素感情，有的是思想认识上还存在一定差距。这些情况是一种客观存在，要求入党的同志都应好好想一想，自己究竟是抱着什么样的入党动机申请入党的。

(2)加强党性修养。党性修养是对每个共产党员提出的基本要求,即使还没入党的积极分子也要接受这方面的教育,加强这方面的训练,其目的在于增强党性,筑牢思想基础。党性修养包括以下几个方面:

***政治修养**

共产党员必须牢固树立坚定的社会主义信念和共产主义理想,百折不挠地为共产主义事业奋斗终生。

理想和信念是人们的政治立场和世界观在奋斗目标上的集中反映。理想,是人们对于美好未来的向往和追求;信念,则是人们对于理想坚定而稳固的信仰。坚定的共产主义理想和信念,是无产阶级世界观的核心,是共产党人的精神支柱和力量源泉,是无产阶级先进分子的本质特征,是共产党员党性的精髓。

***理论修养**

加强马克思主义的理论修养,是共产党员党性修养的根本任务,是共产党员成为真正无产阶级先锋队战士的根本保证。

自觉加强马克思主义、毛泽东思想、邓小平理论、"三个代表"重要思想及科学发展观理论的修养,认真学习马克思主义的基本理论,对于我们确立和掌握辩证唯物主义的立场、观点和方法,正确认识人类社会的发展规律,树立坚定的共产主义信念,解决好思想上入党的问题是极其重要的,一定要好好学习。此外,党的基本知识是做一名合格共产党员必须具备的要求和条件,不懂得党的性质、纲领、指导思想和宗旨,不了解作为一个党员的权利、义务和历史责任,就不可能在实际行动中成为一名合格的共产党员。

***科学文化知识与专业知识修养**

共产党员必须成为社会主义现代化建设的先锋战士。社会主义事业需要大批有理想、有文化、有道德、有纪律的人才。为人民服务,建设现代化的祖国,不能只是一句空话,只有具备为现代化建设而贡献力量的真实本领,才能更好地为人民服务。

***作风修养**

党在长期斗争中形成的理论联系实际、密切联系群众、批评和自我批评这三大作风,以及自力更生、艰苦奋斗等作风,体现着党的性质和宗旨,是我们党取得革命和建设胜利的法宝。入党积极分子自觉加强党的优良传统和作风的修养,可以更加深刻地认识党、了解党,鼓励自己自觉地继承和发扬党的优良传统和作风,争取早日成为一名光荣的共产党员。

(3)按照共产党员的标准,严格要求自己。每一个志愿要求加入党组织的同志,从申请入党之日起,就应当努力实践自己的夙愿,对照共产党员的标准,认真找出差距,明确努力方向,在学习党章规定的党员标准时,要有一个正确的态度,明确党员标准既不能降低,也不是高不可攀,而应当认真对照党员标准找出自己的差距和不足,并在实际学习、生活和工作中,努力缩小和克服这些差距和不足,达到合格党员的要求。如何以实际行动争取入党呢？需要做到如下四条：

第一，坚定社会主义信念和共产主义理想。

第二，树立全心全意为人民服务的思想。

第三，坚持辩证唯物主义世界观、人生观和价值观。

第四，做勤奋学习的模范，遵纪守法和团结、联系群众的模范。

2. 了解入党程序

总的来说，入党分为四个阶段，每个阶段又有具体的步骤。

＊确定入党积极分子

1. 经教育引导，申请入党人向党组织递交入党申请书。

2. 党支部建立申请入党人档案。

3. 申请人撰写自传(也可附在入党申请书之后)。

4. 团支部、团总支“推优”(向党组织推荐优秀共青团员)。

5. 党支部经征求意见、同本人谈话、支委会讨论后确定入党积极分子。

6. 建立《入党积极分子考察写实登记表》。

＊对入党积极分子的培养教育

1. 确定培养联系人，并进行经常性的较长时间的教育培养(如：吸收听党课、参加党内其他有关活动、分配一定的社会工作等)。

2. 支委会进行定期考察。

3. 经培养联系人提出可否列为发展对象的意见、党内民主评议、征求党内外意见、支委会讨论、党总支审议后，列为发展对象。

4. 基层党委(或授权党总支)对发展对象进行政治审查，形成综合性的政审材料。

5. 学院党校对一部分入党积极分子进行短期集中培训，经培训考试合格者发给结业证书。

＊预备党员的接收

1. 针对发展对象确定入党介绍人。

2. 填写《入党志愿书》。

3. 支委会审查《入党志愿书》及有关情况。

4. 召开接收预备党员的支部大会，经全体正式党员表决后，支部作出决议。

5. 党总支审查各种入党材料和程序，并填注意见。

6. 党委组织部审查入党志愿书填写是否正确规范和入党材料是否完备。

7. 学院党委组织部安排党委成员及有关负责同志同发展对象谈话，并填注意见。

8. 学院党委会审批，经审查批准者填注意见，加盖公章。

9. 举行入党宣誓仪式。

＊预备党员转正

1.预备党员的管理、教育、考察。

2. 经本人提出转正申请、党小组提出能否转正意见、征求党内外意见、支委会审查后，召开支部大会讨论转正问题。

3.系党总支审查。

4.学院党委审批。

5.材料归档。

在进入正式的入党程序之前，申请人要进行推优。

＊具体程序

1.推荐前的教育。班级团支部要根据不同年级团员的思想特点，有重点地开展思想政治教育、党的基础知识教育。

2.推荐对象的确定。团支部首先要摸清每个提出入党申请的团员的底数，了解他们的学习、思想、工作等各个方面的情况，然后在广泛征求上级党组织、老师及团内外青年意见的基础上，确定推荐人选，保证团内真正优秀的同志被推荐为党的发展对象。被推荐的对象必须是共青团员，并且提出了入党申请。

3.协助党组织做好考察工作。团支部在向同级党组织推荐对象和提出意见后，应继续协助做好培养和考察工作。

4.对推荐对象进行马克思主义、毛泽东思想、邓小平理论教育，党章和党的基本知识的教育，党的路线、方针、政策的教育，怎样争取做一个共产党员的教育，党的优良传统和共产主义道德品质等方面的教育。

5.组织他们听党课或参加党训班，对比较成熟的吸收他们参加发展党员的支部大会，新党员入党誓词大会和其他一些党的活动，分配给他们一定的社会工作。

6.指定专人负责联系，经常找他们谈心，肯定成绩，指出缺点，明确方向，做深入细致的思想工作，协助党组织促使被推荐的对象先从思想上入党，争取早日加入党组织。

7.推优入党的基本程序。

8.开团员大会，讲清推荐的意义和标准，根据新掌握的申请入党团员的全面情况，进行综合分析，制定推荐计划。

9.以党支部或党小组为单位，按推荐标准酝酿推荐人选，推荐人选由团支委会讨论决定。

10.在统一意见的基础上，确定推荐对象后，应到校团委领取《推荐表》(统一印制)，填写《推荐表》及说明推荐理由，报校团委审批。在学校团委审批后签署意见，由填报的团支部向学校组织推荐，一般情况下，团支部副书记以下的团员经学校团委同意后，又有团员所在的团组织向党组织推荐；团支部书记、副书记由学校团委负责向党组织推荐。

推荐优秀团员入党是一项严肃的工作，在推荐过程中，要积极取得党组织的领导，严格把握推荐标准，坚决纠正发展先进青年入党是党组织的事、与团组织无关的思想。

3. 怎样写入党申请书

每一个大学生申请要求入党，首先要向党组织递交入党申请书。申请书应该明确表达自己的入党意愿，一般主要包括以下几个部分：自己对党的认识，包括对党的性质、党的纲领、党的指导思想、党的宗旨和党的路线方针政策的理解与认识，结合自己的成长经历、家庭环境谈自己的入党愿望是如何形成的，最后写自己在以后的学习生活中如何按照《党章》要求的共产党员的条件去做，努力创造条件争取早日加入党组织，并接受党组织对自己的考察和考验。

入党申请书后面可以附上个人自传，包括个人基本情况、家庭基本情况、家庭主要成员和主要社会关系成员的基本情况等。递交申请书后，一般就会被要求参加党章学习小组和其他一些党的活动。经过一段时间的培养考察后，如果你的条件合格就会被确定为重点考察对象，党组织会为你确定两名培养人，培养人会经常与你谈话，并要求你定期递交思想小结，期间还可能要求你参加某个级别的学生党校进行学习。一般作为重点培养对象至少需要一年时间，经过考察，再经支部大会讨论表决是否发展为中共预备党员。

如果通过，再经过至少一年的预备期，预备期满后，本人要写转正申请，同样在经过考察合格后，完成必要的组织程序，就能按期转正成为一名中共正式党员。

*** 小知识**

中国共产党入党誓词

《中国共产党章程》第一章第六条规定：预备党员必须面向党旗进行入党宣誓。誓词入下：我志愿加入中国共产党，拥护党的纲领，遵守党的章程，履行党员义务，执行党的决定，严守党的纪律，保守党的秘密，对党忠诚，积极工作，为共产主义奋斗终身，随时准备为党和人民牺牲一切，永不叛党。

4. 参加党组织开展的各项活动

党的组织活动，是指党的组织成员参加的各项活动，包括政治理论学习、党校培训、党的组织生活、党的各种会议和其他实践活动等。任何一名党员，只要加入了党组织，就必须无条件地参加党的组织生活。党章规定，党员无故不参加党的组织活动，就被视为自行脱党。与此相关的还有，党员既要行使党章赋予的权利，也要履行党员应尽的义务；还必须按时交纳党费，遵守党的纪律，保守党的秘密，完成党交给的工作任务。

二、共青团组织

中国共产主义青年团（简称共青团）是中国共产党领导的先进青年的群众组织，是广大青年在实践中学习中国特色社会主义和共产主义的学校，是中国共产党的助手和后备军。

我院共青团组织有院团委、系团总支、班团支部三级，下设的部门有：办公室、组织部、宣传部、社团部、实践部、网络部。团委也有一些直属机构，比如广播站、艺术团、学生活动中心等。

＊附

共青团兰州资源环境职业技术学院委员会组织机构一览表

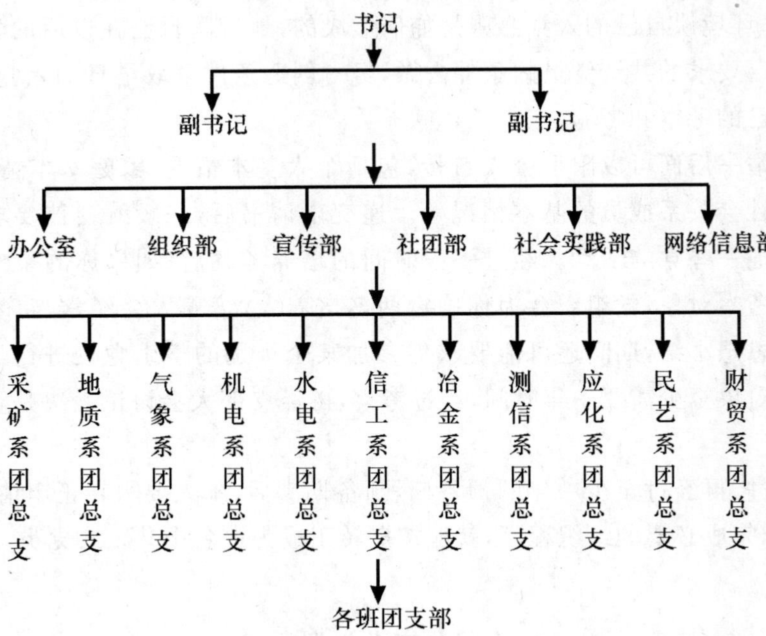

三、学生会组织

学生会，全称为学生委员会，是大中学校中的组织之一，是学生自己的群众性组织，是学校联系学生的桥梁和纽带。它的基本任务是：遵循和贯彻党的教育方针，促进学生德、智、体、美全面发展，团结和引导广大学生成为热爱祖国、适合中国特色社会主义现代化建设事业要求的合格人才；发挥作为党和学校联系学生的桥梁和纽带作用，在维护国家和人民整体利益的同时，表达和维护学生的具体利益；倡导和组织自我教育、自我管理、自我服务，开展健康有益、丰富多彩的校园文化和社会实践活动，在活动中锻炼和塑造自我，提高综合素质。每一个学生都应自觉接受学生会的领导、组织和检查，积极参与并支持学生会的各项工作。

我院学生会组织有院学生会、系学生分会两级，下设的部门有：秘书处、学习部、宣传部、纪检部、外联部、文体部、生活部。

学生会的部门设置多带有组织学生活动和为学生服务的特色，比如学习部重在沟通师生关系，力促教学相长，改善学习环境，举办各种知识讲座与活动，满足学生的学习需求。外联部（公关部）负责本校学生会与兄弟院校学生会及其他部门的联系。办公室则负责内部各个部门之间的沟通与协调，负责各项文件的起草、编辑、印发、保管等工作，也负责管理各个部门的经费使用。宣传部负责各项活动的策划和宣传工作，也负责日常思想政治教育工作。当然，不同学校还有一些具有本校特色的部门，比如校园文化部、新闻中心等。

兰州资源环境职业技术学院院学生会组织机构一览表

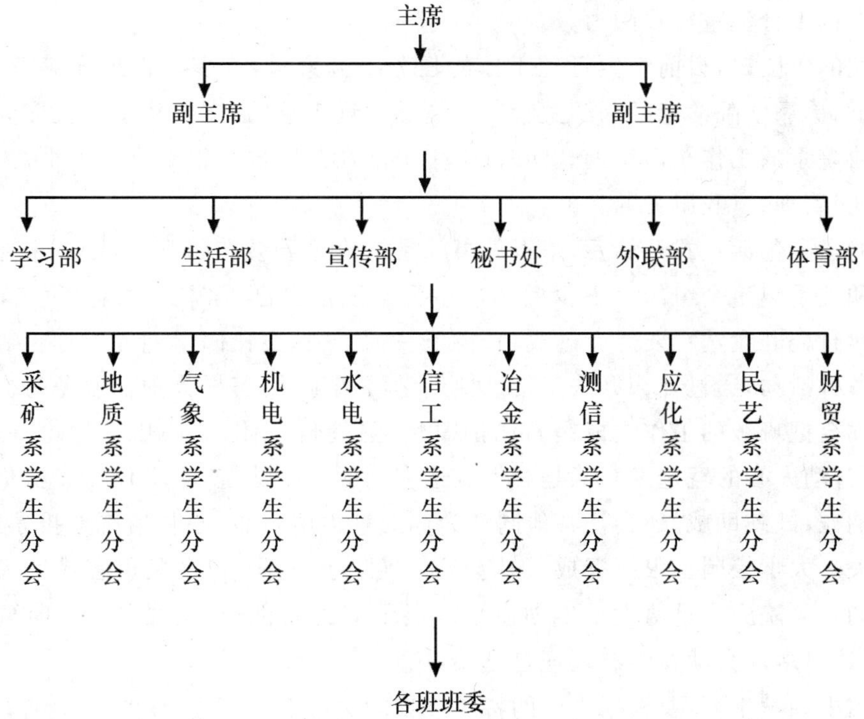

四、班委会

班委会是由班干部组成的小领导集体，一般由班长、副班长、学习委员、文体委员、生活委员组成。班委会是学校中最小的基层单位，班干部也就是最小的“官”。班干部的主要职责有两项：一是协助系上尤其是辅导员实施自我管理；二是为全班同学服务。从他们的名称看，就知道他们各自的职责。

五、如何竞聘学生干部

高校学生干部是指在各班级班委、院系党团组织、院系学生会组织、学生社团组织中担任领导或从事管理工作的学生，他们是学校开展学生工作的一支生力军，是学校党团组织和学生管理部门联系学生的桥梁和纽带，是辅导员或班主任的得力助手，通过他们可以将学习、校园文化活动、日常管理中的大量工作落到实处，它们在校风学风建设、校园文化建设和日常管理工作方面发挥着不可替代的作用。

从个人的角度来看，在高校里，学生干部的权利和义务比中学时大不一样，假如你在中学时代曾担任过学生干部，现在不妨在大学里再重温一下过去的学生干部情景，在中学时代没有担任过学生干部的同学，也可以登上这个新的舞台。许多新生在高中阶段一心学习，社会实践能力差，到大学后自然要多锻炼，否则毕业之后很难适应社会。学生干部要组织班级、系乃至全校的各种活动，要增进班集体内部的感情，要使全班同学共同进步。这些都是对学生干部领导能力、团队工作能力、组织能力等社会实践能力的锻炼。同时，有过学生干部经历的人毕业以后找工作时可能会更有利些，因为许多用人单位现在都十分注重实践能力。

从学院的角度讲，目前学生管理工作的任务十分繁重，许多工作还充满着挑战，在这种情况下，单靠学院的老师和学生管理人员是远远不够的，需要建立一支庞大的学生干部队伍给院系的工作予以协助。同时，学生干部在其中也可得到有益的锻炼，达到自我教育、自我管理、自我服务的目的。

高校的学习生活正式开始后，第一件事就是组建班委会和团支部，接下来还要补充团总支部和院系学生会组织。不少大学新生为了展示自己，早就摩拳擦掌。高校的班干部一般实行公开竞选。要想竞选成功，得下一番工夫，要让同学们知道你打算怎样开展班级的各种活动，通过什么办法来帮助他们学习和生活，怎样为他们服务等。要让同学们知道你会把班级的工作当成是自己的事情，热爱班集体，关心班上的每一位成员。所以，一篇打动人心的竞选发言稿是获得竞选成功的重要法宝，它不仅让支持你的同学为你摇旗呐喊，鼓劲助威，还会让其他同学为你的魅力所折服，心甘情愿地投票给你，让你轻易过关。大学校园已很接近成人社会，社会上的一些不正之风很容易对大学生产生消极影响。学院应尽量给大学生创造平等展示能力的机会，在选择干部时要让学生公平竞争，让更多的大学新生有表现自己的机会。

加入团委和学生会，要根据自己的特长或兴趣去报名。团委、学生会的纳新工作都是公开的，在纳新前会下发通知，明确规定一些部门对其成员的特殊要求，所以同学们要根据职位要求与自己的实际情况有针对性地去报名，报名前要了解这个部门的工作特点以及你适合哪一方面的工作。起初的定位不能太高，要有从第一步最基础工作做起的思想准备。

能担任学生干部的毕竟是那些学习和工作以及综合素质比较好的，再说现实中也不需要全部同学都去当学生干部。但是，同学们也不要气馁，不要放弃这方面的实践和努力，可以尝试参加一些管理与服务方面的实践活动，从而得到这方面的锻炼。

六、如何当好学生干部

在高校里担任学生干部并不是想象中那么容易，首先要扎扎实实地从头做起。因为你新加入某个团体，可能什么都不懂，做什么事也不应手，要多学习、多观察，主动参与各种活动，主动与学生会其他成员交流，争取多做工作。还有一点也很重要，就是要把担任学生干部为同学服务当成是快乐的事，不要多干点事就觉得吃了亏，而应把多干事看成是锻炼自己的机会。当学生干部要有责任心和工作热情，做事要有始有终，不能有太强的功利意识。其实,担任学生干部也是广交益友、增长社会知识与经验的机会,这一点对以后的人生大有益处。

其次,作为一名学生干部,要学会协调各种关系。需要协调的既有老师与学生之间、学生与学生之间的关系,还有学生组织之间、学生组织与学校之间的关系。在这中间,学生干部理应当好学生与老师之间的桥梁,及时上情下达、下情上传,做好沟通与理解的工作。很多大学生由于种种原因在遇到困难时不愿与辅导员或其他老师交流,而学生干部恰恰能利用自己的有利条件为这些学生解决疑难。比如班干部就需要和任课老师与同学多加沟通联系,及时地传达老师的意见和学生对老师授课方式的反映。但是在工作中,难免会有同学不予理解和配合,遇到这种情况时,学生干部要多站在同学的角度来考虑问题,进行换位思考,遇到问题时不要操之过急,而是要仔细分析问题的缘由,找到妥善的解决问题的方法。应该有足够的耐心和宽容的气度来面对身边不同类型的人,以一种热情诚恳的姿态争取别人的支持。因此,一个组织的生命力仅靠少数人的努力是远远不够的,必须充分发挥大多数人的能动性和积极性,共同参与集体活动。

再次,要在同学中树立一定的威信。因为大学生不再像高中时那样对老师和班干部俯首听命,大学生个性和独立性较强,不是简单的一管了之。良好的威信能够保证你有足够的亲和力与凝聚力,广大同学也会心悦诚服、心甘情愿地投入到集体活动中来。当学生干部最要紧的一条就是要树立为学生服务的思想。当学生干部并不是要高人一等,要有权有势,要得到好处,甚至仗势欺人,而是要为同学服务,尽自己所能给同学的学习和生活创造便利。本着这种精神,才能当好学生干部,也才能做好各项工作。如果一名学生干部只知道瞎指挥、乱分派,那么这个集体组织就没有凝聚力,当然也没有战斗力。学生干部要开展工作,自身应身体力行,以身作则。

第四,工作要有激情。在高校学生会干工作,要有做创造性工作的意识,要敢想敢干,这样你才能有所得,才能培养自己独立工作的能力。要注意协调分工,发挥他人的特长,使更多的人有参与组织活动的机会。在活动开展过程中,通过提问、小竞赛等形式,尽可能地调动每个参与者的积极性。在活动结束后,要广泛听取参与者对活动的意见,以便在下次活动中予以改进。许多在高校学生会工作过的人毕业后在工作岗位上都不同凡响,都有所成就,这与在高校学生会工作的锻炼是分不开的。

第二节 社团活动

高校学生社团是经过学校批准由本校学生在自愿的基础上组织起来的群众性团体。学生社团的成员大部分是以本系本专业组建的,有些社团的成员都来自不同的系和不同的年级。学生社团开展的一系列集思想性、文化性、学术性、娱乐性于一体的活动，营造了校园科研学术氛围，构成了校园文化的重要组成部分。同时，学生社团活动的开展为学生提供了一个课余施展才华、展示风采的舞台，在与学长、学友的交往中，使学生在大学期间获得了许多有益的知识，同时还可在老师的指导下寻找机会去了解社会、接触社会、发挥个性、增强综合素质、培养个人能力。总之，学生社团活动在丰富学生课余文化生活、优化育人环境、建设校园文化、提高大学生素质诸方面都发挥着重要作用。

一、学生社团的类型

高校的社团、协会数不胜数，目前全国高校的学生社团总数已达 2 万个以上，而且社团类别丰富，涉及面广，参与人数众多，有的社团成员多达几百人甚至上千人。一般而言，我国高校的学生社团大致可以分为五类，分别是理论学习类、志愿服务类、专业学术类、文学艺术类和体育健身类。不同类型的社团，其性质、特点和活动内容也各不相同。

＊理论学习类社团

这类社团主要以理论学习和研究为主，如毛泽东思想研究会、邓小平理论研究会等，他们关注党和国家的路线方针政策及理论动态，通过学习研究，旨在提高理论水平。同时，强调理论学习与社会实践相结合，丰富灵活的活动形式与明确的思想主题相结合，注重实践创新，带领广大社团成员面向社会，走出校园，深入社会，自觉实践，在建设基层、繁荣地方、推动经济社会发展方面发挥积极的作用。

＊志愿服务类社团

这类社团是由学生自发组织和自愿参与，以志愿服务活动为主体，强调奉献、友爱、互助和进步，倡导积极主流文化的学生群众性服务团体。服务领域涉及绿色环保、法律援助、济困助学、社区义工以及大型活动志愿服务等多个方面。随着社会的进步和人们素质的提高，志愿服务正在全国各地城乡蓬勃开展，特别是像奥运会、世博会那样的大型活动，高校学生组成的志愿服务团队发挥了极其重要的作用。高校的志愿服务类社团，作为青年学生体现社会责任感、奉献社会的有效载体，正在大学校园乃至全社会产生越来越大的影响。

＊专业学术类社团

这类社团以满足成员对知识的需求为基础，以提高社团成员的学术水平和实践能力为共同目的。通常与专业学习和学术研究结合较紧，有较强的专业实践性质和多学科交流的特点，是第一课堂专业学习的有益延伸。这些社团强调专业兴趣，社团成员通过论坛、讲座、展览等学术交流活动，通过调研、走访、服务社会等学术实践活动，通过各个级别和类别的学术科技比赛，真正达到丰富和拓展专业知识，将专业知识有效地运用于实践的目的。此类社团涉及的专业领域不同而呈现出多样性，一般性的理工科专业的学生社团有计算机学社、物理学社、英语学社、地质学社、机电学社、生物学社、环境保护社等；文科专业方向的有法律援助学社、经济学社、社会学社、心理健康协会、新闻学社、民俗学社、陶行知教育思想研究会等。

***文学艺术类社团**

这类社团以成员的文学兴趣、艺术特长和共同爱好为基础，以满足社团成员的精神生活而建立的非专业性文化、艺术社团。因这类社团的活动形式活泼，大都以演出、展览、观摩、交流等方式进行，轻松、富有青春朝气，具有较强的娱乐性，更易贴近人的特点，因此在高校社团中处于主体地位，具有数量大、种类多、参与学生广泛的特征。

***体育健身类社团**

这类社团是具有相同体育爱好和兴趣的同学，为提升其在该项活动中的技艺而组建起来的，以各类体育活动项目为分类的学生社团。社团往往通过组织活动和比赛，使团体成员得以切磋技艺，强身健体，同时还在广大学生中起到了普及体育运动、弘扬体育精神的作用。

二、参加社团活动应该把握的原则

1.参加社团组织不要过多，应根据自己的特长和实际有所侧重，最好不要参加同一类型的社团。如某校的小杨大一时就选择了校报和校学生会，既得到了专业方面的实践，又获得了学生工作的经验。

2.社团选择可与专业相关或靠近，达到理论和实践两者互补，这样在参与社团工作时也会感到在进行专业学习，而不觉得浪费时间。

3.当学习和社团工作冲突时，衡量两者轻重，如一次和商家当面洽谈赞助的机会，有时候比一堂理论课更值得把握，因为理论可以课下看书，但是实践的机会稍纵即逝。

4.坚持原则，不动用学习时间。学校一般不主张在上课时间搞社团活动，学生个人也应把握这个原则。如某校的小陈每周给自己设定三个固定的时段用于学习，雷打不动。有些社团在学期初就要求成员上交课程表，这时学生有理由为了上课而拒绝社团工作。其实很多时候是自己没有坚持原则，却把社团工作当做不学习的借口。可取的做法是权衡利弊，处理好两者之间的关系，不要在工作的时候想着学习，在学习的时候想着工作，两面不讨好，两面都做不好。

5.选择有特色的社团。高校的学生社团形形色色，有的高校由于对学生社团管理不严，也有鱼龙混杂的情况，比如有的社团组织活动“虎头蛇尾”，社团成立时声势很大，过一段便偃旗息鼓；有的社团活动无特色，活动组织得平平淡淡，没有多少吸引力。所以，新同学不可盲目地加入某一社团，最好选择那些历史较长、特色鲜明、口碑较好的社团。当然，如果你确实有某一方面的特长和才能，觉得有把握改变现状并且能搞好，那就不妨一试。

三、我院的学生社团概况

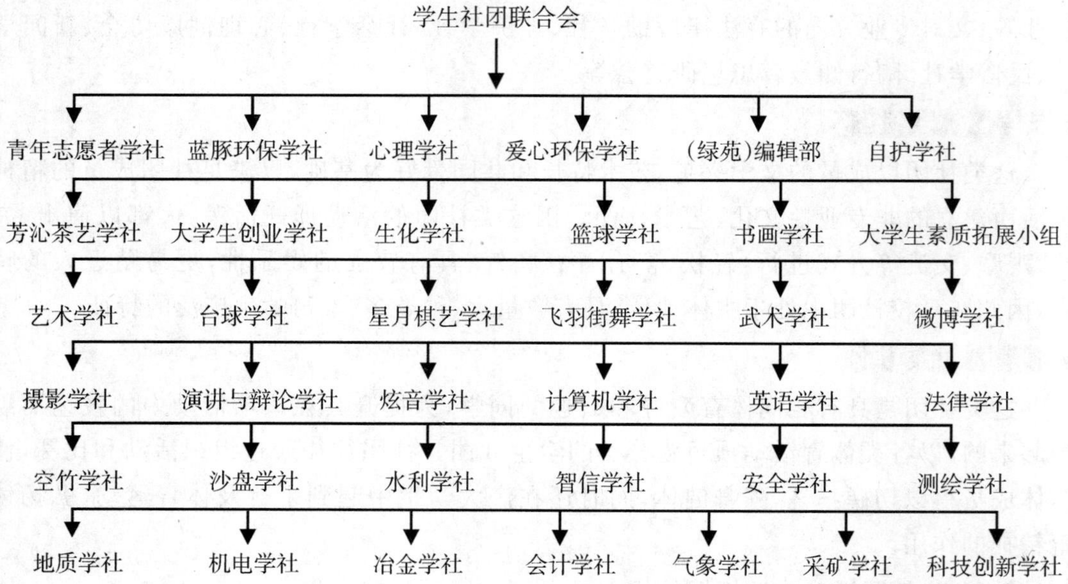

我院现有各类学生社团 23 个，涉及面较广，同学们可根据自己的爱好和特长慎重选择，最好参加一个学生社团，在那里好好锻炼自己，提高自己的社会实践能力，为将来就业走上社会积累一些实践经验。

【校园活动拾趣】

高校校园里有各种各样的比赛，可以让全面发展的你在适合自己的舞台上施展才华。

＊运动会

如果你是一名运动健将，赶快报名参加学校运动会吧。这样不但可以不断超越自己，赢得别人由衷的赞赏，还能为自己、为班级、为系乃至学院赢得荣誉。

＊球场过招

每学年的各种球类比赛更是喜欢运动的你一展身手的大好机会。你不但可以享受比赛本身，还能增进和同学之间的感情。

＊校园十佳歌手大赛

学校里最受关注的比赛就是校园歌手大赛了。无论是翻唱别人的歌曲，还是自己创作的歌曲，无论是独唱、自弹自唱，还是多人合唱，甚至以乐队的形式，你可以在台上体验到歌星的感觉。全场的歌迷因你的歌声而喜悦，为你的歌声欢呼雀跃。

＊各类科技竞赛

喜欢自己专业技术的高手和其他特长的同学也有了自己的舞台。学校级、省级和国家级的科技、电子竞赛每年举办，你可以一试身手，与同伴一比高下。

＊征文与演讲比赛

有天赋、有兴趣的同学就报名参加学校组织的各类征文，这是提高自己写作能力和锻炼语言能力的大好机会。

第三节　参加各项课外实践活动

一、积极参加各类技能竞赛

1.技能竞赛的项目内容

职业技能竞赛是依据国家职业技能标准，结合生产和经营工作实际开展的以突出操作技能和解决实际问题能力为重点的、有组织的群众性竞赛活动。职业技能竞赛坚持社会效益为主和公开、公平、公正的原则，并与职业技能培训、职业技能鉴定、业绩考核、技术革新和生产工作紧密结合。职业技能竞赛严格执行国家有关法律、法规。各种职业技能行业在职业技能鉴定的基础上开展职业技能竞赛。

职业技能竞赛实行分级分类管理，具体分为国家级、省级和地市级三级，国家级又分为国家级一类竞赛和国家级二类竞赛。

职业技能竞赛根据行业的不同，分类也不相同，可以说大部分专业都有职业技能竞赛，目前我院有家用电子产品维修工、工程测量工、矿山安全检测工、车工、焊工、机修钳工、维修电工、装饰美工、水环境监测工、铣工、钻探工、加工中心操作工、采煤机司机、液压泵工、瓦斯检查工、矿压观测工、计算机操作员、液压支架工、综采集中控制操作工、矿井通风工、采掘电钳工、秘书、电子商务、物业管理等职业技能竞赛。同学们可根据自己所学的的专业有选择地参加各类职业技能竞赛。

2.参加技能竞赛的作用与意义

技能竞赛的题目一般选入一些企业中的技术难题、常见的问题以及相关的安全规程和技术规程等。开展技能竞赛活动，有利于促进教学内容与现场实际应用的对接，通过参与竞赛，发现教学环节中的不足，有针对性地解决教学中出现的问题，对学校的课程体系进行优化，促进学校的教育教学改革，提高本专业教学水平：(1)以技能竞赛为载体，对传统课程进行取舍，对新技术、新理论进行补充，合理增加实践课时，减少理论课时；(2)调整教学计划，实施模块化的技能培养方案；(3)促进职业学校加强技能训练，并把技能要求贯穿到整个职业教育阶段，在每个年级确立相应的技能要求和技能训练课时量，从而保证技能水平达标。

技能竞赛是选手展示才能的最佳舞台，也是显示市场需求的风向标。每次的技能竞赛都会引发同学们努力学习专业、掌握技能的热潮，学院也在这方面有意识地加以引导，结合企业、社会的实际需要，开展核心技能的培训和竞赛。积极鼓励学生立足本专业，钻研技术，勇于创新，勇闯禁区，形成鼓励创新、宽容失败的学习氛围和动力机制，推动学生创新能力的提高。同时，采取各种措施积极倡导学生精一门、会两门、学三门，尽量培养多面手，不断提高他们驾驭先进生产设备的能力，真正做到"零距离"上岗。

通过组织并参加各种技能竞赛，能够调动教师和学生提高技能的积极性，能够营造鼓励成才、激励创新、奖励贡献的体制机制环境，不断激发学生的学习积极性，促进教学相长；能够强化专业技能训练，增强学生的社会适应性和竞争能力，为自己毕业后的就业和接受继续教育打下扎实的基础。

技能竞赛的重要意义还在于它具有典型示范效应，它告诉大家，技术是一线工人的立身之本，学习钻研技术、掌握过硬本领同样受到企业和社会的重视和尊重。

二、踊跃参加"三下乡"社会实践活动

1."三下乡"社会实践活动的项目和内容

大学生暑期"三下乡"活动是以突出构建和谐社会、弘扬爱国主义、服务社会经济发展、推动落后地区教育为主，开展企业帮扶、文艺演出、法律援助、环境保护、政策宣传、社会调研、支农支教服务等活动，其活动项目和内容有以下几个方面：

(1)爱国主义教育。组织学生到乡村广泛开展以"爱我中华"为主要内容的文艺演出、座谈交流、红色教育等群众性活动，引领广大青年学生积极主动地将自身的成长与祖国的发展紧密结合。

(2)科技服务。组织学生深入乡镇、农村、厂矿企业、社区等地，推广实用技术和生产技术，根据当地经济发展的实际需要，运用所学知识帮助群众和厂矿企业解决生产和技术难题。

(3)文化宣传。组队到乡村或社区宣传文化知识，开展多种形式的、适合当地群众的文化活动，活跃农民文化生活，培训乡村、社区文艺骨干。

(4)法律宣传。组织法律专业学生深入农村、社区，大力宣传普及与当地群众生产生活密切相关的法律法规，开展法律咨询，开展一些法律援助活动。

(5)义务支教。组织有支教经验的社团、协会到贫困地区的中小学开展义务支教活动，帮助当地小学生辅导作业等，为小学生们带去新知识和新思想。

(6)计算机知识普及。组建计算机专业或计算机特长的学生深入企业、社区、乡镇、社会福利机构等地进行计算机基础知识的普及，并尽力帮助群众搞一些计算机的维修等。

(7)社会调研。学生可结合大学生创新性试验计划课题和“挑战杯”科技竞赛项目有针对性地开展调研，或者结合专业知识和社会普遍关注的热点问题进行调研。

(8)针对性技术服务。组建服务基层服务队，服务队将采取举办讲座、现场咨询、实地指导等形式，围绕地方和企业生产实际，开展技术培训，帮助群众解决生产实践中遇到的技术难题，通过培训推广新理念、新知识、新品种、新技术。

(9)其他有意义的志愿者服务活动。

2.我院近几年“三下乡”社会实践活动的概况

我院自成立以来，先后组织了 30 多支“三下乡”社会实践小分队，参与人数 500 多人次。如水利系、机电系小分队分赴我省陇南文县、康县灾区抗震救灾，帮助灾区群众重建家园，学院为灾区学生送去特殊资助金。地质系实践分队到张掖湿地进行生态环境的调研；信管系小分队赴天水、临洮、永靖县进行计算机常识普及、义务支农、义务支教社会实践活动；采矿系小分队赴陇东地区调研石油、天然气的存储量和待开发后对甘肃经济带来的利益；气象系小分队赴陇南武都区南马街镇搞法律宣传和义务支教；大学生艺术团代表省直机关赴永靖县陈井乡慰问演出，这些活动均受到当地群众的热烈欢迎和喜爱。其中我院蓝豚环保学社与中国谷润网联合赴石羊河流域调研当地水土流失和自然环境气候变化的情况、阿干镇矿区社会实践调研报告在甘肃省第六届“挑战杯”大学生课外学术科技作品竞赛中获奖，其他优秀小分队、优秀指导教师、优秀队员受到省上的表彰。

3.参加“三下乡”社会实践活动的意义

2004 年 11 月中共中央国务院《关于进一步加强和改进大学生思想政治教育的意见》中指出：“社会实践是大学生思想政治教育的重要环节，对于促进大学生了解社会、了解国情、增长才干、奉献社会、锻炼毅力、培养品格、增强社会责任感具有不可替代的作用。”组织大学生开展文化、科技、卫生“三下乡”的社会实践活动，是实施素质教育的重要组成部分，已经成为贯彻落实教育方针，坚持教育为社会主义现代化建设服务的重要途径。随着大学生“三下乡”社会实践活动的深入开展，各高校都形成了自己的特色，推出了一系列的活动，取得了一定的成绩，得到了社会的认可。

(1)磨炼意志，促进大学生综合素质的提高。大学生参加“三下乡”活动，一方面可以磨炼人的意志，通过深刻体验农村状况和农民的生活现状，有利于端正大学生的思想认识，帮助他们树立艰苦奋斗的思想，纠正轻视劳动的偏见，培养尊重劳动人民、珍惜劳动成果、热爱劳动的情感；另一方面能够提高学生的独立思考能力、组织协调能力和分析解决问题的能力，从而提高自身的综合素质，为将来走上工作岗位打下良好的基础。

此外，在“三下乡”活动过程中，由于同学们在一起住宿、一起调研、一起工作，相互照应、同甘共苦，增强了他们的团结协作精神，也可以提高大学生社会活动能力和社会适应能力。

(2)了解国情，增强社会责任感和使命感。大学生长时间生活在象牙塔内，尚未进入社会，对国情缺乏深刻认识，对国家政策也理解不深。“三下乡”活动在校园与社会之间架起一座桥梁，通过这座桥梁，使学生对社会有了较深的了解。尤其是去了农村，大学生可以通过自己的切身感受，去了解民情和国情，去思考、理解和领会党的路线方针政策。由此可见，大学生“三下乡”社会实践活动，是培养大学生社会责任感和使命感的重要途径。通过组织丰富多彩的社会实践活动，引导大学生深入社会，到基层去、到群众中去、到改革和建设的第一线去、到条件艰苦的环境中去，使学生在实践的大课堂中了解社会，正确认识国情，从而增强回馈人民、报效祖国的意识。

(3)服务农村，传播先进的科学技术和文化知识。大学生“三下乡”活动是大学生作为一个集体走近农村、服务农村的社会实践活动。利用大学生文化、科技、卫生“三下乡”的活动，在一定程度上可以帮助农民解决一些生产技术难题，提高他们的科技文化素质，这对于服务“三农”具有非常重要的意义。

三、积极参加志愿服务活动

志愿工作是指任何贡献个人的时间及精力、在不为任何物质报酬的情况下，为改善社会服务、促进社会进步而提供服务。志愿工作具有志愿性、无偿性、公益性、组织性四个特征。大学生作为一个知识文化素养较高的群体，不仅要加强学习，提高自身能力与素养，还要带头为社会公益事业作贡献，做好青年志愿者。

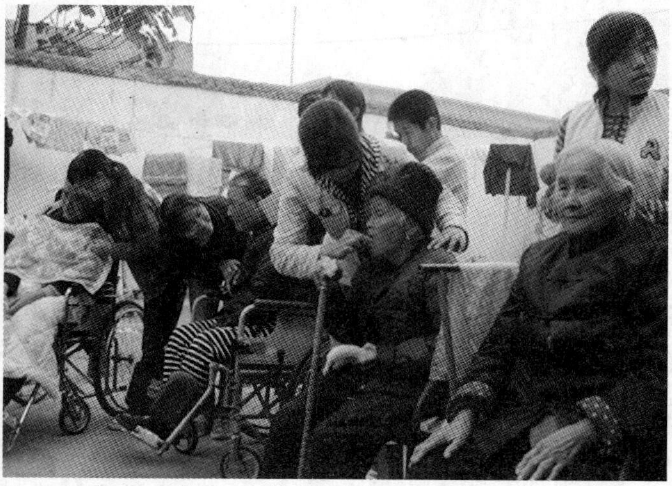

志愿者是一个义务的社会服务团体，志愿者服务是非常适合构建和谐社会这一中国国情的正义行动。有些人片面地认为从事志愿工作是慈善为怀、乐善的表现，把志愿工作看成一种单方面的施予；认为志愿者工作只是为了减轻专职人员的工作负担，把志愿者当做“廉价的劳动力”；认为只有那些不愁衣食及有大量空余时间的人，才有资格或才会参加志愿工作。其实，每个人都有参与社会事务的权利和促进社会进步的能力，同样，每个人都有促进社会繁荣进步的义务及责任。参与志愿工作是表达这种“权利”及“义务”的积极和有效的形式。在服务他人、服务社会的同时，自身得到提高、完善和发展，精神和心灵得到满足，因此，参与志愿工作既是“助人”，亦是“自助”，既是“乐人”，亦是“乐己”。从这个意义上讲，志愿服务活动在当今社会具有非常重要的积极意义。一是传递爱心，传播了文明。这种“爱心”和“文明”从一个人身上传到另一个人身上，最终会汇聚成一股强大的社会暖流。二是有助于构建和谐社会。志愿工作提供了社交和互相帮助的机会，加强了人与人之间的交往及关怀，降低了彼此间的疏远感，有利于促进社会和谐稳定。三是促进社会进步。社会的进步需要全社会的共同参与和努力，志愿工作正是鼓励越来越多的人参与到服务社会的行列中来，对促进社会发展具有一定的积极作用。

第五章　注意安全卫生

第一节　校园安全隐患

一、校园安全现状

近年来，随着高校办学规模的不断扩大，学校正从封闭式转化为开放式的“小社会”，校园逐步成为一个开放式的教育园区，加之高校的一部分后勤实行社会化服务，社会上的各类人员进入校园从事各项经营和服务，学校与社会的接触越来越多元和频繁，外来人口增加，素质参差不齐，因此而带来或潜藏着许多不安全因素。同时，校园内部安全隐患也不断增多，有的院校安全防范方面存在漏洞，安全控制比较困难，打架斗殴、伤害他人的意外事件时有发生。另外，高校校园里因为用电及其他设施不规范而引起的大大小小的火灾悲剧也不断上演。食品安全方面也存在不少隐患，常见的有因食物过期、变质、不卫生而导致的食物中毒症状。校园周边治安环境不好也是非常麻烦的一个方面，这也是困扰许多高校安全管理与安全稳定的一大顽症。在有些地方，高校周边的环境异常复杂，如无证经营的电子游戏厅、网吧及出租房等，许多经营者只为了自己的利益而不择手段地吸引学生沉溺于游戏和网上的虚幻生活之中。那些地方事实上已成为藏污纳垢之所，对学校及学生的安全造成了极大的威胁与危害。

现在的大学生有相当多数是独生子女，由于心理发育不健全及其他复杂的心理因素，常常产生一些心理问题，如出现学习受挫、人际交往发生不愉快、家庭关系不和谐或变故等情况时，心情感到很郁闷，这时他们不是去找老师、同学、朋友畅谈消解，而是到校外的那些地方去发泄，因为心理不能得到正当的调适，极有可能带来心理异变，进而酿成不良后果。有的学生自我防范意识比较薄弱，容易上当受骗，甚至不慎陷入传销组织中。有的学生交通安全规则意识比较淡薄，在驾车、骑车、乘车中草率莽撞，交通事故频频发生，或者自伤，或者被撞伤，留下惨痛的教训。这些问题也显然成为高校学生安全的重要关注点之一。

二、校园发生安全问题的表现形式

高校的安全隐患及问题与其他众多的安全隐患来源一样，不外乎人与物两个方面。但高校校园由于其社会职能的独特性，在具体表现形式上又有不同的具体表现。从近几年已发生的问题来看，多发易发并带有普遍性规律的情况有以下方面：

1.校内安全事故隐患

(1)来自学生之间的暴力、打斗行为。

(2)来自学生之间的欺诈、侵权行为。

(3)来自校外不法人员对在校学生的侵害。

(4)在公寓宿舍喝酒而引起打架斗殴。

(5)商店、食堂、小卖店的食品安全事故。

(6)由网吧等社会文化娱乐场所引发的不安全因素。

(7)校园内部的丢窃。

(8)失火、触电、溺水、中毒。

(9)实验、体育运动中的意外伤害。

(10)课间、课外活动时,上下楼梯或违纪攀爬造成的伤害。

2. 校外安全事故隐患

(1)校门外道路交通事故。

(2)学校周边发生的暴力、打斗、伤害行为。

(3)学校周边发生的欺诈、侵权行为。

(4)校外不法人员对在校学生的威胁和侵害。

(5)在网吧等社会文化娱乐场所引发的侵权和伤害。

(6)因学生旷课、逃学、离家出走在社会上发生的不安全因素。

(7)上网游戏、聊天、不健康书刊音像作品造成的不安全因素。

(8)社会黄赌毒现象影响学生产生的不安全因素。

(9)社会不法分子对青少年的引诱、拉拢、教唆。

(10)因父母离异或空巢留守、私租房屋引发的不安全因素。

3.教育方法和处理不当产生的安全隐患

(1)因学校管理制度制定失当而出现的安全责任事故。

(2)因学校预防管理不当而出现的安全责任事故。

(3)因教师法制意识淡薄、方法简单粗暴而对学生造成伤害。

(4)因场地设施提醒不当造成对学生的身体伤害。

(5)因学习、人际关系等出现心理压力而造成的意外。

(6)因批评方法和处罚不当而造成的意外。

(7)因父母对子女家庭教育方法不当而引发学生的过激行为。

(8)学校和老师处理问题有失公正而导致学生心理失衡,出现偏激。

(9)因学生的期望值过高而带来心理压力,造成不良后果。

(10)因学生的逆反心理、特殊个性而造成的不良后果。

第二节 如何防盗防骗

许多学生初来乍到，对学校及周边环境不甚了解，对社会上的不法分子的行径知之不多，稍不注意提防就会上当受骗，特别以失盗和受骗为常见。

一、盗窃防范

以非法占有为目的，秘密窃取他人财物的盗窃行为，是我们深恶痛绝的违法犯罪活动。盗窃案在高校刑事治安案件中占有相当大的比例，校园盗窃事件给学生的正常学习和日常生活带来了极大的危害和麻烦，既造成了一定的经济损失，同时也扰乱了学校的正常秩序。所以，防止校园盗窃案件的发生，关键在于提高警惕，有效防范。

1.校园常见盗窃案件

大学生校园里的宿舍、教室、图书馆、食堂以及校园外的超市、公交车、银行等公共场所都是容易发生学生失盗的地方。最常见的被盗窃物品主要有：现金、各类证卡（银行卡、校园卡、身份证、学生证等）、电脑、手机、相机、手表、MP3、MP4、电子词典、图书等。

2.学生公寓预防盗窃常识

(1)最后离开宿舍的同学，一定要关好窗户，锁好门。

(2)不随便留宿不知底细的人，以免引狼入室。

(3)发现形迹可疑的人保持警惕。

(4)保管好宿舍的钥匙，不要随便借与他人，以免被复制。

(5)养成把贵重物品放在抽屉或柜子里的良好习惯。

(6)在较重要的物品上做些特殊标记。

(7)将印鉴、身份证、存折、银行卡等分开保管。

(8)将暂且不用的现金存入银行。

3.校内公共场所常见盗窃的防范

除了学生公寓防盗以外，大学生在日常生活中还应该注意校内公共场所的防盗。

(1)在图书馆、教室、实验室等公共场所为贵重电子物品充电时，不可远离。

(2)在食堂吃饭时，不要用书包占座，做到包不离身。

(3)上自习占座位时不要把手机、钱包、MP3、电子词典等放在课桌上。

4.个人财物的有效保护

(1)保管现金的最好办法就是将其存入银行并加密。

(2)切勿随意委托他人办理信用卡，保管好个人账户资料。

(3)存折、信用卡密码不宜选用出生日期、学号、电话号码等容易破密的数字，且不要将密码写在纸上与存折、信用卡放在一起。

(4)新卡到手,应立即签名并修改密码。

(5)当你怀疑密码泄露时,要及时修改。

(6)不可随意将自己的证卡转借他人使用。

(7)在图书馆、自习室等地应把自己的证卡锁在柜子里,并保管好钥匙。

(8)外出时,钱包、各类证卡最好贴身存放。

(9)取款时,应有礼貌地请别人与自己保持一米以外的距离,输入密码要快捷,切忌旁若无人。

(10)用完信用卡后,应保管好交易中用过的个人业务凭证。

(11)发现存折、信用卡丢失,应立即到所在银行挂失。

二、诈骗防范

诈骗是指以非法占有为目的,用虚构事实或者隐瞒真相的方法,骗取较大款额财物的违法犯罪行为。目前发生在高校的诈骗案件越来越多,对大学生的人身和财产安全造成一定的威胁。所以,了解和掌握必要的诈骗防范知识显得尤为重要。

近年来,诈骗已成为我国波及面广泛、社会危害严重、发案最多的高频多发犯罪行为。大学生刚刚离开父母,思想单纯,缺乏社会经验和防范意识,极易成为诈骗分子作案的对象。多起诈骗案例表明,大学生群体之所以最容易被诈骗分子利用,主要还是缺乏对有效预防诈骗知识的了解和认识。

1.常见的诈骗手段

(1)短信中奖。诈骗分子常会借助一些通讯设备(主要是手机和QQ)发出大量欺诈信息,声称为庆祝某单位活动而进行抽奖,以你中了一等奖或二等奖或特等奖或者“你被邀请参加某某盛会”为诱饵,要求你通过汇款、转账等方式,交纳一定的邮费、所得税、公证费、手续费、工本费等,从而进行诱骗。

(2)闪断电话。打入电话只响一声就马上挂断,当你按原号码拨回去之后,对方会出现“欢迎致电某某六合彩……”这是非法“六合彩”在招揽客人,而回拨电话既可能损失话费,又容易上当受骗。

(3)话费返还。作案分子利用手机、固话或短信,冒充工作人员,告知因电脑系统出问题,多扣了你的话费,请你到自动提款机前按提示操作或提供银行账号,以返还话费,以此来诈骗学生。

(4)急诊求助。犯罪分子会以学生的名义向家里人发出“爸(妈),我突然生病住院,急需做手术,需要手术费一万两千元,赶快汇款到账号……”这种短信看似学生发给家人,其实是诈骗分子冒充学生身份在进行诈骗。

(5)消费通知。一般以手机短信为载体,如发送“您刚持某某银行信用卡在某某商场成功消费3159元,如有疑问,请致电某某或向某某银行发卡中心查询”等。受害人若是打电话询问,对方会称系统错误,让客户提供银行卡号和密码进行系统查询或确认,以此进行诈骗转账。

(6)贪利求廉。诈骗分子利用人们贪图便宜的心理,发高利集资为诱饵,使部分大学生上当受骗。也有诈骗分子利用青年学生“识货”经验少,又追求物美价廉的特点,上门推销,以次充好,欺骗他人。

(7)假冒身份。作案分子常利用受害人的同情心、薄弱的防范意识和轻易相信对方的心理弱点,用假名片、假身份证、假学生证或他人身份证,在银行设立账户或直接“借钱”,实施诈骗,并利用赃款、赃物重复作案。

(8)传销诈骗。诈骗分子利用大学生求职心切的特点,通过宣扬“好工作”、“高收入”等承诺来使大学生丧失抵抗诱惑的能力,从而陷入无法自拔的境地。

(9)意外之财。诈骗分子结伙选择单身行人(尤其是女性),利用其贪小便宜的心理,一人在受害人面前佯装丢钱,随后另一人会出现在受害人面前并表示和受害人共同分享所得意外之财,然后以种种借口将受害人诱骗到偏僻处,几名犯罪分子一起抢劫受害人身上的现金、银行卡、手机等财物。

(10)嫁祸他人。诈骗分子趁行人经过身边时故意将自己的眼镜、瓷器等易碎物品扔到地上摔坏,然后找各种理由诈骗高额赔款。

(11)色情诈骗。一般是一名女性犯罪分子针对单个男性,以提供色情服务为由骗至其出租屋内,数名男犯罪分子将受害人钱物抢劫一空。

2.电话诈骗防范策略

(1)不要轻易透露自己的家庭住址、宿舍电话、家庭电话和手机号码,尤其是要保管好自己的手机,对手机号码的存储最好不要出现“家”、“爸”、“妈”等身份极为明显的名称。

(2)保存学校有关老师和保卫部门的电话号码,并告知家人,若家人接到陌生人电话说自己发生意外时,一定要先向学校、辅导员进行核实。

(3)毕业找工作,要通过正规途径和渠道投递个人简历,而且最好不要出现家人的联系方式,同时不可轻信所谓高薪聘请,以免上当受骗,留下终生遗憾。

3.传销预防

(1)学会识别非法传销的技巧。第一,看其计酬方式是卖人头还是销售货真价实的产品;第二,看商品的价格是不是其本身所蕴含的价值;第三,看售后服务可否退货;第四,看是否要交商品抵押金和身份证件;第五,看消息来源、工作地点和工作方式是否正常。

(2)养成正确的财富观念。一个人的成功不仅仅是金钱的多少,更重要的是事业的成功,金钱并非衡量事业是否成功的唯一标准。

(3)树立劳动是获得唯一回报途径的思想。摈弃那种追求既清闲又能获得高额回报的不良心态，明白财富的积累离不开艰辛的劳动和时间的积淀。

4.诈骗危机处置

(1)在校内发现自己上当受骗，要及时报告学校，如辅导员、保卫部门、家人以及其他同学，在校外上当受骗，要及时报告公安机关。

(2)不要害怕自己的隐私被泄露而忍心吞声不去报案，这样，诈骗分子不但不会罢休，反而会抓住你的弱点继续作案，危害他人，危害社会。

(3)发现受骗之后，要注意保留有关证据，积极协助保卫部门和公安机关破案，从而把损失降到最小。

5.与人交往需警惕

(1)掌握与人交往的正确方法，要把握好与人交往的分寸。对那些过于夸大自己"本事"或"能耐"的人，过于热情想要"帮助"你解决困难的人，自称是"朋友"或"老乡"的人，要格外小心，提高警惕，不可轻信其言，受其摆布利用。

(2)不要轻信陌生人，不要让感情代替理智。

(3)新结交的朋友要学会"听其言、观其色、辨其行"，朋友的朋友并不一定能成为自己的朋友。不可交那些挥金如土、吃喝玩乐、游手好闲之辈为朋友。

从已发生在高校学生中的各类案例来看，我们发现在校大学生容易上当受骗大致由下述原因所致：缺乏社会经验，防范意识淡薄；自身粗心大意、麻痹疏忽；贪占小便宜，心存"天上会掉馅饼"的侥幸心理；警惕性不高，随意结交朋友等。

第三节　校内外灾害事故预防

不论是校内还是校外，有时会不可避免地发生自然灾害和人为的其他各类事故，危害较大的有以下几种：

一、校园常见的火灾隐患及预防

校园里的教室、实验室、图书馆、宿舍、礼堂、报告厅等地方都有可能存在火灾隐患，常见的火灾隐患主要有：

安全门、疏散通道堵塞；电线、电器设备短路；电线老化；吸烟、乱丢烟头；违章使用明火；使用劣质电器；不按规定存放易燃品；使用大功率用电设备；电热器靠近易燃物；电器、明火靠近床单被褥；实验室物品存放不当或实验过程缺乏专人指导等。

校园内的火灾隐患尤以学生公寓宿舍内的火灾事故为最紧要。

学生公寓防火安全须知：不私接乱接电线；不卧床吸烟和乱扔烟头；不占用、堵塞疏散通道；不在楼内焚烧杂物；不携带易燃易爆品入宿舍；不使用"热得快"等电热设备；不使用酒精炉等明火器具；不擅自变动电源设备；离开宿舍关电源；不损坏灭火器和消防设施。

如果发生火灾怎么办？

首先判别是什么物体着火了

→ 电器或电线着火：1.切断电源；2.用灭火器灭火；3.向相关人员报告或向火警报警；4.保护自己的安全

→ 易燃易爆物品着火：1.立即向相关人员报告或向火警报警；2.保护自己的安全。

→ 一般物品着火：1.用灭火器灭火；2.如果火势接近电器或电线，切断电源；3.向相关人员报告或向火警报警；4.保护自己的安全。

＊小常识

哪些物品着火不能用水扑救？

电器：电器发生火灾时，首先要切断电源。在无线断电的情况下，千万不能用水和泡沫扑救，因为水和泡沫都能导电。应选择二氧化碳、1211、干粉灭火器或者干沙土进行扑救，而且要与电器设备和电线保持2米以上的距离。

计算机：电脑着火应马上拔下电源，使用干粉或二氧化碳灭火器扑救。切勿向失火电脑泼水，因为温度突然下降，会使电脑发生爆炸。

＊温馨提示

火灾面前应坚持的原则

“三要”

○“要”熟悉自己住所的环境

○“要”遇事保持沉着冷静

○“要”警惕烟毒的侵害

“三救”

○选择逃生通道自“救”

○结绳下滑自“救”

○向外界求“救”

“三不”

○“不”乘普通电梯

○“不”轻易跳楼

○“不”贪恋财物

“三告知”

○声音告知

○灯光告知

○字画告知

公寓学生应急避险疏散指南

1.公寓工作人员发现或接到火灾或严重自然灾害等报告后，视情况需要紧急疏散学生时，楼层长、学生干部要积极协助公寓宿管辅导员或工作人员组织学生按公寓消防应急疏散预案有序疏散，同时迅速报告直接领导和公寓办公室，管理员立即组织其他工作人员打开其他安全通道，引导学生迅速疏散，必要时报告相关领导和打“119”报警。

2.为了保证学生的人身和财产安全，根据公寓的实际情况，以“救人第一，抢救物资次之”原则进行，把灾难的损失减到最小。

3.应急避险疏散时以宿舍为单位成两列疏散，沿楼梯靠右急行，不抢不让，有序进行。如楼梯上人太多，可插成两列。如遇火灾烟大，则需爬行。

4.学生撤出公寓后，应尽量靠远建筑物一侧的道路，迅速向运动场、篮球场中心位置集结。

5.公寓安全指示灯、消防设施等公共设施为应急、突发情况所用，请同学们珍惜爱护。

如果发生火灾，应迅速采取正确的救援措施：

(1)立即离开危险区。

(2)选择简便、安全的通道和疏散设施，如阳台、窗口等。

(3)准备简易防护器材，如用毛巾、口罩等捂住口鼻。

(4)从走廊向外逃生时，应尽量降低自己的身躯，并沿走廊的左侧向外走。

(5)自制简易救生绳索，如用被褥、衣服、床单等撕成条，拧成绳，挂在牢固的窗台、床架、室内牢固物上，然后沿绳慢慢滑下。沿自制绳索滑下时，单人陆续进行，不可同时多人争抢滑下，以免绳索断裂摔伤。

(6)无法逃生时，可选择远离起火点，取水、呼救方便的地方作为避难场所等待救援，如浴室、卫生间等既无燃烧又有水源的场所。用湿毛巾捂在口鼻上，防止有毒气体吸入，保持身体的低姿势，尽量靠近可以透气的门窗。

(7)切勿盲目跳楼。

灭火器使用方法

使用手提式1211灭火器时，应用手提灭火器的提把，迅速到距燃烧处5米左右，先拔出灭火器的保险销，一手握住开启提把，另一手握住喷射软管前端喷嘴处，如无软管灭火器，则另一手扶住灭火器底圈。先将喷嘴对准燃烧处，用力握紧开启提把，1211灭火剂即从喷嘴喷出。

如果扑救的可燃液体呈流淌状时，应对准火焰根部由近而远扫射，同时将灭火器快速推出，直至将火焰全部扑灭。如果在容器内燃烧，应对准火焰上部左右晃动扫射，当火焰被赶出容器时，应迅速向前推进喷射，直至将火焰完全扑灭；如果是容器内液体燃烧，不能直接喷射在液面上，以防可燃液体溅出；如果是固体物质的初起火灾，则应对准燃烧最猛烈处喷射；如果在室外灭火，应选择上风方向。

二、注意安全用电

不乱接乱拉电线，电路熔断器切勿用铜、铁丝代替。

电力作为一种最基本的能源，是人们日常生活不可或缺的。在我们的校园里，使用电的场所主要在实验实训室、教室和公寓宿舍里，教育每个学生懂得用电的基本常识、按操作规章办事是非常必要的，如果使用不当，就可能造成意想不到的电器故障、电气设备损坏，导致人身触电，甚至引起重大事故。

由于部分学生安全用电常识缺乏、安全用电意识淡薄、学校对学生用电管理不到位、用电设施与材料老化或不合格等原因，学生乱接电线、乱用电器、违章操作等不良现象时有发生，给学生的安全和学校的正常教学活动带来了很大隐患。常见的违章用电现象主要有：一是在宿舍、教室乱拉乱接电线；二是购买和使用劣质电器设备；三是违章使用“热得快”、电炉、电吹风等电器；四是用铜丝、铁丝代替保险丝；五是用湿手、湿布、湿衣服与带电的灯头、开关、插座、电线接触；六是违章使用教学仪器设备；七是一个插线板上使用过多的电器；八是未切断电源就移动电器设备；九是遇到突然停电，未及时切断电源；十是电线老化、电器超期使用。

所以，学生宿舍不应乱接电线；发现插座损坏或电线老化等现象应及时报告管理人员进行维修；学生应学习和了解基本的安全用电常识。

1. 积极参加学校组织的安全用电常识讲座学习，自觉学习安全用电基本常识，树立安全用电意识。

2. 不要购买“三无”的假冒伪劣电器产品。

3. 无论是集体或个人，需要安装电气设备和电灯等电器具时，应由专业电工操作。在使用中，电器设备出现故障时，要由专业电工维修处理。

4. 宿舍、教室内部不得乱接电线、乱接用电设备，用电设备的金属外壳应有良好的接触。用电线路及电器设备绝缘必须良好，灯头、插座、开关等带电部分绝对不能外露，严防人体接触。

5. 晾晒衣服的铁丝不要靠近电线，以防铁丝与电线接触，更不要在电线上晒衣服、挂东西。此外,还要防止藤蔓、瓜秧、树木等接触电线。

6.不要玩弄电线、灯头、开关、电动机等电气设备;不要到电动机和变压器附近玩耍;不要爬电线杆和摇晃电线杆;不要在电线附近放风筝,万一风筝落在电线上,要由电工来处理,不要自己猛拉硬扯,以免电线相碰引起停电和触电事故。

7.要选用与电线负荷相适应的保险丝,不要任意加粗,严禁用铜丝、铁丝等代替保险丝。在更换保险丝、拆修电器或移动电器设备时必须切断电源,不要冒险带电操作。

8.安装室内线路或电器设备时,应先切断电源,验明确实无电,如系供电部门停电,应视为随时有来电可能。定期检查电线、开关、电灯灯口及电器的插头、引线,若有老化损坏,必须及时更换。

9.移动电器设备时,一定要先拉闸停电,后移动设备,绝不要带点移动。把金属外壳的电器设备移动到新的地点,要先安装好接地线,并对设备进行检查,确认设备无问题后,才能开始使用。

10.掌握如何预防触电的常识,抢救触电者禁用手拉;雷雨天不要在大树、空旷的高大建筑物旁避雨;雷雨交加时,不要站在窗口、灯下或靠近电器的地方。

三、地震灾害救护

地震是经常发生的三种自然灾害之一。对于地震,人类目前还无法准确预测。强烈地震所造成的惨重灾情堪称浩劫,但其中相当数量的伤亡却是因为人们缺乏逃生知识而造成的,因此,掌握必要的地震灾害应对知识是十分必要的。

地震发生时,只有极短的时间可供选择逃生和撤离。地震前只能凭借防震知识做好准备,以减轻地震来临所带来的伤害。

1.地震发生时如何逃生

高校是一个人群密集的地方,发生地震时乱逃生、无序逃生中的挤、踩、砸、撞等可能会造成不必要的伤亡,应根据你所处的环境,选择可行有效的逃生方式。

(1)在室外。地震发生时,如果正在室外行走,高层建筑物的玻璃碎片和大楼外侧混凝土碎块以及广告牌、电网等可能掉下伤人。最好将身边的皮包或柔软的物品顶在头上,无物品时可用手护在头上,然后迅速跑向比较宽阔的地方,立即蹲下,尽量蜷曲身体,降低身体重心,仍然护住头部。

(2)在室内。地震发生时,一般情况下是在室内就近躲避。但是如果你所处的室内非常危险(如有易燃易爆物品),或者你能在十几秒内跑出建筑物到达开阔安全的地方,那么就应该保护头部尽快逃向室外。除此之外,注意地震时就近躲避,震后有秩序地迅速撤离。

①在教室里。地震时迅速躲在各自的课桌旁边,闭眼,一手抱头,另一手抓紧桌腿。如果在大型阶梯教室,排椅提供了一个非常好的藏身之地,可躲到座位下,也可躲在排椅之间。

②在图书馆、阅览室里。地震时，要尽量避开书架、玻璃窗等，可躲避在结实的家具或墙角处，亦可转移到承重墙较强或开间的厕所暂避。

③在宿舍。首先，迅速躲在重心较低、结实牢固的家具边。在没有可供藏身的地方时，要用坐垫、枕头等软物保护好头部。其次，及时切断电源，防止火灾发生。宿舍内空间小，电器多，地震发生时，很可能因电起火，所以一定要尽快关闭电源。再次，如果有可能，迅速将门打开，确保出口畅通。钢筋水泥结构的房屋等，由于地震的晃动会造成门窗错位，进而打不开门被困室内无法逃生。

地震发生时，无论你在楼内哪个位置，切忌夺门而逃、跳楼、乘电梯等不适当的方式，躲避时尽量避开阳台、玻璃窗、吊灯等容易坠落、不牢固的物体。

2. 预防震灾的自救物品准备

大学生在日常生活中应具备预防地震的意识，做好突发地震灾害的应急准备工作，提前准备好一些应急必需品，如手电筒、饮用水、饼干、保暖服装等。

3. 震后被困后如何求生

地震时如被埋压在废墟下，周围可能一片漆黑，往往还会有多次余震发生，情况可能继续恶化。为了免遭新的伤害，要尽量改善自己所处的环境，设法脱险。此时应做到：

(1)有坚定的生存毅力，消除恐惧心理，相信能脱离险境。

(2)要保障呼吸畅通。设法清除头部、胸前的杂物和口鼻附近的灰尘，以免灰尘窒息；闻到煤气、毒气时，用衣服等物捂住口、鼻。

(3)不要使用明火，以防将易燃气体引爆。

(4)避开身体上方不结实的倒塌物和其他容易掉落的物体，扩大和稳定生存空间，用砖块、木棍等支撑残垣断壁，以防余震发生后环境进一步恶化。

(5)设法脱离险境。如果暂时找不到脱离险境的通道，尽量保存体力，用石块敲击能发出声响的物体，向外发出呼救信号。不要哭喊、急躁和盲目行动，这样会大量消耗体力，应尽可能控制自己的情绪或闭目休息，等待救援人员到来。

(6)维持生命。如果受伤，要想办法包扎，避免流血过多。如果被埋在废墟下的时间比较长，救援人员未到，就要想办法维持自己的生命，尽量寻找食品和饮用水。一定要节约使用食品，必要时自己的尿液也能起到解渴作用。

四、泥石流、山体滑坡救护

泥石流、山体滑坡是一种突然暴发的、破坏性极大的特殊灾害，其来势凶猛，破坏力极大。有的学校是靠近山坡、依山而建的，地型比较特殊，有时学校组织学生到野外实习，遇到暴雨或恶劣天气，有可能发生泥石流与山体滑坡。因此，只有掌握相应的知识，才能在这种突发性灾难面前，有效逃生，将灾难造成的危害降到最小。

1.灾害来临之前如何预防

(1)养成每天收听天气预报的习惯。当地气象部门的天气预报可以为防范泥石流灾害提供重要信息。

(2)地质灾害大多发生在雨季，特别是深夜入睡时造成的损害更大。暴雨期间，夜晚不要在高危险区内留宿。

(3)如在野外露宿，要选择高处平坦安全的地方，尽可能避开由滚石和易发生山体滑坡的坡地下边，不要在山谷及河沟底驻扎。

(4)可能的情况下，应在避灾场所预先做好必要的物资准备。

①事先将部分生活用品转移到避灾场所。

②根据实际情况，适当地准备交通工具、通信工具、常用药品及雨具等。

③准备充足的食物和饮用水。

2.灾害来临之时如何逃生

当你不幸遭遇泥石流或山体滑坡时，首先要沉着冷静，不要慌乱，采取必要措施迅速撤离。

(1)一旦遇险，先要观察地形，选择好可供临时避灾的场所，避灾场地应较为平坦开阔，与山坡保持一致。

(2)获取发生泥石流山体滑坡的信息或发现地质灾害隐患之后，应立即搬迁、避让。

(3)泥石流或山体滑坡发生时，要向垂直的方向逃生，绝对不能向泥石流的流动方向或山体滑坡的方向跑。

(4)一定要设法从房屋里跑出来，到开阔地带，尽可能防止被埋压。

(5)当无法继续逃离时，应迅速抱住身边的树木等固定物体。

五、重视交通安全

目前,道路交通事故是社会上发生频率最高的一类事故,近年来,与大学生有关的交通事故也时有发生,对学生本人及其家庭都造成了极大的伤害。因此,对大学生来说,不论骑车、步行还是乘车,都要注意交通安全。因为我院的学生大部分来自农村,进城以后的行路和乘车环境比起乡下要复杂得多,所以很有必要掌握交通安全方面的常识。

预防交通事故的最根本方法是遵守交通规则,每一个学生出校门后都应该自觉学习交通法规,提高交通安全意识,防范交通事故发生。

1.行人的交通安全

《中华人民共和国道路交通管理条例》规定,行人必须遵守下列规定:

(1)须在人行道内行走,没有人行道的靠路边行走。

(2)横过车行道,须走人行横道。通过有交通信号控制的人行横道,须遵守信号的规定;通过没有交通信号控制的人行横道,须注意车辆,不准追逐、猛跑。没有人行横道的,须直行通过,不准在车辆临近时突然横穿。有人行过街天桥或地道的,须走人行过街天桥或地道。

(3)不准穿越、倚坐人行道、车行道和铁路道口的护栏。

(4)不准在道路上扒车、追车、强行拦车和抛物击车。

(5)列队通行道路时,每横列不准超过两人。须紧靠车行道右边行进。

(6)列队横过车行道时,须从人行横道迅速通过;没有人行横道的,须直行通过。

上述规定是国家指定的行人必须遵守的交通条例。它既是对行人交通行为的要求,也是行人的安全保障。

2.乘车人的交通安全

《中华人民共和国道路交通管理条例》规定,乘车人必须遵守下列规定:

(1)乘坐公共汽车、电车和长途汽车,须在站台或指定地点依次候车,待车停稳后,先下后上。

(2)不准在车行道上招呼出租汽车。

(3)不准携带易燃、易爆等危险物品乘坐公共汽车、电车、出租汽车和长途汽车。

(4)机动车行驶中,不准将身体任何部分伸出车外,不准跳车。

(5)乘坐货运机动车时,不准站立,不准坐在车厢栏板上。

机动车在行进中危险性较大,乘车人必须遵守交通规则,要具有较高的安全意识,这样才能避免交通事故的发生。

(6)学生进城、回家和外出办事需要乘车,应当尽量乘坐校车,或乘坐较好的车辆,尽量不坐无运营证和经常超载的车辆。

3.如何救助交通事故伤员

如果外出乘车发生交通事故,就必须积极参与救助。

(1)拨打“122”报警。

(2)迅速检查车祸现场。

(3)积极救治伤员,对重伤员进行优先救助处理。

(4)运送伤员既应力求迅速,又务必谨慎、得当,避免脊柱弯曲或扭转,用硬板担架运送,尽量减少搬运次数。

4.交通事故自救方法

(1)遇到交通事故,不要慌乱,要沉着冷静,要保护好自己,看有无受伤。如果有伤要立即拦车或打车到就近医院救治。

(2)要立即向交通管理局报案,在公安部门和学校保卫处到达现场之前,要尽量保护好现场,如果肇事车辆是机动车,要记住其车牌号,防止对方逃逸。

六、挤踏事故防范

大学生在校内校外经常要参加各种各样的活动,如参加社团组织、学校组织的大型集会,做志愿者参加校外的活动等。有些集体活动人数比较多,如果场地狭小,就有可能出现拥挤现象,甚至有可能发生挤踏事故。因此,在组织参与人员较多的大型活动时,主办者一定要有安全意识,尽量避免拥挤现象发生,更要绝对防止挤踏事故的发生。为此,在组织活动时要注意下面一些问题:

(1)要考察举办活动场地的安全状况,如防火情况、电气设备正常情况、疏散通道畅通情况、场地建筑物是否坚固等。

(2)要有专人负责组织应急情况下人员的疏散。

(3)要有可行、有效的应急措施。

(4)要制定安全、完善的活动要求,并在活动前告知全体参与活动的人员。

(5)要向相关部门报批。

七、避免野外盲目探险

几年来,大学生集体组织或少数人自发组织的户外活动险情也多次见诸报端,有时需要警方、民众为此付出巨大人力、物力,甚至生命。事后,被救者都后悔不已,有人痛骂自己自私无知。既然如此,为何还不断有人重蹈覆辙?如此就要审度深层素质了,比如理智、责任感和公德心。

青年人尤其是对自然生疏的大学生适当参加户外活动是件好事,我们的民族缺少探险精神,但我们也要知道,西方强势民族不仅探险精神强,而且科学理性,实现目标的准备严密充分。在这些方面我们远不如他们,所以要在青少年中提倡科学探索,这不仅需要胆量气魄,还需要知识能力、科学态度和团队合作精神。当户外活动成为一种时髦,一种满足心理需求的猎奇活动时,就要检讨自己的行为是否草率。出发时大大咧咧，天快黑时才知道陷入绝境，慌忙呼救，这样会带来什么后果？应该懂得，无端给别人制造麻烦、消耗公共资源是不理智不道德的。

面对频发的事故，仍有人接着去冒险，其原因首先是不尊重生命。以独生子女为主体的当代大学生要注意克服以自我为中心，想干什么就干什么的倾向。生命不仅属于自己，还属于为你们付出大半生心血的父母，属于为培养你们消耗有限资源的社会，属于关心、爱护你们的亲朋好友。无端伤亡会给父母、家庭带来沉重打击甚至灭顶之灾，带来永久的痛苦。大学生成年了，应该明白自己肩上的责任，懂得自己亏欠父母和社会很多，是需要作出不懈努力才能回报的。

其次是不知敬畏自然。大自然雄浑壮美，也冷酷无情。不用说在灾害面前，就是远离居民点的陌生环境，也隐藏着许多未知的危险。比如沙漠，一是无地标参照，极易迷路；二是干旱、温差大，对人的体力消耗极大；三是有风就有沙尘暴，无经验者无法适应。探险是一项专业性很强的活动，探险者必须有严密的组织。搞一次探险活动要做很多准备，比如了解情况，车能开到什么地方，在哪里安营扎寨，确定路线，如何避险等；再比如素质上的准备，队员在能力上应能互补，还有向导、救援、装备。

现在的大学生很多是一路应试而来，许多人在自家厨房里都做不出饭菜，来自农村的学生也没摸过庄稼、锅灶，想聚集起来去“征服自然”，恐怕还得多积累点实践经验。

时下，户外活动尤其是商业户外活动有一句颇为流行的广告词“因为山在那里”。我们要追问一句：山早在那儿了，你现在行吗？

第四节 卫生安全常识

一、食品卫生与安全

高校里的食品卫生安全是整个学校安全的一个极其重要的方面，也是学校领导和主管部门高度关注的关节点之一。俗话说，民以食为天。我们可以说，食以卫生安全为要。有人说“不干不净，吃了没病”，那是陈腐落后的观念，在实践中是十分有害的，当然要做到百分之百的洁净几乎不可能，毕竟我们生活的世界也是细菌生活的世界，但不能由此就不考虑食品的卫生和安全。正确认识食品卫生的重要性，树立科学的食品卫生观念，养成良好的食品卫生习惯，对大学生尤为重要。

1. 养成良好的饮食习惯

在饮食上，我们可以说要随遇而安、顺其自然，这里讲的“自然”可不是想吃什么就吃什么，想吃多少就吃多少，而是要遵循基本的健康饮食原则。按照目前我们的生活条件和水准，学校食堂的饭菜完全能够满足同学们的基本需求，既可以实现荤素搭配，也能适合不同经济条件家庭学生的不同需求。这里要告诫同学们，为了你一辈子的健康和幸福，一开始就要养成良好的生活习惯包括饮食习惯。第一，要按时吃饭，特别是要按时吃早餐；第二，要均衡吃饭，不要暴饮暴食，不要在饭后立即参加运动量大的活动，更不要为了减肥而人为地减食；第三，吃饭尽可能地均衡搭配，因为每样食物都各有其不同的营养价值，所以不可偏食，也不能固守自己原来不合理不科学的饮食习惯不放，这样也有利于毕业后适应不同地方的饮食生活。吃饭既是人的基本生活需求，同时又是文化。要学会享受吃饭，吃饭是享受人生的一个重要环节，不能把吃饭当成累赘，或者是不得已而为之的事情。如果随便对付，自己都不知其味，也不要指望你的消化系统会正常工作。细嚼慢咽，快乐地享用每餐，才会充满活力地投入生活和工作。只有会享受人生的人，才会奉献人生，才能创造健康向上，有益于社会的人生。

2.讲求饮食卫生

(1)学校管理部门经常性地开展爱国卫生运动，加强对餐厅及周边环境、垃圾和污水的卫生管理，尽量消灭苍蝇、蟑螂等害虫。

(2)学校管理部门必须保证炊管人员的个人卫生，防止病从口入，就餐人和炊事员都要做到饭前、便后用流动水洗手。

(3)学生须尽可能地到校内食堂就餐，因为学校对食堂饭菜的质量和卫生有比较严格的监管措施，包括对米、面、油、肉实行统一采购，对炊管人员有健康要求，发现质量问题有处罚措施等，以各种措施和手段来保证学生的健康安全。而在校外就餐，就很难有这样的保证，因为校外没有纳入正式的社区管理，政府的食品卫生监督部门不可能对其进行有效监督，质量难以保证，一旦发生问题也无法追究责任。

(4)注意选购和食用新鲜的食物，不吃苍蝇、蟑螂叮咬过的食物，不吃外形或味道异常及发霉的食物，不吃生的或半生的肉类、水产品，不吃或不喝可能被鼠类等动物污染过的生冷食物、水和饮料。

(5)剩饭、剩菜要煮热后再食用，餐具要经常消毒，隔夜饭菜要热透。

(6)贮存食品时应生熟分开，生吃瓜果要洗净。

(7)消灭苍蝇孳生地，积极参加扑灭苍蝇的活动。贮存食物要有防蝇设备。

(8)餐饮具应及时洗净、消毒。

二、个人卫生常识

1.勤洗衣服和被褥，勤打扫公寓宿舍环境卫生。

2.在食堂就餐时，尽可能使用自己的专用饭盒和筷勺；在宿舍、教室使用自己的专用水杯，最好不要混用，以免传染疾病。

3.尽量饮用开水，不喝生水。

4.到外面就餐时，尽量选择卫生干净的餐馆。

5.不要为贪图便宜而在地摊上购买旧衣物，以防传染病菌。

***个人卫生指南**

五要：要定时休息，要睡前刷牙，要勤换衣、勤洗澡，要勤理发，要勤剪指甲。

六不：不喝生水，不吃不洁食物，不吸烟、不喝酒，不用公共毛巾，不乱扔果皮纸屑，不随地吐痰。

两坚持：坚持自带饮水杯、手纸、手帕等个人卫生用品，坚持户外运动。

三、疾病防治及意外伤害保险

学生在校要度过三年的时光，在这期间难免会头痛脑热、出现小病小灾的情况，当然个别学生也有可能患较严重的疾病。如果遇到这种情况，你也不必惊慌，思想上要有所准备，沉着冷静地去面对和处理。

1. 学生到校不久，学校会统一组织学生参加健康体检，拿到检查结果，你就要明了你自己的身体状况。如果各项指标正常，那你就可以放心了；如果某一指标出现异常，那就说明你患有或潜伏着某种疾病，你就要遵医嘱进行治疗，或者平时要注意保健。

2. 学生患病或者身体出现不适，就要及时到校医院诊治。一般性的小病，校医院就可以治疗和处理，如果病情较严重，医生会安排送到就近的兰泰医院或兰大一院、省人民医院救治。

3. 每个学生都应掌握一些一般的医药卫生常识，身体不舒服自己能判断出是什么毛病。如果有病，既不能麻痹大意，贻误病情，也不可惊慌失措，自己乱服药物。应该及时到校医院询问医生，千万不能到校外无证照门诊去救治。

4. 学生生病需要住院治疗，如何办理学生住院前的手续？

(1) 必须向辅导员说明本人病情。

(2) 由辅导员带领学生到学生工作处咨询相关问题。

(3) 由学生本人到医院办理入院证明后，交学生处专职人员办理。

(4) 由学生处专职人员到医疗保险局办理医疗保险证。

(5) 将医疗保险证交学生，由学生交到医院，以便学生出院时结算。

5. 学生发生意外伤害如何办理手续？

学生发生意外，必须立即到医院去治疗，待病情稳定后，后期不再发生费用时，拿着在医院所有的手续：病历、发票、身份证复印件、银行卡号等到学生工作处办理意外保险。赔付金额直接打入银行卡。

因下列情形之一，导致学生身故、伤、残的，保险公司不承担保险赔偿责任：

(1)投保人或受益人的故意行为。

(2)被保险人故意犯罪或拒捕、自杀或故意自伤。

(3)被保险人殴斗、醉酒，服用、吸食或注射毒品。

(4)被保险人酒后驾驶、无合法有效驾驶证驾驶，或驾驶无有效行驶证的机动交通工具。

(5)被保险人流产、分娩。

(6)被保险人因整容手术或其他内外科手术导致医疗事故。

(7)被保险人未遵医嘱,私自服用、涂用、注射药物。

(8)细菌或病毒感染(因意外伤害导致的伤口发生感染者除外)。

(9)被保险人从事潜水、跳伞、攀岩、蹦极、驾驶滑翔机、探险、摔跤、武术比赛、特技表演、赛马、赛车等高风险运动。

(10)被保险人患艾滋病 或感染艾滋病病毒期间。

(11)战争、军事行动、暴乱或武装叛乱。

(12)核爆炸、核辐射或核污染。

四、正确认识性,预防艾滋病

古人云:食色,性也。性作为人的一种本能,具有自然性,贯穿着人的一生。同时,性也具有社会性,每一个人的性行为不仅会对自己,而且会对他人、对家庭、对社会产生影响。因此,对处于青春期的大学生来说,树立正确的性观念至关重要。

性,不单纯指男女两性之间的情与爱,更重要的是它关系到青年一代身心的健康,进而关系到社会的和谐、人类的文明。由于它的隐蔽性、私密性特征,加之我国在基础教育阶段性教育的缺失,对青少年没有进行必要的、正常的、正当的性知识教育,使得不少青年学生进了高校对性知识仍然缺乏了解和认识,甚至茫然无知,因此而受到伤害的学生不乏其人。同时由于传统观念的影响,受到伤害后又难以言说。可见,对涉世未深、情窦初开的大学生来说,正确地了解性知识,了解有关性侵害的各种方式,确立健康的性观念,防范各类性疾病的发生,是十分必要的。

1.充分认识高校学生性越轨行为的危害

(1)同居。符合结婚条件的男女必须经过婚姻登记才能合法同居,过家庭生活。如果未经结婚登记而住在一起,便称非法同居。有些大学生在恋爱阶段随意发生性关系和同居关系,这是不道德的行为。

(2)一夜情。一夜情主要是基于男女双方生理上的需要而发生的性行为。在这种行为中,男女双方更多考虑的是对方的外貌、身体等自然性因素,而忽视了对方的性格、品质、修养等社会性因素,从这个意义上说,一夜情是一种社会退步的表现。

(3)卖淫嫖娼。卖淫是指为了获取金钱而向他人提供性服务的行为;嫖娼则是指用金钱购买性服务的行为。卖淫和嫖娼在我国属违法行为。

我们列举的这几种现象,虽然发生在个别学生身上,但它的危害是显而易见的,影响也是非常恶劣的。

2.大学生如何加强自己的性道德修养

要杜绝违背性道德行为的发生,就要自尊、自重、自强、自爱。

自尊就是尊重自己的尊严。在任何情况下都不能丢掉自己的人格。应做到不为私利和私欲而向别人卑躬屈膝，放弃原则，绝不允许别人歧视和侮辱自己。自重就是在处理任何问题时都应该慎重仔细，不能人云亦云，随波逐流。要对自己的言行负责，做事情要有分寸，不轻浮也不轻信。自强就是不断充实自己、丰富自己，为实现自己的理想而珍惜青春，奋发向上。自爱就是要爱护自己的身体，珍惜自己的名誉，完善自我，发展自我。

3.抵制淫秽文化的侵蚀

人类创造了文化，反过来又受文化的影响和制约；而作为文化糟粕的淫秽文化，对人们特别是大学生有着深刻的不良影响。现在由网络和手机广泛传播的淫秽色情的东西在社会上包括在高校里普遍存在。淫秽文化大多是随着外来文化的进入而在我国滋生蔓延开来的，从一定程度上讲，它严重侵蚀了青少年包括大学生的身心健康，我们有责任有义务给青年学生打预防针，或者矫正已有过失的行为。这里我们要郑重地奉劝同学们，一定要珍重自己的身体，珍重自己的生命，要坚决抵制淫秽文化的侵袭。

随着经济的发展，社会的进步，多元文化侵袭校园，使校园不再是严格意义上的净土，书刊、网络、手机短信、画报、录像等媒介中都存在淫秽文化的威胁。在这种情况下，同学们应该熟悉各种法律知识，以应对各种流入校园的不良文化，包括淫秽文化的侵袭，在必要的时候要懂得自救。同学们一定要有身心健康意识，远离淫秽物品，坚决不把任何影响自身及同学身心健康的物品，如淫秽短信、印刷品、光碟等带进校园，带进宿舍。

淫秽文化对青年学生的毒害主要有以下几个方面：

(1)激发和强化青年学生的性欲需求。大学生正值青春期，淫秽文化的侵扰会使其性腺过早觉醒，形成性敏感心理，整天沉溺于性的荒诞想象，追求感官刺激，以致情绪消沉，无心学习和工作，视男女关系为人生最大幸福。

(2)扭曲性观念，误入性淫乱。黄色书刊和音像制品极端渲染性满足，把情爱、婚姻、生育与性行为割裂开来，视性享受为性行为的最高目的，宣扬性问题无责任性、无社会性，满足性欲望不受社会规范的约束。这会扭曲大学生的性观念，使其误入歧途。

(3)不良行为模式教唆性犯罪。黄色书刊和音像制品的挑逗性和放荡取乐的色情内容，能激发大学生的性本能，诱使他们去扮演黄色文化中的性角色，从而走上性犯罪的道路。

4.预防艾滋病

20世纪80年代出现的艾滋病，被称为“20世纪的瘟疫”，与人类历史上的历次瘟疫相比有过之而无不及。今天，艾滋病已不仅是某个国家或民族的灾难，而是成了全人类的死敌。国际医学界至今尚无防治艾滋病的有效药物和疗法，因此艾滋病也被称为“超级癌症”和“世纪杀手”。

艾滋病的主要传播途径主要有三个，即性交传播、血液传播、母婴传播。那么如何预防艾滋病呢？需要注意做到如下几点：

(1)要树立自我保护的安全意识，不与不明真相的陌生人随便往来，警惕被人利用和陷害。

(2)要控制和把握好自己，绝对不接触危险的不安全的性活动。

(3)在参与救护流血伤员时，要设法防止血液直接流在自己的皮肤或黏膜上。

(4)注意性器官的卫生。

(5)剃须刀必须每个人自备自用，牙刷必须每人一把，不可借用混用。

(6)不到消毒不严谨或不消毒的理发店去理发美容，不要用不消毒的针穿耳、纹身。

(7)打预防针一人一针一管。

(8)不以任何方式参与吸毒。

1988 年，世界卫生组织规定，每年的 12 月 1 日为“世界艾滋病日”。每年的 12 月 1 日前，全世界各地都会围绕艾滋病的预防与控制，作统一的宣传主题，开展形式多样的宣传活动。现在，预防艾滋病也成为全社会的共同行动。

⋆医保小常识

兰州市城关区大学生参保就医指南

大学生基本医疗保险的参保范围

本省境内根据国家规定批准设立并实施高等学历教育的各类院、科研院校所招收的在校全日制普通本、专科学生及全日制研究生，统一纳入城镇居民基本医疗保险范围。

大学生基本医疗保险的个人年缴费标准

大学生参保个人每人每年缴纳 40 元，在校大学生享受城关区低保待遇的，个人不缴费。(大中专院校学生在社区参保按非从业居民标准缴费)。

大学生参保登记缴费的办理程序及享受待遇时限

全日制在校大学生及研究生由学校统一登记造册，到城关区医疗保险局办理统一参保登记和缴费手续。参保登记缴费时间为每年 7 月 1 日至 10 月 30 日。缴费后，享受待遇时限为当年 9 月 1 日起至次年的 8 月 31 日。

参保大学生可享受的待遇

一、住院

1. 参保大学生在定点医疗机构发生的住院费用，起付标准以上统筹支付范围内，由统筹基金按照以下比例支付：一级定点医疗机构支付 100%，二级定点医疗机构支付 90%，三级定点医疗机构支付 75%。在一个参保缴费年度内基本医疗保险最高支付限额为 4 万元，超出部分由大额医疗保险补助 65%；年度最高补助限额为 16 万元，年度累计最高支付限额为 20 万元(包括住院和特殊病种长期门诊费用)。跨年度住院享受出院年度的统筹基金及最高医疗支付限额。

2.起付标准按照不同类别的定点医疗机构划分为：一级定点医疗机构100元，二级定点医疗机构200元，三级定点医疗机构700元。参保大学生在一个参保年度内多次住院，从第二次住院起，起付标准依次递减20%。但递减不得低于原起付标准的50%。

3.在校体育锻炼、课外活动发生的非责任人意外伤害，其住院医疗费用可享受基本医疗保险待遇。

4.参保大学生在实习和寒暑假、因病休学等法定不在校期间，需在异地住院的，可选择异地的医保定点医院就医，报销参照统筹地相关政策执行。

5.参保大学生在校上课期间因病确需转往异地住院就医的，由省、市三级甲等定点医疗机构出具转院证明，并报城关区医疗保险局审批、备案；报销比例在原报销比例段内下浮5%由转出医院核算报销。未办理转院手续而擅自到外地住院治疗发生的医疗费用不予支付。

6.参保大学生应承担的自付部分

(1)起付标准以下的住院费用；

(2)《诊疗项目》中部分支付项目个人自付20%部分；

(3)《药品项目》中乙类药品个人自付20%部分；

(4)基本医疗保险《药品目录》、《诊疗项目目录》和《医疗服务设施标准》及支付标准以外费用。

7.基本医疗保险统筹基金不予支付的医疗费用

(1)在国外或港、澳、台就医治疗的。

(2)因交通肇事及医疗事故或者其他责任事故造成伤害的。

(3)因本人吸毒、打架斗殴、违规违法等造成的。

(4)因酗酒、自伤、自残(精神病除外)、戒毒、性传播疾病治疗的。

(5)因美容、矫形、生理缺陷等进行治疗的。

(6)国家和省市医疗保险政策规定的其他不支付费用情况。

二、特殊疾病长期门诊

患有恶性肿瘤放、化疗，肾衰竭透析治疗，器官移植的抗排异治疗，慢性活动性肝炎，肝硬化，血友病，高血压(二级)，糖尿病并发症，风湿(类风湿)关节炎，癫痫十种疾病的参保大学生可享受长期门诊治疗待遇。符合《药品目录》、《诊疗项目目录》和《医疗服务设施标准》规定，在选定的定点医疗机构治疗发生的医疗费用，起付标准以上进入统筹支付的部分报销50%。

三、普通门诊统筹

大、中专学生普通门诊费用由学校包干使用。由医疗保险局以大、中专院校当年实际参保的大、中专学生人数，从筹集资金总额中按每人每年20元的标准，拨付给大、中专院校医务所(室)，专项用于大、中专学生普通门诊医疗费用。

办理程序

1.住院

参保大学生因病住院，住院前需携带学校正规介绍信、本人身份证、一张一寸红底彩照、定点医院住院证。到城关区医疗保险局办理医保证并开具住院确认单。住院时将医保证、住院确认单交医院医保窗口，出院时即可在医院按医保规定结算(急诊学生3日内补办以上所需手续)。

参保大学生符合规定的异地住院就医费用先由个人垫付，回兰州报销时需提供学校正规介绍信、一张一寸彩照、本人身份证、住院发票(原件)、住院费用汇总清单、完整的住院病历复印件、出院证明、就诊医疗机构(公立医院)的等级证明及联系电话；先在城关区医疗保险局(静宁南路116号城关交警大队南侧)办理医保证后再到兰州市医疗保险局居民待遇窗口核报医疗费用。

对已参加商业保险的参保大学生住院后，可以先按大学生的基本医疗保险规定进行报销，再由商业保险进行二次报销；也可先由商业保险报销，凭发票复印件和商业保险的结算单，费用的汇总清单，住院病历完整复印件，出院证明，按照大学生基本医疗保险规定进行二次报销。

2.长期门诊治疗

参保大学生符合长期门诊治疗条件的，带医保证到城关区医保局领取《特殊疾病长期门诊申请表》，提供病种相关资料(近期3个月内有效住院病历复印件、近期未住院的需到指定医院体检)，经专家鉴定、医保局审批后，方能享受特殊疾病长期门诊就医待遇。

基本医疗保险定点医疗机构

自2013年4月1日医疗保险已市级统筹，在兰州市所有定点医疗机构及定点药店均可享受相应的医保待遇。

第六章 培育健康情感

第一节 如何处理人际关系

对于刚刚离开家庭、步入高校的新生来说，获得一种良好的人际关系，对适应大学生活具有独特的意义。新生之间的相互关心和帮助、相互信赖和理解，有助于新生尽快熟悉新的学习和生活环境，得到友谊和力量，减少对父母的依赖感，减轻心理压力和冲突，减少孤独和寂寞。特别是随着现代社会的迅速发展，大学生的人际交往能力已成为衡量其能否适应社会的重要指标之一，这是因为良好的人际关系除了具有促进身心健康的作用外，还具有交流信息、协调关系、扩展生活等作用，因此，大学生必须增强社交意识，提高人际交往能力。

一、大学生集体中的人际关系

大学生的人际关系几乎涉及大学生活的全部和全过程。从空间上说，包括从宿舍到教室、从班内到班外、从校内到校外；从内容上说，包括从学习到娱乐、从工作到生活、从知识到能力、从行为到情感；从对象上说，包括从同学到同学、从同学到老师、从同学到朋友，可谓无处不在，无时不在。

1.大学生集体人际关系的基本类型

大学生在校学习期间，教室和宿舍是主要学习和生活场所，因此，班级人际关系和宿舍人际关系就构成了大学生群体人际关系中的两大基本类型。

一是班级人际关系。班级人际关系是指在班级中所形成的集体人际关系，班级中的主要交往对象是老师和同学。因此，班级人际关系包括：

(1)师生关系。和老师保持较密切的接触和交往，建立良好的师生关系，是大多数学生的愿望。由于大学的教育特点不同于中学，师生之间的交往频率较低，因而影响师生之间的交往程度。从大学生与老师的交往现状来看，多数学生能与老师建立和保持正常的人际关系，但在实际的人际交往中，许多学生渴望与老师交往，却感到与老师交往有困难，如有的同学与老师交往时，会感到紧张、害羞，甚至会产生社会焦虑。

(2)同学关系。班级同学关系是大学生中比较稳定、持久的人际关系。在同一个班级，同学们虽然存在这样那样的差异，但共同的专业和长期集体化的学习和生活，使同学们产生了一种“集体效应”，同学之间在道德水平、思想素质、文化修养等方面都有较多的共同之处,这些共同的有利条件,使班级中的同学关系比班级中的师生关系要亲密得多。

二是宿舍人际关系。宿舍人际关系是指在宿舍中所形成的人际关系。从影响人际关系的因素来看,同宿舍同学建立和发展良好的人际关系,有两个有利条件:

第一,交往空间距离范围小。人与人的交往空间距离近,彼此之间直接接触的机会多,容易相互了解,沟通思想。宿舍成了大学生的"校园之家",同学虽说不是一家人,有时却胜似一家人。

第二,个体的相似条件多,在交往时容易产生相互吸引。同宿舍同学在年龄、性别、文化程度、学习任务、发展方向等各方面存在着相同或相似之处,有共同语言和情感体验,易形成互相理解、互相支持、互相信赖的亲密伙伴关系。

2.大学生集体中的人际关系的功能

良好的集体人际关系对大学生生活质量的提高、学业的成就以及心理健康的维护,都具有重要的意义和作用,这主要体现在以下几方面:

(1)有助于产生集体合力。大学生集体中的人际关系是在集体活动中形成和发展起来的。丰富多彩的集体活动,一方面为大学生提供了相互了解和交流的机会,有助于集体良好人际关系的形成;另一方面,当个体在集体活动中遇到困难和挫折时,可从集体中得到大家的帮助和支持;取得成绩时,可从集体中得到肯定和认可,使每个成员感到集体的温暖和力量,久而久之,便会形成一种互相支持、互相激励的集体氛围。这种良好的集体人际关系,又有助于增强集体凝聚力。

(2)有助于提高学习和工作效率。大量的事实和研究表明,集体氛围与个体工作、学习效率有着密切的关系。如果同学们在集体交往中互相信任、互相支持,没有猜疑,没有冲突,大家就心情舒畅,有安全感,就可以集中精力、全力以赴地投入到学习和工作中,使学习、工作效率大大提高。反之,如果师生之间、同学之间互不沟通,互相猜疑,彼此处于提防状态,注意力就难以集中,学习和工作效率就难以提高。如有的同学因人际关系紧张,人际矛盾频频发生,导致将本应花在学习、工作上的精力和时间用于去解决各种不应有的人际矛盾,从而影响正常的学习、工作和生活,导致学习成绩下降、工作效率降低。

(3)有助于心理健康的维护。人际关系是否和谐是一个人心理健康水平、社会适应能力的体现。人际关系紧张时,容易导致心理应激状态,引起愤怒、不满、烦躁、怀疑、多虑等消极情绪。这些情绪状态持续化,容易使人的性格发生变化,产生病态人格,进而可能引发身心疾病,如偏头痛、高血压、溃疡病等。从某种程度上说,人类的心理适应,最主要的就是对人际关系的适应。人类的心理病态主要是由于人际关系的失调引起的。

二、大学生集体中的人际关系的建立

对大学生来说,需要面对和处理各种各样的人际关系,其中最主要的就是建立良好的师生关系和同学关系。

1.建立良好的师生关系

教师是大学生感悟人生、获取知识、学有所成的引路人，与教师的交往是大学生人际交往的重要内容。建立良好的师生关系，需要教师和学生双方的积极互动。就大学生而言，与老师建立好良好的师生关系，应注意以下几点：

(1)自觉尊重老师。人人都有尊重的需要，老师和我们一样，希望得到他人特别是自己学生的尊重，作为知识层次较高的大学老师，他们对尊重的渴望更强烈。教师的呕心沥血、辛辛苦苦的劳动，也无疑希望得到学生的尊重。常言道，尊重别人等于尊重自己。学生如果能真正尊重老师的人格及其付出的艰辛劳动，同样能获得老师的回报，老师教书育人的积极性和热情也会因受到尊重而高涨，也会更加爱学生，学生也可以从老师那里学到更多的知识和做人的道理。

(2)主动与老师交往。人际关系的建立是双方互动的结果。有些同学很想与老师建立良好的关系，希望得到老师更多的教育与帮助，却不知如何着手。与中小学相比，在大学，老师不像中小学老师那样与学生朝夕相处，师生接触的机会较少，这就要求大学生要善于抓住机会，主动与老师进行交往和交流。例如，可以利用课堂答问、课后交谈等机会加深双方的影响和了解；可以找老师谈心，汇报自己的学业、思想及心理情况，虚心向老师请教；可以在老师有困难、需要帮助时，主动给予力所能及的帮助；可以在节假日或其他休息时间，在征得老师同意的情况下，适时拜访和看望老师。

(3)遵守礼节常规。对老师的尊敬需要用具体的言行来体现，与老师交往时注意一些常规礼节是必要的，这些礼节主要包括：①常规礼节。平时见到老师应主动打招呼；进老师的办公室或房间应先敲门，经允许后方可进入；给老师递交东西或接受老师递的东西时要用双手，以表敬意。②课堂礼节。上课专心听讲，不乱讲话，不做小动作；回答老师提问应起立，起立时不拖拉，站立时成立正姿势，目视老师；进入教室或在人多的地方，要让老师先行；与老师讨论问题时，讲话要和气，态度要谦虚。

2.营造和谐的同学关系

营造和谐的同学关系，有赖于同学双方的积极参与和实践。就大学生个体来说，建立和谐的同学关系重点在于同班级尤其是同宿舍同学关系方面。

在高校里，班级是一个最基本、最牢固的单位，它如同一个大家庭，每个成员都会在这个集体组织中一起学习、一起工作、一起活动，通过三年的共同生活，结下牢固的同学情意。而在班级里，尤以同宿舍的同学关系又更亲近一层。宿舍是同学们共同生活的主要场所，是一个小家。透过宿舍这个小家，可以折射出班级乃至更大范围的同学之间的关系。要在宿舍中建立和谐的同学人际关系，应注意以下几方面：

(1)熟悉宿舍每一个同学的个性特点。同住一宿舍的同学人数不多，为方便以后交往，搬进宿舍后，应留心观察，了解每个人的性格、习惯、特长、优点和缺点，了解每个人喜欢什么，忌讳什么。在此基础上，做到平时交往时，不谈对方忌讳的话题，不做对方讨厌的事，尽量减少摩擦，为营造和睦友好的宿舍人际关系创造条件。

(2)遵守宿舍集体的生活作息制度。宿舍生活是集体生活，每个人都应有集体观念，适当调整个人的一些不适合集体生活的生活习惯，宜用统一的作息时间加以约束。只有大家协调一致、共同遵守，才能减少争执，消除摩擦，维持正常的生活秩序。同学间要相互体谅，例如自己在家里习惯于晚睡晚起，那么在集体宿舍中，就要想到晚上开灯做事会影响别人的睡眠。因此，宿舍的全体成员应当尽量统一起居时间，减小作息差距，倘若实在有事，早起或者晚睡的成员也应尽量减少声响或灯光，不影响舍友们的休息。

(3)在生活方面多给予他人关心和帮助。同室相处，大家就应亲如兄弟姐妹，生活上互相关心，互相照顾，如：同学出去了，不妨帮他把暖壶灌满水；天下雨了，收衣服别忘了其他同学的；别的同学来了客人，应主动热情打招呼；同学经济上一时周转不过来，在力所能及的情况下可以尽力相助；同学心情不好，用心去帮助同学排忧解难。这样，宿舍同学之间自然会产生亲如一家、宾至如归的感觉。

*** 宿舍关系九要领**

宿舍关系是大学阶段最基本的人际关系，也是日常生活最基本的单位，住集体宿舍，与宿舍成员搞好关系非常重要。关系融洽，心情舒畅，不仅有利于学习，也有利于身心健康。反之，若关系不和睦 ，甚至紧张，就会给生活抹上一层阴影，带来一系列负面影响。那么，怎样才能处理好宿舍关系呢？

(1)结交面要宽。

(2)不触犯舍友的隐私。

(3)积极参加舍友集体活动。

(4)有予有求，有难互帮。

(5)不拒绝零食和宴请。

(6)不在说话上讨占便宜。

(7)履行值日义务。

(8)学会真诚地赞美。

(9)以合理方式解决日常矛盾。

三、大学生人际交往

人际交往是一个互动的过程，一方的行为会引起对方相应的行为。一个人要想拥有良好的人际关系，就必须学会与人共处，掌握人际交往的艺术与一般技巧。在大学里，学习和掌握人际交往方面的理论知识是当代大学生的必修课，掌握与人交往的技巧，拥有较强的人际交往能力是当代大学生必须具备的。

1.人际交往的含义

人际交往是指个体与周围人之间的一种心理与行为的沟通过程，包括人与人之间的信息沟通、思想交流、情感表达和行为协调等方面的互调过程。在社会生活中，交流与沟通是人们互相联系的重要形式。人在一天中，除了睡眠以外，约70%的时间都用于互相交往。

现代人际关系心理学对人际交往行为模式的研究表明，人际交往是人与人之间的相互交流活动，与对方以什么交往态度和交往方式、程度如何，对方回报以相同的态度、相应性质、相应程度的交往方式。这一原理揭示了人际交往中的一般行为规律，即一方积极的行为表现会引起对方相应的积极行为；相反，一方消极的行为表现会引起对方相应的消极行为，这是人际交往中最常见的行为模式。人际交往质疑行为模式说明，若自己想要获得他人的喜欢、尊重、信任和帮助，自己就必须真心喜欢、尊重、信任、帮助他人。这就是所谓的"爱人者人皆爱之"、"敬人者人恒敬之"。

2.大学生人际交往的特点

(1)交往动机的迫切性。

(2)交往的对象以同龄人为主。

(3)交往的内容丰富，形式多样，范围广泛。

(4)交往的标准看重个人品质。

3.人际交往的原则

人生活在群体中，需要理解，需要沟通。每一个人都面临一个更为开放而复杂的世界，如何与人交往，协调各方面的关系，营造融洽的人际环境，对于健全人格、培养合作精神、适应社会都具有重要的意义。大学生人际交往的原则主要有以下几个方面：

(1)真诚。

(2)平等。

(3)宽容。

(4)尊重。

(5)信任。

4.人际交往能力培养的必要性和重要性

进入高校后，大学生的生长环境、学习和生活方式与中学时代相比发生了较大变化，这种变化向大学生提出了更高的人际交往能力要求。提高交往能力，构建和谐的人际关系，是大学生成长成才过程中必须面对的实践课题，这一点对正处在学习生活适应期和心理转折期的大学生尤为重要。

第一，人际交往是维护大学生身心健康的重要途径。处于青年期的大学生，思想活跃，感情丰富，人际交往的需求极为强烈，人人都渴望真诚友爱，大家都力图通过人际交往获得友谊，满足自己物质和精神上的需要。但面对新的环境、新的对象和紧张的学习生活，一部分新生会由此导致心理矛盾的加剧。此时，积极的人际交往，良好的人际关系可以使人精神愉快，情绪饱满，充满信心，保持乐观的人生态度。一般来说，具有良好人际关系的学生，大都能保持开朗的性格、热情乐观的品质，从而正确认识、对待各种现实问题，化解学习、生活中的各种矛盾，形成积极向上的优秀品质，迅速适应大学生活。相反，如果缺乏积极的人际交往，不能正确对待自己和别人，心胸狭隘，目光短浅，则容易形成精神上、心理上的巨大压力，难以化解心理矛盾，严重的还可能导致病态心理，如果得不到及时疏导，可能形成恶性循环而严重影响身心健康。

第二，人际交往可以培养大学生的意志品质。处于青年发展期的大学生，正处在人生的黄金时代，在心理、生理和社会化方面逐步走向成熟，但还不完全成熟。所以在这个过程中，一旦遇到不良因素的影响，就容易导致焦虑、紧张、恐惧、愤怒等不良情绪，影响学习和生活。实践证明，友好、和谐、协调的人际交往，有利于大学生对不良情绪和情感的控制和发泄。一个良好的集体，能促进青年学生优良个性品质的形成，如正义感、同情心、乐观向上等都是在民主、和睦、友爱的人际关系中成长起来的。

第三，人际交往可以丰富大学生的精神生活。大学生情感丰富，在紧张的学习之余，需要进行彼此之间的情感交流，讨论理想、人生，诉说喜怒哀乐。人际交往正是实现这一愿望的最好方式。通过人际交往，可以满足大学生对友谊、归属、安全的需要，可以更深刻、更生动地体会到自己在集体中的价值，并产生对集体和他人的亲密感和依恋之情，从而获得充分的、愉快的精神生活。

第四，人际交往是交流信息、获得知识的重要途径。现代社会是信息社会，信息量之大，信息价值之高，是前所未有的。人们对拥有各种信息和利用信息的要求随着信息量的扩大在不断增长。通过人际交往，可以相互传递、交流信息和成果，使自己获取知识，增长见识，开阔视野，活跃思维，启迪思想。

第五，人际交往是个体认识自我、完善自我的重要手段。孔子曾说过："独学而无友，则孤陋而寡闻。"人际交往可以帮助大学生提高对自己的认识和自己对别人的认识。在人际交往的过程中，彼此从对方的言谈举止中认识对方，同时，又从对方对自己的反映和评价中认识自己。交往面越宽，交往越深，对对方的认识越完整，对自己的认识也就越深刻。只有对他人的认识全面，对自己的认识深刻，才能得到别人的理解、同情、关怀和帮助，自我完善才可能实现。

第二节　如何处理亲情、友情、爱情的关系

人是有意识的高级动物，人的意识性造就了人的复杂性，每个人对外界事物或其他人的认识都有强烈的个人色彩，并产生了不同的态度和情感体验，如果一个事物能满足主体的需要，那么作为主体的你的态度就是肯定的，随之而产生积极的情感，反之会产

生消极的情感。情感并不等于情绪，情感是意识到自己与外界的事物或人的关系而引起的一种稳定的态度体验，它是稳定的、深刻的和深沉的。当你走进高校校园，一方面，扑面而来的是全新的校园环境，随之接触到的是别样的教学方式和人际关系；另一方面，伴随着身心的发展，又将面对复杂的情感。这些情感主要牵涉如何面对和处理亲情、友情、爱情的关系，而情感对大学生在校园中的行为和活动具有支配和引领的作用。

一、亲情浓于血液

经过了十年寒窗苦读，经历过令人心惊肉跳的高考，当你走进高等学府，或许会觉得终于松一口气了，能够大口呼吸新鲜自由的空气，随着渐渐接触到越来越多的新鲜事物，许多新生难免会产生上述的一些想法。当然，每个人的情况不同，不管是和父母的感情基础，还是与父母的交流方式，都存在着或多或少的差异，但是不管怎么样，大学生都要正确而理性地看待与父母的关系，拥有和谐温馨的亲情体验，因为家永远是心灵停靠的港湾，会给你以力量和强有力的支持。

1. 塑造独立人格

高校是一个社会性很浓的开放的环境，在这样的环境中，大学生随着生理和心理的发展，成人感不断地增强，渴望独立，迫切要求社会承认他们的成人资格。但也有不少大学生在刚入学的一段时间里，对家庭和父母的依赖未断，不仅生活不能自理，而且对人际关系等问题也不能独立处理。因此，塑造独立人格就成为大学生成长成熟的前提条件，也是很重要的方面。

现在的大学新生都是“90 后”新一代，是在父母的呵护下长大成人的，从一出生开始就产生了对父母的依赖，从他们那里获得成长所需要的一切，并找到了安全感。很长一段时间他们对父母产生了依恋，有的人这种依赖竟能持续大半生。从人的心理发展的规律来看，进入这个年龄段，就需要从依赖走向独立，从幼稚走向成熟，能够自主地认识、分析和解决问题，适应社会的要求，而大学生活恰恰是实现这一转折的必然选择和最佳过渡期。在这一期间，世界观、人生观和价值观基本确定，自我意识增强，人际交往能力逐步提高，这既是心理发展的一个趋势，也是大学毕业后进入社会的一个要求。因此，大学生们需要很好地处理与父母之间的情感，从依赖走向独立，从求助走向自助。

2. 常怀感恩之心

在每个人一生中，都会有很多人从身边经过，来来去去，但始终对你不离不弃，充满着一份怜爱的就是父母之爱。但因他们平凡而亲近，你或许常常把他们忽略。当你明白这个真谛后，请不要再给自己找任何借口，记着给那个最牵挂你的人打个电话，问问他们还好吗。随着父母慢慢变老，身体不如以前硬朗，经常打电话回家嘘寒问暖，会使父母感到开心，也感到放心，因为他们会觉得你懂事了。“找点空闲，找点时间……常回家看看”，这首曾风靡大街小巷的歌想必人人都耳熟能详，它的针对性很宽泛，当然也包括在外读书的学子。逢年过节，有机会回家的话也要多与父母在一起，毕竟一年才这么几个节假日，而且以后你毕业了，工作也有可能不在他们身边，说不定就再没有这么长时间与他们在一起的机会，所以要特别珍惜这些看似平常的日子。

我们曾听过这样一句话：“我们从出生那天开始，就注定有一种永远都无法偿还的东西附加在身上，这就是父母之爱。”父母赋予了我们生命。之后，数十年的呵护、牵挂与教导，抚养我们长大成人，这一切都注定了我们欠父母一笔即使用一辈子都无法还清的感情债。明代学者增广贤说过：“羊有跪乳之恩，鸦有反哺之义。”这个世界上，不是得到越多的人，越懂得爱，而是付出越多的人，越懂得爱，父母便是这样懂得爱的人。著名社会学家费孝通说：“在父母的眼中，孩子常是自我的一部分，子女是他理想自我再来一次的机会。”人的一生就是这样，往往父母对你的爱与你对父母的爱是失衡的。因为从你降生的那一刻起，父母含辛茹苦养育使你终于长大，他们便寄予你全部希望。而在你的生活中，有太多的新鲜事物吸引着你瞬间的全部心思，有太多流动的想法使你追求不懈。不过，在年轻的你看来，自己距离尽孝道还有很长的路要走，因为你目前还没有能力给父母衣食无忧的生活，还不能达到理想中的生活状况。其实，孝顺有时也是很简单的，周末的一个电话、一声问候，一句体贴话，父母就已满足了，这也是他们最需要的。如在假期能回家陪伴父母干些活，可能是对他们牵肠挂肚和无限期思念的最好安慰。

也许父亲曾在你的屁股上留下过他的掌印，也许母亲曾当着众人的面狠狠地教训过你，这或许是父母对子女的爱的另一种表达方式，回过头来想，这种爱不但从不带有丝毫伤害，而且每念及此都有深深的感怀。从收到大学通知的那一刻起，你就决计要离开家，于是，父母会买很多平日里舍不得给你买的东西；给你从未有过的宽容，因为翅膀硬了的鸟儿迟早要飞走，必须离开鸟妈妈的保护，独自展翅飞行、觅食、生活；正所谓“慈母手中线，游子身上衣。临行密密缝，意恐迟迟归”。当你带着年轻人特有的全部激情、梦想和执著踏上离家的旅程的时候，这一刻，他们怀中同样揣着喜悦，因为你是他们此生最大的杰作，是他们无论何时提起都掩饰不住的骄傲。

在家的时候，可能觉得父母管得太宽了，还常常看不惯你的爱好和行为方式，甚至你穿什么衣服、理什么发型也在其说教中，你常常想着要闹独立。但当真的要你一个人面对新环境时，你又觉得父母的重要，其原因也许还在于你以往在家的角色完完全全是一个依赖者，吃、穿、住、行等各方面都是父母一手安排。现在，你必须学会独立生活，时间由你自己安排，事情由你自己做，再不会有人把你从美梦中叫醒，也不会有人督促你学习、睡觉，不会有人为你叠凌乱的被子，不会有人替你洗衣服、洗碗……想家便成了自然而然的事。你可以努力克制自己不去想，可生活上一遇到自己能力范围外的事情，你还是会不自觉地想家，学校食堂饭菜不可口时你会怀念妈妈的厨艺，遇到难题矛盾挣扎时你会怀念爸爸的睿智，一个人生活在异乡没有亲人朋友时你会怀念和你一起长大，小时候总会抢你玩具的那个伙伴。这样想时，你越发怀念家乡那亲切的乡土气息、熟悉的乡音、朴实的乡情，这些最简单无华的东西却让你永远无法释怀，永远在你心中缠绕。那么，请记住这句过来人说的话吧："想家的时候，家就在你左右。"

假如人生是一个大舞台的话，不论你扮演什么样的角色，父母都是你最忠实的观众。成功的时候，他们会为你喝彩，"快乐着你的快乐，幸福着你的幸福"；失意的时候，他们是你背后默默的支持者，安慰你，鼓励你。无论你离家多么遥远，他们的爱与关怀会始终陪伴你左右。如果说有一种感情是天底下最无私的，如果说有一种感情是天长地久的，那它便是来自父母的爱，这种爱源远流长，温馨备至，无论经历多少风雨都不会改变。可是，慢慢地，清新的学习环境，独立的自主校园生活给了你新的色彩与活力，你踌躇满志，要在这里开创更广阔的天地。这时，你是否想到要经常给父母报一声平安，捎一句问候，送一声祝福呢？

然而，现实生活中确有不少令人脸红的现象，不用再听父母的唠叨，再也没有谁严厉地管束你了。有的同学觉得远在农村的父母很"土"，越来越跟不上时代了，渐渐地疏离他们了；有的同学认为与父母之间代沟越来越明显，很难与他们有共同语言，越来越不愿与父母交流了，除了每个月或者几个月向家里要钱以外，似乎再也没什么话题和时间与父母沟通；有的同学会借口学校学习忙，活动多，抽不出时间和家里联系；有的同学可以写十几页的情书却在写家书的时候惜墨如金，和朋友"煲"几小时的"电话粥"，却在给父母的电话中除了索要生活费再没有其他言语。自然界的现象给出过很好的答案，鸦有反哺之义，羊有跪乳之恩，马无欺母之心。作为一个接受高等教育的大学生，你该如何做呢？

二、建立深厚的友谊

1. 同学之间的友谊及表现形式

友情一般是指人与人在长期交往中建立起来的一种特殊的诚挚的情谊，互相拥有友情的人叫做朋友。友情通常在两人之间和两人以上。友谊不论时间的长久，不论地方的长远，心总是在一起的，甚至一辈子不曾改变。

友情是朋友间情感的交流，是内心的交流，是相互理解，用自己的真诚去换取朋友对自己的真诚，达到的是心灵与心灵的共鸣，深远而持久的友谊往往由此而产生。朋友间坦诚的话语可以拉近彼此心灵的距离，在直率的倾吐中可以切磋砥砺，开阔眼界，正如萧伯纳所言："你我各拿一个苹果互相交换，手中各是

一个苹果;你我各有一种思想交换,你我便是各有两种思想。”

在人的一生中,大学阶段最需要友情,也最看重友情。随着年龄的增长及生理心理的逐步成熟,这时候他们需要有人分享自己的思想、情感,与同学谈及自己的人生价值观,彼此之间可以互相帮助,共同进步。心中对朋友的定位已经不是所谓的玩伴了,而是个性上可以相互影响并且相互尊重,心理上能产生共鸣,成为心灵上的朋友。俗话说:“一个篱笆三个桩,一个好汉三个帮。”人生在世,是离不开朋友、少不了朋友支持的。然而,大千世界,茫茫人海,如何认识和找到朋友,是大学新生十分重要的人生课题。

一般说来,大学期间结交的朋友有这么几种类型:

挚友:是指恳切、真诚,以感情和原则为生命的真心朋友。

密友:相互亲密无间,感情深厚,能与自己同甘共苦的朋友。

学友:是指勤于学习或知识渊博的朋友。结识学友可以使自己增长知识,开阔视野,相互学习,取长补短,相互促进,互为鞭策。

畏友:指的是朋友之间敢直言规谏,直陈人过的人。畏友像一面镜子,照出对方脸上的尘土与污点,可使自己及时发现并予以改正。

在现实生活中,大学新生结交哪一类朋友应该慎重对待。孔子曰:“益者三友,损者三友。友直,友谅,友多闻,益矣。友便辟,友善柔,友便佞,损矣。”一个人的朋友如何,对自身的发展往往起很大作用,与正直、讲信用、有学问的同学结交朋友,会受益匪浅;与那种谄媚奉承、华而不实的人交朋友,对自己有害而无益。这对于大学生如何选择、结交朋友有着深刻的启示。

2.处理同学友谊需要把握的原则

朋友之间的交往虽然是个人的意志和态度所为,在很大程度上说又是随意的,但是,如何支配个人的意志和态度,还是要遵循一定的原则,这些原则主要有以下几个方面:

言行一致原则。真诚的友谊更加牢固,在这个竞争激烈的社会,人们都在为实现自己的理想目标而奔波,彼此间的沟通,尤其是心灵的沟通减少了,没有多少人会告诉你,你有什么缺点,哪些事情你做错了,更多的人只是一味地称赞你。好朋友不应该是这样的,而是能够将彼此在为人处世等方面的过失或错误客观地指出来,帮助其改正,不能为朋友掩过护短,刻意逢迎。待友真诚,心口如一,不能待友虚伪,口是心非。在友谊建立的初期,因为彼此不了解,相互之间交流时会有所保留,所谓“话到嘴边留三分”,这可以理解,毕竟人都有自我防卫心理。但在相处时间长的朋友之间就没必要各怀心思,就要讲真话,言行一致,这是维系友谊的重要原则,它决定着彼此间心灵的距离。

求同存异原则。求同,即在理想、道德等方面有共同的思想基础,或者有着共同的兴趣爱好、性格脾气、能力学识等;存异,即接受对方不同于自己的价值观、人生观和兴趣、爱好、性格特点等。这就是维系友情的宽容原则。歌德曾经说过:“一棵树上很难找到两片形状完全一样的树叶，一千个人之中也很难找到在思想情感上完全协调的两个人。”朋友之间有不同的地方是难免的，每个人的需要、情感特点都不尽相同，由此而产生的矛盾和争执往往在所难免。应该辩证地看待彼此间的摩擦，不能因一点小事争吵就轻易地中断友谊，应该主动地妥善地处理所发生的事情，求同存异，使友谊得以巩固和发展。

尊重与信任原则。自己做得到的，不要求朋友也能做到，自己做不到的，更不能强求朋友做到。正人先正己，在严格要求自己的基础上影响而不是要求对方，这样才能赢得朋友的尊重和认可。信任朋友，心胸宽广。信任也是对朋友的一种尊重和理解，对待朋友不可以多疑，也不可心胸狭窄，即使有误会存在，也不能轻率定论，而是坦诚地沟通，在相信对方的基础上化解心中的隔阂。

非功利性原则。真正的朋友之间是一种平等的君子之交，那种认为友谊就是“生活上不分彼此”，“多一个朋友多一个门路”，“交朋友就是为了相互利用”等观点就带有明显的功利色彩。带上功利色彩的友谊不是真正的友谊，如果想着今天的给予是为了明天的索取，那这种友谊也是不会长久的。友谊有价值，是指它可以让朋友之间相互影响，共同进步，相互鼓励，相互支持，共同实现理想。一旦把友谊看成是一个利益的交换，互相利用，那就不再是纯粹的友谊了。这种心灵上的相互影响与尊重一旦减少甚至丢失，而以功利色彩取而代之，真挚的友谊很快便会消失。

3.如何用真诚与谅解护理友谊

当你与同学相处一段时间并认为选择到了自己可交的朋友之后，如何使彼此关系和谐而健康地发展是大有讲究和学问的。我们应当做到什么呢？

(1)要以诚待人。诚恳是朋友间的黏合剂，诚恳给人以安全感、愉悦感和信赖感。朋友之间要以诚相待，朋友要出于真心，诚心诚意。待朋友最怕的就是虚情假意，虚与周旋。真正的友谊靠的是赤诚相投，而不在于甜言蜜语，也不是物质上的交换、互相利用，更不是尔虞我诈。

(2)要乐于助人。人在一生中并非一帆风顺，学习、生活、工作都会产生烦恼，此时，如果你能伸出援助之手，就如“雪中送炭”，自然加深了彼此的友情。当然，我们提倡朋友之间的礼尚往来和文明馈赠，但又不彼此依赖。从某种意义上讲，朋友之间应该多一些“雪中送炭”、“千里送鹅毛”，当朋友有困难时，鼎力相助，无私支持。真正的友情不只是见面时的嘘寒问暖，也不只是酒桌上的应酬，而应该互相帮助，共同进步。

(3)要有包容之心。朋友之间要有包容之心。“人非圣贤，孰能无过？”每个人都有缺点或不足，有的很快能改正，而有的却要很长时间才能弥补，不能因为发生一点小小的不愉快就心怀不满或忌恨，那是很不值得的。每个人都有自己的生活空间，不可能任何时候都能考虑到别人的感受或利益。不能只看到对方的缺点，也要注意到对方的优点，防止片面地看人。对于天生的气质，如急躁、内敛等，不能苛求别人改变，这也是短时间内不易改变的。所以在朋友之间，随着交往的深入，各自的缺点都暴露无遗，无意的伤害或各种误会也会接踵而至，校园里的“误会”无非是因一些鸡毛蒜皮的小事造成的，毕竟大学生没有像社会上的成人一样有太多利益瓜葛。朋友之间一般不要轻易给对方的行为下定论，要考虑到对方的生活背景和文化教育背景，要站在他人的立场去体谅。每个人的缺点都是长期以来的习惯养成的，刻意地强求其改变只会适得其反。站在对方的立场，理解他行为背后的原因，必要时坐下来多交流沟通。

(4)要尊重人。尽管朋友之间已相当熟悉，但也要注意尊重对方，不能说话没遮没拦，行为无所顾忌。在许多情况下，你要虚心接受朋友提出的意见及缺点、不足；切忌对朋友乱发脾气、语言刻薄。尊重是双向的，你对朋友言行举止文明，彬彬有礼，必然会获得朋友的尊重。

(5)要保持正常往来。节日、朋友的生日或取得了好成绩，应当及时问候和祝福。知心朋友的队伍不能无限扩展，有两三个知己已足矣。精心筛选的知心朋友，是你畅所欲言、发泄感情的对象，甚至和亲人不能尽言的烦恼与困惑都可一吐为快。但对新朋友却要慎重，盲目急于缩小彼此间的社会距离会适得其反。

4.友谊与“哥们儿义气”

中国人向来都把“义”看得很重。大学生中也有一些人喜欢互相之间称兄道弟，认为朋友之间就是哥们儿义气式的友谊，喜欢依照武侠小说中的那些“侠客”们“拜把式”的做法处理朋友关系，并认为这样的关系才是真正的朋友。大学生之间要不要讲点“义气”呢？要。但不能讲“哥们儿义气”。因为，“哥们儿义气”是一种基于无知和盲从的冲动，是一种非理智的行为。

有些大学生把“哥们儿义气”当做友谊，今天你给我一盒烟，明天我请你吃顿饭，早晨你帮我教训了一个“冤家对头”，晚上我就替你给“仇人”放血。像这种不讲原则，互相包庇，甚至成群结伙，干出一些不轨的行为，不但不能提倡，也不能容忍，必然会受到校规校纪处分的。还有一些大学生徘徊于哥们儿义气与坚持原则的两难之中，明明知道讲“哥们儿义气”是不对的，但为了保持友谊而不得不帮助朋友，最终也导致自己陷入了错误的深渊而不能自拔。哥们儿义气往往也是以维护小团体利益为出发点，甚至有个别学生为了所谓的“报恩”或“复仇”，不惜牺牲和损害社会或他人的利益，认为不挺身而出、拔刀相助就对不起自己的“哥们儿”，其结果最终必然导致害人、害己、危害社会。

我们提倡同学之间的正当友谊，反对“哥们儿义气”，务请大学新生时刻反思自己的思想和行为，分清哪些属于真正的友谊，哪些属于“哥们儿义气”。更希望大学生能珍惜大学时期的美好时光，不仅有形影相随的朋友，更有相知、相依、相互进取的知己。

5.友谊与竞争

高校大学同学之间更多的是友谊，不过在有些情况下也存在着竞争，比如竞聘学生干部、评选先进等。那么，大学新生应如何看待友谊与竞争并处理好两者的关系呢？同窗几载，竞争与友谊会时常伴随左右，如何正确对待竞争与友谊也是大学生处理人际关系的一个重要方面。

首先，要培养自己的竞争意识。作为大学生，在与同学交往中应树立竞争意识，在学习过程中要不甘落后，敢于脱颖而出。即使竞争有时会显得不近人情，甚至可能要付出很大的努力和一定的代价，但只要竞争的目的是为了获取知识，拓展素质，有利于激发你的主动性、创造性，对个人的发展有帮助，就要勇于参与竞争。不难想象，一个缺乏竞争意识、学习成绩平平 、工作不积极的人是很难赢得同学的尊重和好感的。

其次，要采取正确的竞争态度和方式。高校学生之间的竞争说到底相当于在学习、工作和活动方面的和平竞赛，不存在刀光剑影、你死我活的火药味，即使分出个高下来，也是同学之间素质与努力程度的不同而产生的不同结果，竞争双方没有根本的利害冲突。可见，同学之间的竞争就没必要把对手看成势不两立，也不能只注重竞争而使友谊荡然无存。因此，应调整心态，明确竞争意识和追名逐利或虚荣的思想有着质的区别，既要积极勇敢地参与竞争，又要采取正确的竞争方式，要展开和平竞赛、和平竞争，不能互相诋毁，背后使绊子，甚至恶意中伤。当然，有竞争就会有胜负、有优劣，面对胜负优劣，应保持胜不骄、败不馁的心态。当处于劣势时，应改变思路和方法，取长补短，提高自己，赶超对方，而不能采取贬低或破坏对方来获得自己的优势，更不能心生嫉妒，采取不正当的手段；处于优势时，则应保持虚心，不骄傲，不能看到同学落后于自己而幸灾乐祸。

最后，要在竞争中发展友谊。竞争与友谊是并行不悖的，竞争标志着奋发进取。积极向上是前进的推动力，使生活充满生机。正当而良性的竞争，会形成一种和睦、友好、互励的良好氛围，在这种环境中，你追我赶，竞高争长，最能促使同学之间学习不断进步，思想互相启迪，积极上进。通过这样的竞争，不断发展和巩固同学之间的友谊。

6.把握好与异性交往的尺度

班级异性同学关系的建立。在大学，教室是同学共同学习的主要场所，同学的大部分时间是在教室中度过的。在班级同学关系中，较难处理的同学关系是异性同学关系。

异性相吸是自然界的一种现象。如果有异姓成了你的知心朋友，那是很幸福的事情，因为异姓处理问题的不同方式将会比同性给我们提供更多的帮助。女生喜欢男生的豁达、主见和力量，男生则喜欢女生的贤惠、温柔和细腻，男女生之间的正当交往不仅应允许，而且是有益的，异性之间的纯真友谊不可缺少。拘谨会妨碍大学里男女同学之间的交往，过分热情、随便，也会显得轻浮、不庄重，同样是不可取的。如何正确地与异性交往呢？

首先，男女同学交往的内容应主要集中在学习上。大学中的异性交往，可表现为学习上的互相帮助、生活上的相互关心、思想上的相互交流、感情上的相互安慰等多方面，但学习上的互相帮助和交流应成为主要内容。当男女双方的主要精力均放在研讨学习、提高学习成绩时，双方人际关系的走向基本上是沿着正常而友好的同学友谊方向发展的。

其次，大学生交往方式以集体交往为宜。课堂上的讨论发言，课后的议论说笑，课外的有益活动等，为大家创造了异性交往的机会，会使那些性格内向、不善交际的同学免除了独自面对异性的羞涩和困惑；也让那些喜欢交际的同学满足了与人交往的需要，每个人都融入了浓浓的集体气氛中。在集体中的异性交往，每个人所面对的是一群异性同学，他们各有所长，或幽默健谈，或聪明善良，或乐观大度，或稳重干练，我们在吸收众人的优点的同时，开阔了眼界和胸襟。

最后，要把握交往的尺度。对方约你一同参加某项活动，如听音乐、看电影等，这是正常的，公开场合的两性交往，完全可以大大方方地赴约。女生应端庄、大方，不使对方产生误解和非分之想。男生要稳重，尊重对方。对于自己不喜欢的人以谈情说爱为目的约会最好婉然拒绝，让对方明白你的心思，放弃对你的追求。要注意方式方法，不可伤害对方的自尊心。

我们应当承认，一方面，异性同学之间在接触与交往过程中，双方得到了真挚的友谊，但另一方面由于不少同学对异性间的正常交往注意不够而可能产生一些误解，产生一些不愉快。那么，如何才能避免在与异性同学交往时产生不必要的误解呢？

一是交往双方一定要相互信任、互相尊重。由于男女之间在气质、性格、身体、爱好等方面都存在着较大的差异，因而异性间的交往是非常敏感的，这就需要异性同学在交往过程中要互相理解、互相信任、互相尊重，这样男女同学的真诚友谊才有保障。

二是要遵循中国传统伦理道德的约束。男女同学之间，只要是正当的纯正友情，就应该正大光明地往来接触，明智的人既要学会服从道德和社会禁忌，又不能违背校规校纪，一举一动都要大方得体，不能过于随便。

三是要从思想上和行为上分清友谊与爱情的界限。因为人总是有感情的。在友谊与爱情之间并没有一条不可逾越的鸿沟。超过一定的限度，或许自己也分不清哪是友谊哪是爱情了。

四是注意交往的地点场合。男女同学的交往场合应尽量选择在公共的社交场合，如教室、阅览室、舞场、餐厅等地。公共场合有助于男女同学保持一定的人际距离，使双方的情绪保持稳定状态。双方在此种场合，既能感受到内心充实、心态自然，又能感受到交往的愉快。

若是单独相处时，一定要注意选择好环境和场所，尽量不要在偏僻、昏暗的地方长谈。如果在房间里单独相处，不要插门或锁门，以免引起他人的猜测或误解。

五是相处中的女同学要自尊、自重，男生要有自制力。

三、理性对待爱情

1. 了解爱的真谛

(1)什么是爱情。爱情是一对男女基于一定的客观物质基础和共同的生活理想，在各自内心形成对对方的最真挚的仰慕，并渴望对方成为自己终身伴侣的最强烈的、稳定的、专一的感情。爱情的本质，是人的社会属性与人的自然属性相结合的异性间的崇高感情。

(2)什么是恋爱。恋爱是一种异性之间在生理、心理和环境影响的交互作用下，互相倾慕和培植爱情的过程。

(3)爱情的本质 。爱情具有自然属性和社会属性。不论男人或女人，如果没有性欲，就不会产生爱情，人类这种生理上的要求构成了爱情的自然属性。人类也就是依赖这种性能来繁衍后代、延续种族的。

我们承认爱情具有自然属性，但不能就此把爱情单纯归结为性欲。生理欲望和冲动只是一种本能，它发展和提炼成为爱情，内含着一系列思想和文化的因素，这些因素构成了爱情的社会属性，即男女双方在思想感情、精神境界、志趣爱好等方面的协调一致。

一般说来，人的爱情，既是对自然性因素的爱慕，如性的吸引，相貌、体态、气质、性格等；又是对社会性因素的爱慕，如理想、志趣、爱好等。单就人的生理机能来讲，都是差不多的。在自然因素相仿的条件下，还要考虑有无共同理想、志趣等。人类的爱情，总是受到社会物质生活条件的制约，受到社会各种思想和习惯的影响。如社会地位、等级观念、地域条件等。随着人类文明的发展，人的两性关系和社会属性就会更丰富，作用就会更大。

爱情是人生的重要内容，但又不是人生的全部。正确地认识爱情的本质特征，认识爱情在人生中的位置，是建立正确恋爱观的基础，也是青年大学生谨慎驾驶爱情之舟的前提。

(4)爱情的特征。作为人与人之间特定的社会关系，爱情具有以下一些基本特征：

第一，爱情具有自主性和互爱性。爱情是一种复杂、圣洁、崇高的感情活动，她是由两颗心灵弹拨出来的和弦，彼此互相倾慕，情投意合。真正的爱情是不可强求的，只能以当事人双方的互爱为前提，当事人既是爱者，又是被爱者。在爱情发展中，男女双方必须始终处于平等互爱的地位。

第二，爱情具有专一性和排他性。爱情是两颗心的共鸣，男女一旦相爱，就会要求相互忠贞，并且排斥任何第三者亲近双方中的一方。伟大的教育家陶行知曾经很形象地说过：爱情之酒甜而苦，两人喝，是甘露；三人喝，是酸醋；随便喝，要中毒。这话是很有道理的。

第三，爱情具有持久性和阶段性。爱情是一棵苍松，而不是一枝昙花，爱情所包含的感情因素和义务因素不仅存在于婚前的整个恋爱过程之中，而且延续到婚后的夫妻生活和家庭生活。爱情的持久性表现在爱情的不断深化、充实和提高上，恰如莎士比亚所说：真正的爱，非环境所能改变；真正的爱，非时间所能磨灭；真正的爱，给我们带来欢乐和生命。事实上，爱情的持久性正是建立和保持婚姻关系的基础。真正的爱情不会随着年岁的增长而减弱，但人生的不同年龄阶段，爱情的表现会有所不同，它具有阶段性。

第四，爱情具有社会性和道德性。爱情虽然是男女之间相互爱慕的私情，但具有丰富的社会内容。爱情的内涵、本质以及追求爱情的方式必然要受到各种社会关系及社会因素的影响。爱情的道德性是指爱情中蕴涵着对对方的强烈义务感和责任心。

2.爱情同友谊的联系和区别

在大学生活中，男女同学相互接触，亲密交往，建立友谊，是大学生人际关系的重要方向。但是，友谊和爱情既有联系，又有区别，不能混为一谈。

友谊与爱情是有区别的。这是因为：

第一，这是两种不同性质的感情。友谊是朋友间一种平等的、诚挚的、亲密的、互相信赖的关系，感情上表现为平和、沉静、率直。爱情则是一对男女相互之爱，它在友谊的基础上，加上了异性间的吸引，感性上表现为热烈、含蓄、激情难抑。

第二，友谊是广泛的交往，它可以是不同性别、不同年龄的人之间产生的情感。爱情则是一对男女之间的隐秘之情，它更求挚笃专一，忠贞不贰，并具有对等性。

第三，友谊可能是暂时的，它会因环境的改变、工作的调动、思想认识的分歧而发生变化。而爱情关系一旦确立后，就使双方身心结合，患难与共，始终如一，白头偕老。

第四，友谊自始至终主要承担道德义务，要做到忠诚互助。而爱情则不仅如此，同时还要承担法律义务和责任。

友谊与爱情也是有联系的。

我们不能说友谊都渗透着爱情，但应该承认，任何爱情都包含友谊。在一定条件下，友谊可以成为爱情的桥梁。大学是青年男女共同生活的大集体，没有相互间广泛的接触和友谊是难以想象的。心理学的研究和在大学生中的调查研究表明，大学生最需要的人际关系是友谊，而不是爱情。异性间是否存在真正的友谊？完全存在。有时候，异性间的友谊力量超过爱情力量！不能用封建的眼光看待异性友谊。所以，我们主张男女同学在广泛开展各种集体活动的过程中，理解他人，认识自己，既不能仅仅为了性爱才去接触异性，也不要回避恋爱之嫌而回避异性，抛却友谊。不能把男女同学之间正常的交往误认为是谈情说爱，猜疑不利于同学之间的团结互助，不利于坚强班集体的形成。

3.正确处理单恋与失恋问题

爱情是以所爱者的互爱为前提，男女双方出于自愿和自主，不受外来因素和势力的干预，既是爱者，又是被爱者，这样就构成了爱情关系。不能因为自己爱对方，对方也必须爱自己；或者对方爱自己，自己就非得爱对方。有些青年把单恋与爱情混为一谈，单恋虽然是一种较强烈的感情，但它毕竟不是互爱意义上的爱情。大学生中的单恋有两种表现方式，一种是一方已明确向对方表示了爱意，对方则表示不同意或不接受，但他依然爱着对方；另一种是一方没有明确表露爱意，对方也没有向他表示爱意，甚至对方压根就没有那个意思，而他却在心底里默默地暗恋着。单恋的危害性是显而易见的，它从内部燃烧一个人的精神力量，造成心灵的创伤，令人痛苦以致丧失信心。所以，一个大学生一旦知道自己的爱是单方面的时候，就要控制自己的感情，积极调节，使心理平衡。

爱情是两个人的事情，由于大学生的恋爱基础很不稳固，恋爱关系总是有许多不确定性，因而失恋的发生也是很自然的事。一旦失恋，也要想明白，对方有选择爱你的权利，当然也有选择不爱你的权利。失恋了虽然难受，但不能过于显得痛苦不堪，更不能失志失态，要学会调整自己，可以参加体育锻炼、听听音乐或者与朋友聊聊天，很快地转移注意力，一心一意地投入学习，在学习上创造佳绩。要记住：太阳每天都会升起，生活还是充满美好的。

4.慎重对待大学生恋爱问题

不可否认，现在高校中谈恋爱的学生为数不少，值得注意的是，有的新生到校不久就匆忙谈起了恋爱。客观地说，这是不理智的行为，原因很简单，一是没有物质基础，花父母的血汗钱用于谈恋爱是不忍心的；二是影响学习，为谈恋爱而影响学习是不值得的；三是后面有许多不确定因素，要么考虑就业而中止恋爱，要么固守恋爱而影响就业；四是没有承担义务和责任的能力，因为还不具备承担义务和责任的条件。再说，高校的青年男女正处在青春期，富于激情或幻想，甚至是冲动，一旦坠入爱河，就会不管不顾，做出一些过头甚至出格的事。权衡下来还是得不偿失，弊大于利，不少学生不相信这一忠言，总是主观地向往好的方面，但当一场“戏”演下来，大多都以没有好的结果而收场，而到彼时苦果已吃，懊悔已迟。

由于历史的原因和传统因素的影响，我国的性教育一直处于比较落后的状态，不仅中小学生，就是大学生也很少接受这方面的正面教育。由于不少高校学生性知识贫乏、性观念开放、性道德观淡薄、性行为失范，同时又对性知识非常渴望，对婚前性行为的认识呈现多元化的趋势，使得大学生传统道德观念逐渐淡化，迷恋庸俗的性文学和黄色传媒，因而产生了许多困惑与迷茫。

教育部规定，从2005年9月1日起，只要符合《婚姻法》规定，男满22周岁，女满20周岁，允许高校自主决定是否允许在校大学生结婚。对于校园婚姻，多数同学表示：我绝对拥有结婚的权利，但是我可以不行使它。由此看来，现在的大学生有幸赶上了一个相对宽容的社会，对涉及公民个人的事情，人们越来越觉得该由自己做主，别人无权干涉。从漠视人性的年代到尊重人的真实需要，是一种可贵的进步。但这不等于说一切"新潮的"都是适时合理的，都是代表未来发展方向的。必须承认，在享受自由及多元选择的同时，也要付出相应的代价，承担相应的风险。从来没有无约束的自由，也没有无代价的自由。每个人都应为自己的行为负责，接受一种理性的生活方式，这对包括大学生在内的每个人都是一种考验。

＊校园婚姻不流行

他是采矿系大二的学生，目前没有女朋友。

"大学生结婚离我还很遥远，既然没有女朋友，结婚也自然不在考虑之中，毕竟结婚是个很现实的命题，大学里以结婚为目的的恋爱也绝对不占主流，所以现在能不能结婚也就显得不太在意了。当然，'大学生可以结婚'是肯定了我们拥有婚姻自主的权利，但行使不行使完全在自己。我认为，婚姻是大龄人士的围城，象牙塔里并不流行。"

＊在校结婚不合时宜

就读于地质系大三的他认为，可以结婚，但行使婚姻权利带来的诸多麻烦，大学生未必能承受。

"据说有的学校也有学生已经结婚，但是大家都不知道。如果是我的同学公布出来结婚，彼此都会觉得不自然。毕竟身处学校，一起上学，总觉得离婚姻很远，看到和你一起打饭、洗澡、抢电影票的同学竟然身为人夫，总是有些不合时宜。就好像结婚生子是很自然的事情，可是如果你的同学抱着孩子来听课就会感觉怪怪的一样。"

在大学生恋爱问题还没有得到学校、家长和社会完全认同的情况下，大学生婚姻已经悄然走进了人们的视野。随着国家近几年逐步放宽了参加高考的年龄条件，在校大学生的年龄范围、婚姻状况变得更为复杂，大学生的组成发生了变化。不少大龄大学生必然要在大学面对婚姻问题。允许大学生结婚，这是对个人权利的一种认可，是对大学生基本权利的尊重，也是社会立法的进步。不少高年级的大学生已经符合国家规定的结婚年龄，没有人可以干涉他们的婚姻自由。但是，专家认为，大学生处于学习阶段，很大程度上还依托于父母，经济条件、社会经验及承受能力还不够，所以大学生结婚属于一种婚姻透支行为。婚姻是两个人相互间一辈子的承诺，事先一定要考虑清楚，不要因为一次冲动而做出以后可能后悔一辈子的决定。大学生一般还没有稳定的经济来源，没有良好的居住条件，建立在这么多不稳定的物质基础上的婚姻在精神层面也很可能是不稳定的。所以，同学们对待大学生婚姻一定要慎重，等到能够对对方负责的时候，能够履行婚姻赋予每个人的神圣使命的时候，再结婚也不迟。

第三节 学会礼仪常识

一、大学生接受礼仪教育的现实意义

中国是礼仪之邦，礼仪文化源远流长。礼仪是个人素养的综合体现，是现代人必备的基本素质。在青少年学生乃至大学生中开展礼仪教育，不论对于民族文化传统传承，还是学生素质养成，都具有现实意义。

知书达理，待人以礼，应当是当代大学生的一个基本素养。然而，在大学校园里却有许多不知礼、不守礼、不文明的行为，还有许多与大学生的礼仪修养、与精神文明建设极不相称的现象。可见，大学生接受社交礼仪教育非常重要，也非常必要。因为社交礼仪教育不仅是素质教育必需的，而且也是社会文明进步的迫切要求。

1. 社交礼仪教育有利于大学生与他人建立良好的人际关系，形成和谐的心理氛围，促进大学生的身心健康

任何社会的交际活动都离不开礼仪，而且人类越进步，人的生活越社会化，人们也就越需要礼仪来调节社会生活。礼仪是人际交往的前提条件，是交际生活的钥匙。

当代大学生随着年龄的增长和生活环境的变化，自我意识有了新的发展，他们十分渴望获得真正的友谊，进行更多的情感交流。大学生一般都远离家乡父母，过着集体生活，与其他同学处在平等位置，失去了以前那种对父母的依赖。因此，通过人际交往活动，并在交往过程中获得友谊，是适应新的生活环境的需要，是从“依赖于人”的人发展成“独立”的人的需要，也是大学生成功走向社会的需要。可见，在大学期间，能否与他人建立良好的人际关系，对一个人的成长和学习有着十分重要的影响。

渴望友谊和情感交流是大学生的一个重要的特点，但也有不少学生程度不同地表现出“自我封闭”的倾向，时常有“孤独寂寞”、“没有朋友”的情绪体验。出现这种情况的原因往往是多方面的，较为普通的原因有两个：一是没有真正了解什么是友谊，在人际交往的过程中没有真正走出早期人际交往中形成的“依赖他人”、“不平等”的人际交往模式，表现出“依附于人”、“利用他人”、“个人中心”、“求全责备”等倾向，偏离了友谊“无私、平等、尊重”的基本原则；二是缺乏社交技巧，不善于表达自己的情感和思想，也不善于了解他人的情感和思想，缺乏共同的兴趣和爱好，因而导致人际交往受挫或人际范围狭窄。这种情绪体验长期发展的结果就是感到孤独寂寞，缺少朋友，形成一些心理障碍，不利于心理健康发展。大学生要学习社交礼仪的基本规范和知识，掌握交往技巧，积累交往经验，在交往过程中学会遵循“相互尊重、诚信真挚、言行适度”的原则，以便很快地与交往对象接近，使他们觉得你是熟悉他们、理解他们、尊重他们的。

实践表明，良好的人际交往有助于提高大学生的自信和自尊，降低挫折感，缓解内

心的冲突和苦闷，宣泄愤怒、压抑和痛苦，减少孤独、寂寞、空虚等。这些都是十分有益于大学生身心健康的，而且也会使大学生最大限度地避免不良情绪的产生，即使产生了不良情绪，也能够得到有效的排遣。

同时，社交礼仪本身就是一种特殊的语言，大学生学习和掌握了社交礼仪的基本知识和规范，就能凭借它去顺利地开启各种交际活动的大门和建立和谐融洽的人际关系。这不仅是将来形成良好的社会心理氛围的重要途径，而且对于大学生个体来说，也具有极其重要的心理保健功能。

2.社交礼仪教育有利于促进大学生的社会化，提高社会心理承受力

人在社会化过程中，需要学习的东西很多，而社交礼仪教育是一个人在社会化过程中必不可少的重要内容，因为礼仪是整个人生旅途的必修课。任何一个生活在某一礼仪习俗和规范环境中的人，都自觉或不自觉地受到该礼仪的约束。自觉地接受社会礼仪约束的人，就会被人们认为是“成熟的人”，符合社会要求的人。反之，一个人如果不能遵守社会生活中的礼仪要求，就会被该社会中的人视为“惊世骇俗”的“异端”，就会受到人们的排斥，社会就会以道德和舆论的手段来对他加以约束。

大学生堪称“准社会人”，还不是真正的社会人。他们有一种强烈的走向社会的需要，同时又普遍存在一些心理困惑，比如，走上工作岗位后如何与领导、同事打交道，如何建立良好的人际关系，如何进行自我形象设计，如何尽快地适应社会生活等社会交往问题。然而，大学生的社会心理承受力直接影响到交往活动的质量，一个具有良好的心理承受力的人，在交往活动中遇到各种情况和困难时，都能始终保持沉着稳定的心理状态，根据所掌握的信息，迅速采取最合理的行为方式，化险为夷，争取主动。相反，一些缺乏良好的心理承受力的人，在参加重大交际活动前，常会出现惊惶恐惧、心神不定、坐卧不安的状况，有的在交际活动开始后，甚至会出现心跳加快、四肢颤抖、说话声调不正常的现象。因此，大学生接受社交礼仪教育，掌握符合社会要求的各种行为规范，不仅可以满足走向社会的需要，更好地促进其社会化，而且还可以培养适应社会生活的能力，提高社会心理承受力。

3.社交礼仪教育有利于对大学生进行思想道德教育，提高其思想道德素质

目前，在不少高校中存在着这样的现象：学生学的是高层的道德规范，实际行为上却往往达不到基础的道德水平，这是与社会礼仪教育的缺乏分不开的，因为，礼仪是一种社会规范，是调整社会成员在社会中相互关系的行为准则。社会规范主要包括法律规范和非法律规范两大类别，礼仪属于非法律规范的范畴，它是道德规范、宗教规范、习俗、共同生活准则等在人际交往中的反映。其中，道德规范具有特殊的地位和作用，因为他是从社会生活中概括提炼出来的一种自觉的社会意识形态，是依靠社会舆论、传统习惯和个人的内心信息来维持的。社交礼仪反映了人们在共同生活、彼此交往中最一般的道德关系，是保证交往活动顺利进行和社会生活或秩序正常的重要因素。大学生

接受系统的礼仪教育，可以丰富其礼仪知识，掌握符合社会主义道德要求的礼仪规范，并知道自己在实际生活中如何按照社交礼仪规范来约束自己的行为，真正做到“诚于中而形于外，慧于心而修于言”，把内在的道德品质和外在的礼仪形式有机统一起来，成为真正名副其实的有较高道德素质的现代文明人。

4.社交礼仪教育有利于大学生接受人文知识教育，提高人文素质

文化素质教育主要是指通过人文学科的教育去塑造大学生具有高尚的精神境界和高品位的文化境界。人文教育有明显的教化功能，它作用于人的情感状态，影响和改变人的价值观、人生观、个性等，最终目标是教会大学生学会与他人相处，学会做文明人。现在一般认为人文素质教育渗透在文学、艺术、历史、哲学、伦理学等学科中，而社交礼仪教育涵盖了中华民族的文化教育和道德教育。可见，社交礼仪教育更能直接地教会大学生如何与人相处，如何做文明人。

5.社交礼仪教育有利于强化大学生的文明行为，提高文明素质，促进社会主义精神文明建设

社交礼仪教育是社会主义精神文明教育体系中最基础的内容，因为讲文明、讲礼貌是人们精神文明程度的实际体现。普及和应用礼仪知识，是加强社会主义精神文明建设的需要。通过社交礼仪教育，让大学生明确言谈、举止、仪表和服饰能反映出一个人的思想修养、文明程度和精神面貌。然而每个人的文明程度不仅关系到自己的形象，同时也影响到整个学校的精神面貌乃至整个社会的精神文明。通过接受社交礼仪教育，大学生可以进一步提高礼仪修养，培养应酬的实际能力，养成良好的礼仪习惯，具备基本的文明教养，让文明之花在大学校园遍地开放。如果人人讲礼仪，社会将充满和谐与温馨。由此可见，社交礼仪的根本目标是要教育、引导全体公民自觉遵循社会主义道德规范以及相应的社会礼仪形式，提高人们的文明意识，养成人们文明行为的习惯，促进良好社会风尚的形成，使人与人之间、人与社会之间达到高度和谐，努力推进整个社会精神文明程度的提高。

二、高校校园常见的礼仪常识

1.升旗仪式礼仪

升旗仪式是大学生定时参加的一项严肃的活动，它是增强大学生爱国情感，强化爱国意识，培养集体主义精神的重要形式。作为大学新生，必须了解和遵守这一礼仪规范，主要包括以下几点：

(1)自觉按时参加升旗仪式，不能随便请假缺席。

(2)升旗仪式开始前，要做好准备，不要大声喧哗。

(3)升国旗、奏国歌时，全体同学应肃立，脱帽，行注目礼。

(4)唱国歌时，要严肃认真，声音洪亮，歌词准确。

(5)着装要整齐，衣服扣子要扣好。

2.参观礼仪

新生入学后，各系将组织新生参观实验室、图书馆、办公楼等学习、生活的重要场所，或是到校外参观展览等，这是入学教育不可缺少的内容，对于新同学熟悉大学校园、尽快实现角色转换有独特的作用。为此，新同学要注意参观礼仪，其具体内容有：

(1)遵守纪律，听从指挥，按时到达参观地点。

(2)听参观介绍时，要认真，不要小声说话，不要对介绍的老师评头论足。

(3)未经允许，不要随便走动和随便翻东西。

(4)提问时要有礼貌，如可说“老师，请问……”并认真听解答，老师解答完后应表示感谢。

3.阅兵式礼仪

军训作为大学生入校后的第一课，是入学教育一项必不可少的重要内容，其中的阅兵式是军训成果的大检阅，是体现新同学风采的重要时机。为此，新同学一定要了解和遵守阅兵式礼仪。具体包括：

(1)阅兵式开始，应保持饱满的精神状态，注意力高度集中，一切行动听指挥。

(2)阅兵首长接受阅兵指挥报告。当阅兵首长行到本队行右翼适当距离时或者在阅兵台就位后，阅兵指挥在队列中央前下达“立正”的口令，随后跑到距阅兵首长5～7步处敬礼，待阅兵首长还礼后礼毕并报告，例如说“首长同志，军训团列队完毕，请您检阅”，报告后，左跨步，向右转，跟在首长右后侧陪同检阅。

(3)阅兵首长向军旗敬礼。阅兵首长行至距军旗适当位置时，立正向军旗行举手礼，陪阅人员面向军旗行注目礼。

(4)阅兵首长检阅部队。当首长行至队列右前方时，指定的指挥员下达“敬礼”的口号后，位于指挥位置的军官行举手礼，其余人员行注目礼，目迎目送首长，左右转头不超过45°。当首长问候大家“同志们好”时，同学应以齐声回答“首长好”；当首长问候大家“同志们辛苦了”时，同学们回答“为人民服务”；当首长通过后，指挥员下达“礼毕”的口令，队列人员礼毕。

(5)阅兵首长上阅兵台。阅兵首长检阅完毕后上阅兵台，阅兵指挥跑到队列中央前，下达“稍息”口令，队列人员稍息。

4.教室礼仪

教室是学习的地方，同学们每天大部分时间都是在教室里度过的，应自觉遵守教室的礼仪规范要求。

(1)仪容整洁。同学进入教室要面容清洁，头发整齐，男同学不要胡子拉碴，女同学不要化浓妆；衣服要整洁，夏天不能穿背心、拖鞋到教室，也不能敞胸露怀；女同学不穿超短裙、露背肚兜等过于暴露的衣服。

(2)举止得体。上课听课时不能扇扇子，冬天课堂上不能戴口罩，不能吃东西、喝水、嚼口香糖、听录音机，坐姿要端正。具体要求是：一是入座时要轻稳。先走到座位前，再转身轻轻坐下。女生入座时，如是穿裙子，应用手将裙装稍稍拢一下。二是坐下后，嘴唇微闭，下颌微收，面容平和自然。不要随意挪动椅子，发出大的声音。三是双肩平正放松，两臂自然弯曲放在课堂上。两手不要交叉在胸前，不要抱起肩膀，也不要推开双肩趴在桌子上或放在臀下。四是要挺胸，上体自然垂直。不要前倾后仰或歪歪扭扭，东摇西晃，也不要斜靠在椅子上。五是双膝自然并拢，双腿正放，垂直地面。双腿不要过于叉开，也不要长长地伸开，脚也不要不停地抖动。六是坐在椅子上时至少要坐满椅子的三分之二。七是离座时，要自然稳当，右脚向后收半步再站起来。

(3)注意保持教室的卫生和秩序。不要在黑板、墙壁、课桌椅上乱写乱画，不要在教室里乱扔果皮、纸屑，不随地吐痰。在教室里要保持安静、整洁，维持教室的良好学习环境。课间不要追逐打闹，在楼道内行走要靠右慢行，不要快速奔跑猛拐。

5. 办公室礼仪

办公室是老师备课、办公的地方，是一个严肃、安静的场所，学生到办公室去拜访老师、领导时应注意有关的礼节。

(1)进出办公室的礼节。进出办公室时要注意：①进入办公室一定要先敲门，得到允许后方可进入。②进入后应向看到自己的其他老师点头致意。③注意不要坐在其他老师的座位上，也不要随便乱翻办公室的东西。④事情办完，立即离开办公室，并礼貌地与老师告别。告别一般是先谢后辞，如说："谢谢老师，再见！"⑤进出办公室的动作要轻，不要大声喧哗，以免影响其他老师工作。⑥到领导办公室找领导，一般要预约，并按时到达。

(2)与老师交谈的礼节。与老师交谈时要注意：

①与老师交谈时态度应诚恳，说话实实在在，实事求是。客套太多，也是一种失礼。

②认真倾听老师的讲话，与老师目光交流的时间应在50%以上，注视位置大致在老师的双肩与头的三角区，必要时应点头应和老师的讲话。

③交谈时少打手势，音量适中。手势过大、声音过大都是不礼貌的。一般来讲，手势的幅度是上不过肩，下不过腰。

④距离适中。交谈距离1.5米左右，太近或太远都是不礼貌的。

⑤不要随便打断老师的谈话，谈话如有急事需要离开，应向老师打招呼表示歉意。

⑥当你不赞成老师的观点时不要直接顶撞，更不要反问和质问老师，应婉转地表达自己的看法。如说"这个问题值得我考虑一下，不过我认为似乎……"等。

⑦正与老师谈话时，你的手机来电了，这时你看如果是无关紧要的就压掉，如是非接不可的，应礼貌地说："老师，对不起！我先接个电话。"然后，长话短说，尽快结束通话，回到谈话场面上来。

6. 校园公共场所礼仪

校园公共场所是同学生活、学习和娱乐的地方，每个同学都有责任维护它的秩序。

为此应遵守如下礼仪规范：

(1)在图书馆、阅览室应注意的礼仪。一是在进馆(室)时要衣着整洁，不要穿拖鞋、背心；二是办理借还手续及进馆要按次序；三是就座时，移动椅子不要发出声音，不要为朋友占座位，走路时要轻，阅读时不要出声，不要和熟人交谈，更不能大声喧哗、吃零食、扔垃圾，不要在阅览室睡觉；四是阅读卡片和图书时要轻拿、轻翻、轻放，不能私自剪裁图书资料；五是对开架书刊应逐册取阅，不要同时占有多份，阅后立即放回原处。

(2)在餐厅应注意的礼仪。一是注意使用礼貌的称呼和礼貌的语言，如"师傅"、"请"、"麻烦你"、"谢谢"、"对不起"等；二是自觉按次序买饭，不要拥挤、插队；三是不要浪费粮食、随地倒剩菜剩饭。

(3)观看体育比赛时应注意的礼仪。一是要提前入场，进场后尽快到观众席；二是观看比赛时不要大声喧哗、高声喊叫；三是观看比赛应对比赛双方一视同仁，持公正态度；四是礼貌地对待运动员的比赛，对其偶尔的失误应谅解、鼓励，不可当场出言不逊、扔物品、发脾气；五是要支持裁判员的工作，瞬息万变的体育竞技，难免出现判断失误，不应对裁判起哄、无礼；六是要维护比赛场地的公共卫生；七是退场时不要拥挤。

(4)在影剧院应注意的礼仪。一是提前入场，如在演出开始或电影开映后到场则应悄悄入坐，穿过座位时姿势要低，脚步要轻，不要影响他人观看。对起身为你让座的同排观众要致谢、致歉；二是要自觉遵守场内规则，不吃有声响的食物，不随地吐痰、乱扔果皮纸屑；三是观看时坐姿要稳，不要时常左右摇晃，不要把脚蹬在前排观众的椅背上，以免弄脏别人的衣服；四是节目演出或影片放映时，要保持安静，不要大声谈笑或大声评论；五是遇咳嗽、打喷嚏时，要用手帕捂住口鼻，防止唾沫星飞溅到他人身上；六是演出或影片放映中，不应随便走动，也不应随便退场，不得已退场时，离座动作要轻、身姿放低，不要站在过道或剧场门口。

7.舞会礼仪

舞会是大学生结识朋友、增进交往、增进友谊、沟通信息的重要场所，也是陶冶情操、锻炼身体、丰富课余生活的重要方式，因此，懂得舞会礼仪是很有必要的。舞会礼仪应该注意：

(1)仪容整洁，穿戴大方得体。男同学应该注意梳理头发，剃须，穿西装，系领带，穿皮鞋或其他整齐的服装。女同学可以化淡妆，洒香水，适当佩戴一些首饰，穿裙子、中跟以上的鞋或其他漂亮华丽但不过分妖艳的服装。

(2)邀舞应舞时要注意礼貌，不要无礼地拒绝对方的邀请，态度应委婉而有礼貌。

(3)跳舞时身体始终保持平、正、稳、直，男女双方应面带微笑，表情谦和悦目，给人以欢乐感；动作协调舒展，和谐默契，给人以优美感。

(4)说话和气，声音要清细，不要旁若无人地大声谈笑。

8.与国外留学生交往的礼仪

这主要体现在以下几方面：

(1)遵时守约。这是国际交往中非常重要的礼节。参加外事活动和赴约，要按时到达，因不可避免的原因不能到达，应想办法提前通知对方并诚恳致歉。

(2)仪表整洁得体。衣着要整齐美观，衣领袖口要干净，皮鞋要上油擦亮。男士穿西装打好领带，梳理好头发，刮净胡子，修剪好指甲。

(3)举止大方。要落落大方，端庄稳重，表现自然，站有站相，坐有坐相。交往前不要吃大葱、大蒜等带有刺激气味的食物。

(4)言谈要文雅。言谈的态度要诚恳、自然、大方，语气要和蔼可亲，表达要得体，不要询问工资、财产、婚否等隐私问题。

(5)尊重各国的风俗习惯。不同的国家、民族，由于不同的历史、文化、宗教等因素，各有其特殊的风俗习惯和礼节，在涉外交往中要予以重视。不要随意谈论当事国的内政、外交、宗教等问题。

9.校园生活场所礼仪

校园生活环境对大学生有着潜移默化的作用，是一个既严肃又活泼、既自由又文明的地方，校园内要建立起一套生活礼仪规范。

(1)行路礼仪。学生去教室、餐厅、图书馆或在校园散步都离不开行路，行路也要遵守应有的礼仪规范，讲究文明礼貌。一是路上遇到老师、熟人和同学时要主动打招呼，需要交谈时应站到路边，不妨碍其他人的行路和车辆的通行。二是维护校园环境卫生，不要随地吐痰、乱扔果皮杂物。三是行右礼让，在校园上下楼梯、楼道或街道行走时应自觉靠右行走，上下楼梯或走在狭窄的通道时，遇到师长、老弱幼妇应主动站一旁，让其先走。四是骑自行车要遵守交通规则，人多拥挤的地方要礼让三分，进出校门要下车，自行车应停放在指定的车棚或地点。五是不勾肩搭背，不男女相拥而行，不拉手横向行走。

(2)同学聚会礼仪。同学聚会是大学生交流感情、相互学习、结识朋友最常见的活动形式。新同学刚刚离开家乡、离开父母，迫切需要结识新同学、新朋友，以获得帮助。为此，在参加同学聚会时要注意以下礼节：

打扮整洁，穿着大方整齐，不吃带刺激气味的食物。

遵守时间，按时到达。

主动热情地与同学打招呼、交谈。

注意照顾女同学和其他同学。

注意自我介绍和介绍他人的礼节。自我介绍是结识新朋友的最好方法，要注意镇定、自信、微笑，亲切自然，眼神友善，语气自然、平和、明快。

(3)接电话礼仪。电话是当今社会人们远距离交际的一种最常用、最经济、最方便的通讯工具。大学生在人际交往中要利用好电话进行交流，并赢得对方的好感，不仅要熟练掌握各种技能，还要遵从电话礼仪的要求。

①礼貌接打。姿势端正，微笑接听，态度和蔼，语气亲切，声音清楚，给别人留下一个良好印象；接电话礼貌开头语应是：问候、自报家门、询问事由，如："您好！我是××，请问您是哪位？"打电话的礼貌开头语是：问候、自报家门、事由，如："你好！我是××系的×××，请你找一下×××听电话"；通话中对方讲话时，应当应声附和，让对方感到你在专心听，长时间沉默是不礼貌的；电话中断时，应由打入的一方立即重拨号，并道歉："对不起，刚才不知何故电话断了"；通话中有急事要处理时，应向对方道歉，请对方稍等，随即用手捂住听筒去处理急事，处理完毕再通话；如果有急事处理的时间较长，应当约对方事后再继续通话，不能让对方久等；接错或打错电话时，打错的一方应道歉："对不起，我打错了！"接电话的一方应宽容地说："没关系！"如果打电话的一方不知道自己打错了，接电话的一方应婉转地告诉对方："这里是×××，电话是×××，请问，你要打的电话是多少？"这样做既不会使对方难堪，又可以显示出自己的涵养，从而赢得对方的好感；结束通话时，要注意使用礼貌用语告别，如："再见"、"麻烦你了，谢谢！"一般是打入的一方先挂电话，接电话的一方待打入的一方挂电话后再放电话，特别是打入方是老师或长辈，更应如此。

②准确接打。一是通话内容要清楚，不管是接听还是打出电话，一般要做到"六何"清楚。"六何"即何人、何时、何地、何事、何因、如何做。打出一方叙述事情把"六何"讲清楚了，整件事情也就算清楚了。二是通话要突出特点，言辞简明扼要，句子要短，要点和容易误解之处可重复或请对方重复，以便核对，如姓名、地址、电话号码等一般要重复核对。三是语音要适中，语速比平时讲话慢些，这样才能让对方听得清楚、悦耳。

10.文书礼仪

文书是人们交往的又一重要工具，作为新同学，应用最多的文书是书信、明信片、贺卡。要想通过文书往来互通信息、联络感情、赢得更多的朋友，必须注意文书礼仪。

(1)一般书信。书信通常由笺文和封文两部分构成。

①书信笺文的写法。

称谓。这是寄信人对收信人的称呼，表示双方的关系，在信笺上单独顶格书写，以表示尊敬和有礼貌。称呼之后加冒号，以引出下文。

正文。就是所写书信的内容主体，一般分为四部分：简短的问候语即开头应酬语，用得最多的是“您好！”另起一行，空两格，单独成行；询问对方的事情，与问候语分开，要另起一段，主要是如何收到来信，对方近况如何，表示关切之情，内容字数视所询问事情多少而定；回答对方的问题或自己的事情及要对方帮助解决的事情等，这是笺文的主体内容。一般一个问题或一件事情都应单列一段，回答对方的问题要有针对性，写自己的事情要简洁，要对方帮忙之事要明确。这里的写作要求语言通顺，条理清楚，措辞得体，对词语语调、语气等都要注意；最后写希望、意愿或再联系之事，要求简短、自然。

敬语。这是向对方表示祝愿、敬意或问候的话，写法上一般有两种：一是正文写完紧接着写“此致”，转一行顶格或空两格写“敬礼”等词；二是不写“此致”，只是另起一行空两格写“敬礼”、“安好”、“平安”、“健康”等，也可以在正文结尾下另起一行写“祝你”、“敬祝”，再空两格写上“安好”、“健康”、“进步”等。

落款及时间。笺文的最后，要写上发信人的姓名和写信日期，署名应写在敬语后另起一行靠右位置，日期在最后一行略比落款靠后一些。

②书信信封额写法。

邮政编码。写在最前边，现行邮政编码六位阿拉伯数字，就填写在邮编的方格内，不要少填或错填。

收信人地址。写在邮政编码下边，不要与邮政编码靠得太近，一般按省、县、乡、村或所在单位的顺序写，要写得详细、具体，字迹工整、清晰。

收信人姓名。写在信封中间，字体要大些，姓名后空两三格写上“同志”、“先生”、“女士”等称呼。称呼后可加“收”、“启”、“鉴”、“展”等字。

寄信人地址和邮政编码。写在信封左边或下边，字迹要比收信人姓名略小些；要按收信人地址顺序详写，且最好也写上寄信人的姓名；邮编写在收信人左下或右下边的六个空格内。

托人捎带的信，收信人的地址如果为捎信人的地址所熟悉，可不写，而写“面交”、“烦交”等字；收信人的姓名一定不能省略，若信的内容不怕捎信人所知，信封可以不封口。

③书信写作的注意事项。一是第一次与对方通信时，在信笺文要详细、准确地写上

自己的地址、邮政编码甚至电话号码，以便对方回信或回电联系。二是写信用语要尽量口语化，也要尽量用规范和文明礼貌的词语，表达意思要一清二楚。三是写信时既要细心，又要抓住中心。四是写信时无论是信笺还是信封上都不能用红笔，因为用红笔写信通常被人认为是绝交信，所以一般用黑蓝颜色的毛笔、钢笔来写，不能用铅笔及其他容易涂抹的笔种。五是信笺、信封上的字迹要工整、清晰，标点符号要准确，字体以正楷为佳。

(2)明信片。明信片是一种简单的书信，一般正面为信笺的格式，反面为信笺，也有正面是画面，反面一半为信笺，一般为信笺内格式供写正文，它用于节日的祝贺、约会联系等；因篇幅有限，要求语言极为简练、质朴、平实；写法一般与书信相同。

(3)贺卡。贺卡就是印着一定祝贺词语的卡片。赠送贺卡有利于加深互相了解，增进感情，密切联系。较规范的贺卡，除了卡上的装饰和印着祝颂词外，还留有空白处给赠送者书写。贺卡的写作要视贺卡的祝颂词来定，一般在贺卡原有的祝颂词的基础上，再加写更能表达自己心意的言辞，格式要求在祝颂词前写上赠送对象的姓名、称谓，在祝颂词后写上赠卡人的姓名及自称，最后再写上时间。贺卡写作时要注意用词得体、简洁，字迹美观、大方、工整；若贺卡是竖式，行文宜竖行书写，贺卡是横式，行文宜横行书写。

第七章 畅游网络生活

大学新生报到的第一天，接待的老师发现有些新生对学校已经有所了解，这些信息的获得，很大程度上要归功于网络。伴随着互联网长大的“80后”、“90后”们，从高考报名时起，就不满足于《招生简章》的介绍，他们娴熟地运用网络，通过各种渠道详细地了解自己心仪的高校。“我是资环学院的新生，想问一下师哥师姐们，学校的住宿条件怎么样啊？”“新生开学分班要考试吗？都考什么科目？”“学校的伙食怎么样啊？伙食费一般花多少？”这样的问题在高校的论坛和QQ群中随处可见。这就是网络的力量、网络的优势。

第一节 进入网络时代

一、神奇而万能的互联网

简单地说，互联网是一个由各种不同类型和规模的、独立运行和管理的计算机网络组成的世界范围的巨大计算机网络——全球计算机网络，它的英文名字叫Internet。组成互联网的计算机网络包括小规模的局域网（LAN）、城市规模的区域网（MAN）以及大规模的广域网（WAN）等，这些网络通过普通电话线、高速率专用线路、卫星、微波和光缆等线路把不同国家的大学、公司、科研部门以及军事和政府等组织的网络连接起来。

可以说，互联网是一个世界规模的巨大的信息和服务资源，它不仅为人们提供了各种各样简单而且快捷的通信与信息检索手段，更重要的是为人们提供了巨大的信息资源和服务资源。通过使用互联网，全世界范围内的人们既可以互通信息、交流思想，又可以获得各个方面的知识、经验和信息。

互联网也是一个面向公众的社会性组织，世界各地数以亿计的人们可以利用互联网进行信息交流和资源共享，而又有成千上万的人自愿花费自己的时间和精力蚂蚁般地辛勤工作，人们可以与远在千里之外的朋友相互发送邮件，共同完成一项工作，共同娱乐。互联网反映了人类所共赏的无私精神，互联网也使人们学会如何更好地和平共处。

互联网是人类历史发展中的一个伟大的里程碑，它正在对人类的社会生活以及文明进步悄悄地起着越来越大的作用。也许会像瓦特发明的蒸汽机导致了一场工业革命一样，互联网将会极大地促进人类社会的进步和发展。

互联网带来一种新型的文化，它强大的传播能力首先体现为文字、图片、影像、音响多种信息的共同传送。这些信息最大限度地模拟现实世界的各种情景，同时作用于人们的多种感官，包括视觉。许多时候这些信息是以立体的形式环绕于人们的感觉经验，如同广播或者电视，互联网的信息传播极大地跨越了地域的限制。互联网大大小小的王国是各个网站或者主页，它不受限于边界与关隘、现世界的行政区划或者海关、边疆。从这个意义上说，互联网上的文化最大限度地实现了全球化。在鼠标的操纵之下，瞬间即可抵达另一个国家的网站进行访问。相对于广播或者电视的单向传播，互联网用户不再被动地服从设定的栏目，人们可以在任何时候上网浏览，搜寻自己感兴趣的信息，正如“互联网”这个词所表示的那样，它的一个重要特性是互动。互联网不是储备一对静态信息等待开掘，众多网民可以充分利用这个平台从事种种沟通活动，这些沟通可能是一对一的，也可能是一对多或者多对多的。互联网技术神奇地保证了各种沟通的特殊形式。从两个人的网络聊天、开通某个主题的服务网站到一批人共同加入的网络游戏，传播与沟通正在出现交互与多维的形式。

二、互联网的特征

1.互动性

相对于多种大众传媒，互动这个特征如此重要，因为它形成了互联网文化的传奇——狂欢化。没有设置准入门槛，互联网常常像一个大广场，来自四面八方的大众可以聚集在这里，欢呼雀跃，同仇敌忾，或者起哄嬉闹。由于互联网隐匿身份，等级意识被极大地淡化，所有的人都可以发言，七嘴八舌，议论纷纷，众声喧哗，放肆泼辣。这也时常导致互联网上的各种情绪化潮汐，一条信息或一个事件出现以后，只要有人推波助澜，温度就会急剧升高，人声鼎沸，气氛激荡，某种观点可能沿着一个下坡越滚越快，或者某种争论将因为互不相让而很快地从理性探讨转为挖苦和谩骂。这是民意的直率表现，同时也表明了深思熟虑的匮乏。如果说，独自的阅读和写作有助于潜心研究，那么，互联网上的互动性往往留下了没有共识和结论的争奇斗艳。

2.开放性

互联网是一个开放的、宽阔无比的舞台，谁都可以上去载歌载舞，尽情表演。互联网是人类社会有史以来第一个世界性的图书馆和第一个全球性论坛，无论任何人，也无论来自世界的任何地方，在任何时候都可以加入其中，而且永远不会关闭。不论你是谁，它都欢迎你，而且访问的人群越多越好，不会由于不同的肤色、不同的穿戴、不同的宗教信仰而被排挤在外。在当今的世界里，唯一没有国界、没有歧视、没有政治的生活圈属于互联网。通过网络信息的传播，全世界任何人，不分国籍、种族、性别、年龄、贫富，互相传送经验与知识，发表意见和见解。凭借强大的传播能力和形形色色的沟通渠道，互联网吸引了越来越多的人，世界范围之内，互联网用户数量节节攀升，这种状况隐含了丰富的商机。如同报纸追求订数，电视追求收视率，互联网追求高点击率带动广告的投放,那些名噪一时的网站时常吸纳巨额的广告费,这即是人们所形容的眼球经济。

3.虚拟性

目前,虚拟技术的仿真程度已经臻于完美,互联网可以说为它提供了广阔的舞台,也可以说,虚拟技术始于互联网,成于互联网。电影或者电视的影像、音响主要外在地诉诸视听感官,虚拟技术可以设置一个人们置身于其中的真实环境。我们这里在谈论虚拟空间的时候,必须重提这个重要然而常常被忽略的结论:虚拟空间不是现实世界的复制。仿真意味着惟妙惟肖地制造出细节、纹理、气息、重量,但这一切可以编织于某种不同于现实的结构之中。虚构的作品或许是现实的镜像,或许缔造了另一种生存环境,后者可能违背现实世界的各种规律或者原则,例如搏斗格杀之中大幅度扭曲身体,毫发无损地穿墙而过,或者貌若潘安才比子健,甚至突然晋升为某个大公司的经理。然而,由于仿真的形式,虚拟空间发生的故事破坏了习以为常的感官体验,人们可以遁入另一种虚拟的空间生活,乐而忘返。改变自己的身份、性别、职业,展显出另一种性格气质,在另一个社会环境里表演迥然不同的人生,这种想法变得越来越吸引人,一个八旬老人在虚拟空间扮演一个天真的少女,一个胆小鬼在虚拟空间可以扮演一个英雄,从象征性的反抗之中取得心理平衡。

不到20年的时间,互联网深刻地改变了这个世界,生产、经济、政治、权力、文化以及人类的种种基本感觉经验,这仅仅是开始,这个过程还将继续。或许未来的历史已经绕不开这一项发明,无论是将互联网视为得心应手的工具,还是将互联网视为一个科技怪物,传统的社会管理经验遇到了巨大的挑战。虚拟空间提出了许多闻所未闻的问题,同时,虚拟空间与现实世界的交叉、冲突或者相互影响很可能造成更为复杂的局面。

4.便捷性

通过网络,你还可以了解到各方面的新闻,想了解什么只要轻轻点击一下鼠标,你所要了解的信息就会自动呈现在你眼前,真是“秀才不出门,尽知天下事”。如今,互联网急剧扩大了展示的能力,艺术经典的数字化处理、保存、展览和观赏既廉价又便捷,这将强烈地冲击传统的高贵气氛。在学术领域里,学者们不可企及的博闻强记失去了意义,“百度”、“google”等搜索引擎轻而易举地取而代之。对于知识的分类、储存、记忆、搜索以及超文本的链接,没有任何一个超级大脑、任何一本书可与之比拟。可以毫不夸张地说,大脑或者书的容量与“百度”、“google”相比犹如九牛一毛。此外,正如不少预言家指出的那样,互联网正在成为一个独特的语言区域。种种独特的词汇、短语速记符号层出不穷,广泛流通。这些词汇、短语速记符号的使用面积如此之大,以至于不了解他们的含义就无法参与互联网上的对话。不少人认为,上网捣鼓电脑还可以锻炼脑和手,提高我们的反应能力和手脑的配合能力,可以帮助我们了解电脑、认识电脑、学习电脑,可以使我们在紧张的学习中得到放松,有如此多的方便之处,难怪有那么多的网民徜徉于网络的海洋中流连忘返!

三、大学生与网络

大学生是知识受众的重要组成部分，对信息的利用比较敏感，潜在的信息需求巨大。特别是“80后”、“90后”的大学生们，伴随着网络的发展而成长起来，网络环境本身的互联性、共享性、开放性、复杂性和动态性等鲜明的特点吸引了越来越多的学生使用网络。

几乎所有的大学生都会在网络世界里建立自己的虚拟校园平台，这既有利于学校的文化建设，也给学子们带来了莫大便利。同学们在网上冲浪时，可以借助于学校的虚拟平台，开阔视野，接受新观念，了解新技术，关注本专业领域最前沿的课题。因为学校的很多重要信息都会及时在网络上发表，所以许多学生把它当做获取信息和知识的非常重要的教育资源，以至于离开了网络就茫然无措，无所适从。

据中国互联网消息中心发布的统计报告显示，我国网民上网最爱干的三件事分别是：娱乐、聊天和看新闻。很显然，网民把网络当做娱乐、信息获取和交流沟通的主要工具。据调查，90%以上的大学生喜欢上网，而且有相当一部分学生有自己的电脑。大学生上网，首先主要是查阅自己爱好的信息或玩游戏，其次是聊天、娱乐、收发邮件、下载音像资料或图片，再次是查阅资料、做网页、查阅有关知识的信息、浏览新闻等。而真正用于学习的时间平均只占40%。97.7%的大学生认为自己的学习离不开电脑和网络，不管是扩展知识还是为完成老师布置的学习任务。值得一提的是，有近70%的同学承认自己为完成老师布置的作业直接“copy”过。同时，大学生也非常关注时事政治，据调查，85.2%的大学生都非常关注国内外的时政要闻，普遍比较关注网上比较热门的贴子。89.6%的大学生每天都要上网，其中68.9%的同学上网时间会超过4小时，20%的学生上网时间超过2小时。值得一提的一个现象是，相当一部分学生有自己的电脑，用于上网的课余时间占75.4%，大多时间在宿舍或者家里上网，其次是去网吧或在同学、朋友家上网。

网络给人们带来便利的同时，也会有不利甚至危害的一面。美国斯坦福大学学者诺曼尼指出，国际互联网会制造一个充满孤单者的世界。经常使用因特网及电子邮件的调查对象与亲戚朋友之间的交流明显减少，孤独感加剧，并出现严重的抑郁症状，而且不论什么人，电脑使用得越多，孤独感和抑郁感就越强。现在有些学生确实上网时间过长，学习成绩下降，性格孤僻，渐渐地脱离了集体。这样人际交往能力越来越差，恶性循环的结果直接导致他们毕业后社会生存的能力不足，最终被残酷的社会淘汰。在网络这个虚拟世界里，一个现实的人可以以多种身份出现，也可以以多种不同的面貌出现，善良与丑恶往往结伴而行。由于受到沟通方式的限制，人与人之间缺乏多方面、真切的交流，唯一交流的方式就是电子文字，而这些往往会掩盖了一个人原本应显现出来的素质，为一些居心叵测者提供了可乘之机，因此，大学生在互联网上聊天交友时，必须把握慎重的原则，不要轻易相信他人。

四、有关网络的几个名称解读

1. 论坛(BBS)

论坛(BBS)的英文全称是 Bulletin Board System,翻译中文是“电子广告板”,是一种交互性强、内容丰富而及时的电子信息服务系统。

一般高校都有自己的 BBS,比如清华大学的水木清华、复旦大学的日月光华、华东理工大学的梅陇客栈等,集知识性、教育性和娱乐性为一体,是沟通校园内外、院系之间、老师与学生的重要桥梁。大学生可以根据自己的兴趣爱好在近百个讨论区中发文讨论,谈天说地、交流信息;可以使用站上的在线聊天系统,通过 talk、收发讯息、进聊天室等多种方式与其他用户实时交流,建立友谊;可以通过利用站上的邮件系统,简便地与站上其他用户互通信息;可使用连接国内几十个大学 BBS 站和杰出私人 BBS 的 BBSNET 服务,领略各大站点的不同特色;闲暇的时候,还可以参加在线扫雷、五子棋、俄罗斯方块等游戏,一比高低。大学生还可以在自己所在高校与兄弟院校类的各个版块中了解各个兄弟院校的现状;在电脑技术与学术科学类的各个版块中和各位同窗好友及前辈高手分享心得、答疑解惑;在文化艺术类的版块里激扬文字、信笔涂鸦;在体育运动类版块中交流赛场心得、点评最新赛事;在感性聊天类生活版块上倾诉心声、交流情感;在休闲娱乐版块里尽情放松自我、享受美好人生;在新闻信息版块中了解各种最新时事新闻、生活信息。

2. 博客

现在网上流行的“博客”非常之多,那么博客到底是什么呢?博客是个人网上出版物;博客是“网络中的信息雷达系统”;博客是“人工搜索引擎”;博客是“专家的过滤器”;博客是“自组织网络生态”;博客是“草根记者”;博客是网络时代的个人“读者文摘”;博客是以超级链接为武器的网络日记;博客是“信息奶牛”,吃的是“信息草”,挤出来的是“信息奶”。

博客代表着新的生活方式、新的工作方式,更代表着新的学习方式。大学生通过学习博客,可以让自己学到很多,也让别人学到更多。他们的出现,使我们在网络世界里第一次有了知识积累和文化指向,使人类由粗放的数字化生存过渡为个人化的精确的目录式生存。“博客”不是博士,但他们是信息时代的知识管理者,他们的渊博不是体现在封闭的内涵上,而是体现在他们奉献的外延上。如同当年麦哲伦的航海日志一样,博客们将工作、生活和学习融为一体,通过博客日志,将日常的思想精华及时记录并发布,萃取并连接全球有价值、最相关、最有趣的信息与资源,使更多的知识工作者能够零距离、零壁垒地汲取这些最鲜活的思想。

博客的出现,标志着以“信息共享”为特征的第一代门户之后,追求“思想共享”为特征的第二代门户正在浮现,互联网开始真正凸显无穷的知识价值。在解构中建设,在离散中合作,在学习中开放,已成为博客对世界的关怀方式。他们展示的博客文体、博客行为和博客思想，将是互联网时代重要的文化现象。博客将重新定义互联网的界限，改变我们生存的背景。博客在中国不仅是航海者，还是盗火者。在汉语世界中的自娱自乐，最终将使中国走向狭隘，对新知的探索之旅愈加充满荆棘。但愿博客文化能引领中国向知识社会转型，博客关怀能开启一个负责的时代，博客精神能指引一代大学生走向成熟、稳重、辉煌。

第二节　网络产生的影响

一、网络给大学生带来的积极影响

网络越来越强烈地介入我们的生活，越来越贴近大学生。大学生上网到底是利大还是弊大呢？我们认为，从总体上来说还是利大于弊。这主要从以下三个方面来看：

1. 必要性

当前是一个知识的时代、信息的时代，信息正在以前所未有的速度膨胀和爆炸，从某种意义上讲，未来的世界是信息的世界、网络的世界，新一代的大学生要在这个信息世界中跟上时代的步伐，必然要能更快地适应这个高科技的社会，要具有从外界迅速、及时获取有效科学信息的能力，具有传播科学信息的能力，这就是科学素质，而网络恰恰适应了这个要求。

2. 实用性

网络世界资源共享，它就像一个聚宝盆，一座取之不尽用之不竭的“富矿”，你可以从中最快地查找学习资料，可以学会更多课堂外的知识，并灵活地运用课内知识，促进思维的发展，培养创造力。丰富的网络信息资源为每一个教育工作者实施教育和学生进行自我教育提供了十分便利的条件，网络本身所拥有的巨大信息资源可以弥补高校思想政治工作在这方面的不足，“鼠标轻轻点，资源滚滚来”。他们可以通过网络掌握最新的时政信息，可以在网络上学习最新的理论和实践知识，也可以从网络上下载所需要的辅助性的音像图文资料，而且这些知识还具有可观性和可选择性。这样可以调动学生的主动性、自主性、参与性，提高教育的实效性。

网络作为高技术含量的信息沟通手段，具有低成本、高速度的特点，它已经成为大学生重要的生活和学习方式，这就意味着它自然而然地成为获取知识和交流沟通的重要载体和途径。网络作为新的通讯手段，大大削减了通讯的成本，信息传递迅速、高效，大大地提高了教师和管理工作者的工作效率。教师可以通过网络与大学生进行思想交流，可以从网上了解大学生的思想动态，了解学生对周围事情、对国家政策、对国际环境等问题的看法，并有针对性地在网上发布全面、客观、正确的思想信息来教育引导大学生，使其树立良好的理想、信念、人生观。网络较报纸、广播和电视等传统媒体有着更广泛的受众群体，网络上传播和发布信息也比传统媒体更为便捷和实用。

3.现实性

现在有的地方实施曙光工程，就是为了快速推进教育信息化，在每所学校建立因特网教室，普及计算机因特网知识，推动家庭上网，实现远程教育与知识共享，为学生提供免费的网上课内外辅导，培养学生学习和应用信息、技术的兴趣与意识，培养学生获取、分析、处理信息的能力。再看看我们身边，学校与社会上的网站正在不断地发展和升级，它的有利之处显而易见：第一，可以开阔视野。上网可以及时了解时事新闻，获取各种最新的知识和信息，对以后的学习和生活都有很好的指导作用。上网可以充实头脑，只要留心就可以学到许多学校里学不到的知识。第二，可以对外交流。现在的学生一个被人经常提及的缺点就是缺乏信心，不敢与外界对话、交流。有了互联网，他们可以克服这个心理障碍，并且在对外交流的过程中开阔自己的视野。网络为教育资源的交流提供了便捷的通道，老师学生都可以通过互联网登录各类教育网站获取学习资讯。第三，可以促进青年学生的个性化发展。消除心理障碍，可以没有顾忌地向网友倾诉心事，减轻学习与生活所造成的心理压力。

二、网络给大学生带来的消极影响

如上所述，互联网是现代科技的标志，是信息时代的先导，它的产生和发展极大地推动了生产力的发展，推动了科学教育的发展，同时为人们的社会生活乃至日常生活提供了极大的便利条件。然而，不可否认的是，网络又是一把双刃剑，如同一件武器，使用得当，它就是征服对手的利器，若使用不当，挥舞之中则可能伤了自己。而我国为数众多的网民包括大学生们，在得到不少益处的同时，又成为惨重的受伤者，有的甚至成为牺牲品。现在上网已是一种时尚，但网络这个虚拟世界并不是一片乐土，并非什么“世外桃源”，它只是一个虚拟的国度，步入这个虚拟的地方，形形色色的信息都有，好的与坏的共存，它既是信息的海洋，也是垃圾的天堂。

网络造成危害的表现形式很多，主要有以下几个方面：

1.网瘾——挡不住的诱惑

缤纷的网络包含着丰富的资源信息，精彩的娱乐内容和灵活多变的交友方式，大学生只要进入网络，就可以眼观六路，耳听八方。一般情况下，高校里有两个大学生网络族：一是聊天族。上网聊天给大学生们提供了相互交流的渠道，在网上彼此间无须认识，也不会感到羞怯拘谨，可以敞开自己的心扉，释放自己的情绪。所以上网聊天已成为许多大学生生活的一部分；另一个就是网络游戏族。在现实生活中，有些大学生对自己所处的现状不甚满意，就在网上发牢骚；有的人心比天高，整天夸夸其谈，总想成为一名一呼百应、受人敬仰的人。于是，他们就选择网络来满足自己的心理需求，一旦他们从中寻找到快乐或者获得满足，就难以从中走出来。比如，现实中的不如意，可以在网络游戏中发泄，不但从心理上可以得到满足，而且还能得到现实中很难得到的“统领队伍”、“捉对厮杀”的体验，可以获得难以名状的快感。他们每天花大量时间泡在网上，不但花费了大量金钱，还荒废了学业，摧残了精神，甚至造成心理障碍和畸形发展。目前高校学生成了网络成瘾的敏感人群，如果长期沉溺于网络，将大大减少与他人、与社会接触的机会，在网络虚拟、封闭的环境里，造成人际关系的淡化，必然会对大学生的人际交往、心理健康以及正常学业造成难以想象的负面影响。

由于对网络已经产生了极强的依赖性，不少同学凡事必上网，甚至上网成瘾，不论什么问题都要在网上寻找答案，致使相当多数的同学缺乏理性的平面阅读，更缺乏缜密的独立思维，从而造成思维判断能力的下降。还有一种情况，相当一部分学生感到一边是课业的压力，一边是网络的诱惑，不上网就觉得无聊，加之面临就业等压力，从而产生了理想与现实的矛盾。这些问题都渴望与人交流，但却缺乏与自然人交流的方法与技巧，进而感到苦闷、空虚，这时再到网上去消解，周而复始，形成不良循环。

2. 网盲——迷失的理想

大学阶段是人的世界观、人生观、价值观确立的关键时期，而网络则对其构成潜在威胁，如果引导不当，将会起越来越大的破坏和瓦解作用。网络是一张无边无际的“网”，内容庞杂，良莠不齐，同时又由于网络的虚拟性特点，网络信息质量下滑和网络道德品质散失的现象也日益突出，因而成为诱发学生世界观、人生观、价值观的冲突与失范的重要因素。涉世不深的大学生在互联网上频繁接触西方国家的文化思想和价值观，就必然会与我们施教的主流意识形态及中国传统文化、价值观念形成冲突，使他们的世界观、人生观和价值观发生倾斜，甚至盲从西方的观念。网络语言的大量使用，虽然强化了学生的语言表达能力，但对其民族文化素养的培育却造成冲击。长此以往，对学校开展的社会主义核心价值体系教育产生很大的冲击，对我们新一代青年大学生的思想观念必将起到潜移默化的影响。也有人把网络作为教育的主体手段，有些人以为什么都可以从网上得到，其实不然。因为青年学生缺少实践中得到的直接经验，他们成长的正常过程是不可能被替代的，网络教育不像我们的主体教育或媒体有主流、可控制，它的无权威、无主导、多元化，会给青年学生造成无价值判断。

现实中，不少大学生缺乏坚定的人生信念，认为理想是虚无缥缈的东西，不如现实的、物质的满足来得实际。要知道互联网的主导国家是以美国为首的西方资本主义国家，他们掌握着互联网运行和使用的最先进技术，有意识地利用网络文化优势对我国实施意识形态的渗透，极力推销西方资产阶级的价值标准、意识形态、文化理念和政治制度。大学生缺乏政治鉴别力，世界观和价值观没有完全形成，他们在西方强大的政治攻势下，容易受到网上内容所隐含的意识形态的影响，对资本主义文化盲目崇拜，削弱了优良传统的地位，动摇了其理想信念，淡化了马克思主义意识形态的主导地位。

3. 网恋——美丽的忧伤

随着 BBS、QQ 聊天室的日益普及，网络已成为大学生交流的主要媒介，网恋也开始悄悄在大学生中流行起来。很多大学生沉迷于网恋的浪漫多姿："如果把网恋比作一朵玫瑰花的话，它应当是一枝红玫瑰，只有红玫瑰才比较浪漫，比较真挚。"还有一些大学生回忆着网恋的甜蜜："有些话题一说出来大家都感同身受，真有一种相见恨晚的感觉。"还有一些学生则对网恋的神秘、奇特、新颖向往不已，视之为"梦中的伊甸园"。

网恋的快乐很精彩，网恋的快乐更短暂。正如一名学生留言："看似美丽的网恋、没完没了地聊天、大同小异的网游，一阵风吹过，我们的网络世界还剩下什么？"现实生活中，绝大多数学生的网恋都会以失败而告终，轻者影响到正常的学习生活，迷恋于网恋的虚幻不可自拔；重者则被劫财劫色，留下挥之不去的阴影与伤痛，甚至付出血的代价。

最近，因网恋爆出的新闻不断见诸媒体，有的女大学生因网上失恋而自杀，还有一些不法之徒利用网恋骗财骗色。不久前，山东烟台两名女大学生因网恋被四名男青年骗出来后惨遭轮奸；有的上网恋爱来的却是同性恋者。形形色色的网恋演绎着各种各样的故事，或喜或悲或平淡或传奇，无疑给当前许多沉迷于网恋的大学生们上了沉重的一课，敲响了一记醒钟。

4. 网游——难以罢手的痴迷

人们在业余时间上网，大部分都在玩网络游戏。现在形形色色的网络游戏已经成为经销者与经营者盈利的重要手段。精美的画面，炫目的操作，气势磅礴的音乐，跌宕起伏的剧情，使网络游戏成为无数大学生最喜欢的休闲方式。在网游这个虚拟的世界中，网民们可以说是如痴如醉，一旦进入，便神魂皆倒，他可以拥有"十步杀一人，千里不留痕"的豪情，可以有统帅三军、决战沙场的气度，可以欣赏美丽的虚拟风景，可以享受组队战斗中的江湖义气。在网游的世界中，你可以变得和平常的自己不一样，做到以前只有在梦中才能做到的事情。现实世界的失败者，在游戏中可以成为英雄；现实世界中的痛苦，都能在游戏中被发泄成快乐。网民们每天在网上辛勤耕耘，升级赚钱，为了追求更强的魔法、更好的装备、更出色的技术。现在的许多网吧经营者为了招揽生意，还给网游玩家特意提供了吃的喝的睡的，致使玩家们在网吧玩游戏一泡就是好几个小时甚至十几个小时。还有更离谱的一个星期甚至一个月都见不着面，有的同学的家长不远千里来到学校面对着老师泪流满面，无言以表。据媒体报道，至少10%的大学生沉迷于网络电子游戏。专家指出，青年一旦沉迷于网络电子游戏，就会产生越来越强烈的心理依赖和反复操作的渴望，不能操作时便出现情绪烦躁、抑郁等症状。

同学们可以仔细想一想，游戏公司推出一款新游戏的目的，恐怕不会是为了带给游戏者们无比的快乐，而是为了赚更多的钱。他们设计游戏，必然要为自身的利益考虑。在游戏中，我们的快乐都是被这些设计者所控制，他们夺去我们的时间，换来的是他们的收益。游戏本身是美好的，但被人设计过的游戏就不那么美丽了。再说，虚拟和现实总是不一样的，我们永远不可能活在一个虚拟的世界中，所以网游只能带给我们一时的轻松、快乐和自信，它不能代表我们的真实生活，更不能让它奴役我们的现实生活，因为在现实的世界中，我们还有更重要的事情去做。

5.网魔——堕落的教唆者

互联网中的不良信息和网络犯罪对青少年的身心健康和安全构成了危害。当前，网络对青少年的危害主要集中在两点，一是某些人实施诸如诈骗或性侵害之类的犯罪，二是黄色垃圾对青少年的毒害。据有关专家调查，互联网上非学术性信息中，有47%与色情有关。由于我国目前的网络监督和控制技术不完善，网络中的信息良莠不齐，其中存在大量消极颓废、黄色下流甚至反动的信息。据不完全统计，60%的青少年虽然是在无意中接触到网上黄色信息的，但自制力较弱，往往出于好奇或冲动而进一步寻找类似信息，从而深陷其中。由于他们对网络上的不健康信息缺乏鉴别力，容易接触错误、庸俗和未经过滤的信息垃圾，严重影响了他们的是非判断和行为选择，造成道德观念的弱化，由此诱发寻衅滋事、勒索财物、打架斗殴、参与赌博等违纪违法甚至犯罪行为。

6.网痴——健康的杀手

网络带给人们的不仅是思想上无形的伤害，它对许多网民的健康也造成了不可忽视的损害。“网络上瘾症、孤独症”等网络技术副产品使一些学生行动变异、心理错误乃至生理失调，造成身心危害。在电视上我们就曾经多次看到这样的报道：某某青少年由于上网玩游戏时间过长，造成下身忽然瘫痪、不能动弹，严重的还有休克昏迷的例子。由于电脑对于人体的辐射，如果人长时间坐在电脑前不活动，就极容易造成种种难以预期的身体上的伤害。大家都有这样的感受，长时间地在电脑前工作或玩电脑游戏，首当其冲的是对于视力的损害，其次是对神经等其他系统的损害，再接着是大脑的灵活性下降，学习成绩的下降。当你沉迷在电脑游戏带给你的快乐中时，你的视力也在不知不觉中一天天地衰退，甚至要搭上你曾经拥有过的健康身体，等你最后醒悟时，已经来不及了。玩电脑游戏又特别浪费金钱，作为学生的我们，零花钱主要依赖我们的父母供给，试想一下，谁家的父母愿意很爽快地给孩子上网玩游戏的费用呢？为了能够进网吧上网玩电脑游戏，学生必然会巧立名目向父母索取，要不然就东拼西凑、挖空心思地弄钱，不惜采取一些不道德的手段进行欺骗，有的学生甚至因此而走上了犯罪的不归路。在我国刑事案件中，因网络犯罪而出现的悲剧占有相当大的比例。

三、大学生如何预防网络陷阱

以上对大学生的网络生活作了利弊分析，并且比较多地指出了它的弊端即负面影响，因为大学生群体在网络上的负面事例太多了，甚至从某种意义上说，它的危害的一面远远大于积极的一面。当然，如前所述，我们并没有也不能否认网络本身有利的一面，这里就有一个正当防护和防卫的问题。首先在思想上要有很高的警惕性，脑子里要筑起一道安全警戒线。其次就是采用必要的防卫技术手段，现在技术先进的网络安全产品层出不穷，新型硬件防火墙用在路由和交换的中间，防止一些攻击以及做一些管理，并且防火墙的发展使其可以代替路由或者交换来使用。此外，在上网时需要注意以下几点：

(1)在聊天室或上网交友时，尽量使用虚拟的E-mail或ICQ、OICQ等聊天方式，尽量避免使用真实姓名，不轻易告诉对方自己的电话号码、住址等有关个人真实的信息。

(2)不轻易与网友见面，许多大学生与网友沟通一段时间后，感情迅速升温，不但交换了真实姓名、电话号码，而且还有一种急于见面的强烈欲望。

(3)与网友见面时，要有自己信任的同学或朋友陪伴，尽量不要一个人赴约，约会的地点尽量选择在公共场所，人员较多的地方，尽量选择在白天，不要选择偏僻、隐蔽的场所，否则一旦发生危险情况时，得不到他人的帮助。

(4)在聊天室聊天时，不要轻易点击来历不明的网址链接或来历不明的文件，往往这些链接或文件会携带聊天室炸弹、逻辑炸弹，或带有攻击性质的黑客软件，造成强行关闭聊天室、系统崩溃或被植入木马程式。

(5)警惕网络色情聊天与反动宣传。聊天室里汇聚了各类人群，其中不乏好色之徒，言语间充满挑逗，对不谙男女事故的大学生极具诱惑，或在聊天室散布色情网站的链接，换取高频点击率，对大学生的身心造成伤害。也有一些组织或个人利用聊天室进行反动宣传和拉拢腐蚀，这些都应引起大学生朋友的警惕。

四、学生要接受学校的教育引导

前面我们摆出了许多网络上的问题，并且分析了各种原因，接下来就是如何教育引导的问题了。面对沉迷于网络世界的学生，学校和家长们曾经使用了各种方法，包括晓之以理、动之以情的谈话，包括封存或限制电脑的坚壁清野，甚至包括武力威胁和惩罚。然而，种种措施却都收效甚微。遇到这种情况，对高校教育者来说，首先要作认真分析，在已成问题的现象背后，隐藏着什么样的深层原因，只有先弄清为什么，才可能提出有效的措施。

对此，我们分为三个步骤：第一，要了解学生上网做什么。第二，要剖析学生上网为什么，哪些学生最容易上网成瘾。最后，依据具体情况提出解决策略——怎么办。

专家分析说，网络成瘾又称网络病态使用，是一种冲动性地过度使用网络，并因此导致明显的社会、心理功能损害的现象。依据网络活动指向及其满足的需要来划分，网络成瘾者可以分为如下几类：一是网络游戏成瘾，上网主要是打游戏；二是网络关系成瘾，上网主要是聊天和交友；三是网络性成瘾，上网主要是浏览和观看色情信息；四是网络信息成瘾，这类成瘾者沉迷于大量网络信息的下载，不能自拔，并伴随有强迫性症状。而绝大部分青年学生的成瘾都属于前三类情况，其中网络游戏成瘾数量最为庞大。

调查发现，容易沉迷网络的学生，就性格特征来说，孤僻、不善交往者居多；意志薄弱、自制力差者居多。就学业成绩来说，学习不好的学生多，也有部分学生原来在初高中阶段成绩不错，在进入高校后，因为种种原因不适应而出现了短暂的迷失或下滑，这种情况下也容易上网沉迷。就家庭背景来说，单亲或问题家庭的学生数量较多，也有正常家庭的孩子，但父母的教育方式比较粗暴或疏于沟通等。就年龄来说，处于青春期的中学生和大学生的数量最多，跟这阶段的逆反及动荡的心理特征有很大关系。

了解了学生上网做什么，再来分析一下他们为什么沉迷上网，强烈的冲动一定伴随着某种需要的满足，他们在网上究竟获得了哪些满足呢？

第一种满足就是成就感。沉迷网络游戏不能自拔的学生，除了自控能力差和网络游戏本身的刺激之外，非常重要的一点就是，他们通过闯关打游戏获得了成功体验。我们姑且不论网吧管理上的漏洞，单就目前的教育来说，这反映了学生学习成就感的缺失。从调查了解的情况看，从中学到大学，凡是学习成绩优秀的学生上网成瘾的比例要远远低于学习成绩偏下的学生，有特长、爱好的学生上网成瘾的比例也不大，这就说明学生上网与学习上的成就有直接关系。自我实现的感觉，被他人认可的感觉，是人们心灵深处最深切的渴望，如果我们的教育以分数作为衡量和评价学生的唯一标准，势必有相当一部分学生在学校里无法被认可，在现实世界无法获得的成就感就通过网络在虚拟世界里获得了充分的满足，这也就难怪许多青年学生为了游戏废寝忘食了。

第二种满足是交往的满足。现在的大中学生大部分都是独生子女，从小缺少同伴成长和互动的环境，在大人的关切和监督下长大。无论怎样丰富的物质生活，都无法代替朋友带给自己的快乐，有的性格稍微孤僻一些，有话不愿意说，在现实生活中可能不善于交往，就通过在虚拟世界的交友找到了共同语言，满足了自己交往的愿望。

第三种满足是自由发泄的满足。处于青春期的他们本来就有着强烈的逆反心理，喜欢“我的地盘我做主”的感觉。在现实世界里有家庭和学校的双重管束，说话做事都有严格的限制，很难实现对自由的渴望。网络世界的匿名制给了他们无拘无束的空间，在网上可以随心所欲、无所顾忌地表达自己的观点，不用担心会带来不良的后果，这也是各个学校贴吧文化繁荣的原因之一。

第四种满足是多种需要或丰富生活的满足。家长只关心生活，学校多注重成绩，他们觉得学校生活单调乏味，非常郁闷，而网上生活新奇刺激；家长或老师高高在上，而网上关系自由平等；随着生理心理的发育成熟，青春的冲动越来越强烈，但在现实生活里无法和家长交流或请教，网上只要轻轻点击，想看什么就有什么；现行的学校和家庭教育都着眼于他们将来的成就，而网上给你现实的快乐，两相对比之下，网络就对他们构成了致命的吸引力，不断地诱惑他们越陷越深，终于不能自拔。

找到了问题的原因，作为教育者就会寻求对策。很显然，无情的指责和空洞的说教肯定无济于事，简单粗暴的态度或方式更会使教育对象产生逆反心理。当然，这些话是站在教育者的角度讲的，作为每一个大学生来讲，应当换位思考，应当理解学校老师和家长的苦心。如果真能这样，就要积极配合学校的教育引导，如果陷得深，就要下决心采取措施，比如可以通过逐步限制上网时间，培养意志力，转移注意力，多参加学校组织的各项活动，在现实世界里获得成就感，抵御网络虚拟世界的诱惑。一定要注意在现实世界里满足他们的情感需求，多沟通，多进行情感交流，话题内容应该丰富，而不是仅仅谈论学习，语气应该平等，而不是居高临下，要讲求教育的效果。

总之，学校和家长的愿望都是一样的，都是想把学生引导到正确轨道上。那么在做法上也应本着既治标又治本的理念，携起手来，相互配合，及时引导，改进教育方式，改善学生的成长环境，丰富学生的业余生活，帮助学生摆脱网瘾的诱惑。当然，个别情况严重的还需要专业心理咨询机构的介入和治疗。

《菜根谭》中有这样一句话："地里种了菜就不会长草，心里有了善就不会生恶。"从学校的角度来说，可以采用多种教育方法，其中最主要的是用优秀的校园文化占领学生的思想文化阵地，具体可以采取以下几种治本的措施：

第一，广泛开展经典阅读，用健康的书籍占领学生的思想阵地，用博大精深的传统文化重塑学生的精神家园。俄国的赫尔岑曾说："读书之于精神，恰如运动之于身体。"古人亦曾说："书中自有黄金屋，书中自有颜如玉。"古今中外，尤其是我国传统的儒学读本、唐诗宋词、明清小说等都蕴含了丰富的人生哲理和民族精粹，多读书有利于培养青少年的人文素养，从而抵制不良行为习惯。

第二，开辟正当途径，把学生的注意力引导到正面教育上来。学生上网成瘾，老师也要多反思反思自己的教学。有些学校做了许多尝试，比如建立自己的网站，学生可以上论坛发表自己的意见和看法。还有的老师给自己的班级建立了 QQ 群，在这里与学生们谈心，解决他们在学习与生活中遇到的问题与困惑，还可以完成不同的教学任务等。有的老师还会带着学生进入各种有益的论坛，帮助和引导学生在论坛上发帖、跟帖，把他们的才思和智慧展示出来。这样学生就不会去泡网吧，他们会更关心自己的群、自己的论坛、自己的信息技术课堂。

第三，用丰富多彩的文体活动和社会实践活动充实学生的业余生活。青春期是人生一个多彩的季节，青春期的少男少女充满了好奇，渴望独立和自由，渴望生动和充实，渴望理解和尊重，渴望成功和自信，而单一的学习生活很难满足他们的需要，加上一点点叛逆心理，使他们很容易走上歧途。而艺术节可让学生展示自己的靓丽；科技周可满足学生的好奇；运动会可培养学生的自信与自强；手挽手活动则拉近了学生间的距离……积极、健康、科学、文明的校园文化生活将引领学生健康成长。

第八章　自主创新创业

第一节　大学生创业实践

一、创业的概念和意义

(一)创业的概念

创业有广义和狭义之分。广义的创业是指创业者的各项创业实践活动,其功能指向是成就国家、集体和群体的大业。狭义的创业是指创业者的生产经营活动,主要是开创个体和家庭的小业。简单来说,一种是成就大业,一种是开创小业。

那么,创业的概念是什么呢?这个问题仁者见仁智者见智。哈佛商学院教授史蒂文森认为,创业就是不拘泥于当前资源条件的限制下对机会的追寻,将不同的资源组合,利用和开发机会并创造价值的过程。

具体而言,创业就是具有创业精神的创业者、商业机会、组织与技术、资金、人力资本等资源相互作用、相互配置,以创造产品和服务的动态过程。

(二)大学生创业的意义

大学生创业,是指大学生毕业后不通过传统的就业渠道谋取职业,而是依靠自身的学识智慧、科技发明、专利成果等资源,通过独立或与他人合作开办公司、创办企业等形式开创自己的事业。大学生创业是市场经济深化发展的产物。

创业,作为最积极、最主动的就业方式,它不仅能解决劳动者的就业问题,还能通过带动更多就业产生倍增效应。因此,创业,尤其是大学生创业,具有更特殊的意义。

1. 大学生创业的社会意义

具体来说大学生创业的社会意义有以下几点:

(1)创业是发展之基

创业能够充分挖掘自身潜能,激活各类生产要素。越是创业活跃的地方,经济内生增长机制就越强,发展的基础就越扎实,经济社会发展也就越快。

(2)创业是富民之本

创业不仅可以让创业者自己实现就业,还可以通过发展多元化创业主体和多种创业形式,发挥创业带动就业的倍增效应。提供更多的就业岗位,是人民群众增加收入、走向富裕的根本途径。只有创业社会化,才能就业最大化。

(3)创业是活力之源

人是潜力最大的社会资源，只有通过创业，极大地调动全体劳动者的积极性、创造性，才能形成人人各展其能、各得其所、和谐相处的充满生机与活力的局面。在创业实践中尝了甜头、有了奔头、长了劲头，参与热情就会进一步高涨，创造潜能就能充分发挥，就能使人变得更加聪明、活跃、能干，进而促进人的全面发展。推进大学生创业，体现了尊重劳动、尊重知识、尊重人才、尊重创造的方针。因此，只有大力促进大学生创业，引导广大毕业生自力不依赖、自强不畏难、自信不自满、敢于闯新路、善于创大业，才能充分激发每一个社会细胞的活力，充分释放每一个市场主体的潜能，让全社会的创造活力竞相迸发。

(4)创业是崛起之路

创业能够激励大学生不断提升自身素质，能够为大学生施展抱负提供更加宽广的舞台。不管是在农村还是在城市创业，都要求创业者结合自身实际，不断获取新知识、形成新观念、增长新才干，在创业实践中不断提高自己的能力和水平。促进大学生创业是提高全民素质的“催化剂”，是加快农村富余劳动力转移的“助推器”，是推进工业化、城镇化进程的“加速器”。弘扬创业精神，就是要把创业精神作为促进大学生创业的动力源，在全国大力培育、倡导、光大这种精神，让创业成为每个大学生的价值取向和自觉行动，成为全社会的风尚。精神力量是综合实力的重要组成部分，是软实力的主要体现，在一定条件下，精神可以变成物质。创业精神是中华民族兴旺发达的重要支撑，是改革开放新时代的强烈呼唤，是民族精神和时代精神的具体体现，是成就事业的强大动力。一个具有创业精神的人，不管从事何种工作、何种事业，都会更有积极性、更富创造性，始终保持昂扬向上的激情和锲而不舍的毅力，迎难而上、克难攻坚。

2.大学生创业的个人意义

我国提倡和鼓励大学生自主创业，并为此出台了一系列包括工商、税务等方面的优惠政策。之所以提倡大学生创业，除了创业不失为缓解目前就业压力的一条解决途径外，更重要的是，大学生创业对个人也有极大的意义。

(1)大学生创业有助于对书本知识的消化吸收

青年人的保守思想相对较少，尝试创业显然会为今后的成功奠定坚实的基础。由于中国学生的创业意识较差，在美国读书的中国学生与美国学生之间往往形成这样一种反差：在班上，中国学生学习刻苦，成绩优异；但是毕业后甚至没毕业，美国的学生就自己看准了方向，创办了公司，准备开发产品，然后请几个高人制定一个开发方案，然后请中国学生做开发人员，最后挣大钱的是美国学生，而出大力的却是中国学生。马克思主义认识论告诉我们：认识来源于实践，实践检验认识。我们要把白纸上的黑字变成自己的，不仅仅是只要读读背背，还要把读过的、背过的放到社会中去实践，从而更深刻地理解它们，而我们具体的实践也将成为理论知识新鲜血液的来源。

(2)大学生创业是提高实践能力的有效途径

目前,大学生就业市场的竞争日益激烈。企业招聘大学生,既要看毕业学校,又要看实践经验,而实践能力水平的高低成为用人单位选贤任能的重要标准之一。所以,对于毫无经验的大学生来说,创业是提高实践能力的有效途径。现如今,为了满足社会需求,很多高校开始注重培养在校生的实践能力。但是,学校和社会从各个方面来说都存在着很多差异。高校培养大学生实践能力只是从一方面着手,但大学生创业却不同,它使得大学生深入社会、亲身感受社会,真真切切地培养了大学生动手动脑的能力,增强了大学生的社会实践能力,并使他们在实践活动中积累实践经验,提高他们发现问题、分析问题、解决问题的能力,增加职业体验。

(3)大学生创业可以培养个体的创新意识和创新精神

培养创新型人才、推进高水平大学建设一直是高等教育的热点话题。社会各界也就如何培养大学生的创新意识、创业精神和创业品质,加强创业实践活动等环节,开展了广泛的理论研讨与研究。创新意识及其支配和产生的创新活动对于个人乃至民族的发展有着重大的意义。近年来,商品经济时代的飞速发展,使"铁饭碗"时代一去不复返,取而代之的是愈演愈烈的失业危机和就业压力。在如此大的压力之下,具有创新思想就具有很重要的意义。只有具有创新意识和创新思想,才能在激烈的竞争中脱颖而出,而大学生创业就是提高创新意识、培养创新精神的一种有效途径。在创业过程中,大学生可以学会逻辑分析,全方位思考,面对问题不断改进,不断创新,提高思维的活跃性。

(4)大学生创业是就业的另一种方式,可以增加就业机会和社会财富

当今就业形势严峻,大学生与其等别人安排就业,不如自己动手创业,这样还可以避免人才资源的浪费。在创业过程中,即使十个人中有一个成功,也会带来社会就业机会的增加,带来社会财富的增加。

二、大学生创业者如何进行生涯规划

制定职业生涯规划能使自己理性地认清职场形势、分析自身利弊,从而找到适合自己的职业。

(一)大学生创业者职业生涯规划的主要内容

要制订一份好的创业规划,从原则上说,应该把握三个主要内容:自己能够做什么、社会需要什么,以及自己拥有什么资源。因此,就有必要进行自我分析、环境分析和关键成就因素分析。

1. 自我分析

自我分析,即分析自己能够做什么。作为一个创业者来说,只是知道自己想干什么,这还是不够的,更重要的是应该知道自己能够做什么、能做到什么。当然,这也是相对而言的,因为一个人的潜能发挥是一个逐渐展现的过程。但是,一个人对自己的兴

趣、潜能有一个基本的认识，仍然是一项具有前提性的工作。

2. 环境分析

环境分析，即分析社会需求什么。一个人在明确自己想做什么、能做什么的同时，还应考虑社会的需求是什么这一重要因素。如果一个人所选择的创业领域既符合自己的兴趣又与自己的能力相一致，却不符合社会的需求，那么，这种创业的前景无疑会变得暗淡。由于分析社会需求及其发展态势并非一件易事，因此，在选择创业目标时，应该进行多方面的探索，以求得出客观而正确的判断。

3. 关键成就因素分析

关键成就因素分析，即分析自己拥有什么资源。要创业，就必须依赖各种各样的资源。创业者应该清楚地审视自己所拥有或能够使用的一切资源的情况，是否足以支持创业的启动和创业成功之后是否可以持续地进行。这里所说的资源，不仅指经济上的资金，还包括社会关系，即通过自己的既有人际关系，以及既有人际关系的进一步扩展所可能带来的各种具有支持性的东西。

总之，一份创业规划也必须将个人理想与社会实际有机地结合，创业规划同样能够帮助一个人真正了解自己，并且进一步评估内外环境的优势、限制，从而设计出既合理又可行的职业事业发展方向。只有使自身因素和社会条件达到最大程度的契合，才能在现实中发挥优势、避开劣势，使创业规划更具有可操作性。

一份创业规划能够在多大程度上取得实际成功，就取决于它在多大程度上对以上三个分析进行了准确的把握，并进行了最完美的结合。

（二）大学生创业者职业生涯规划的步骤

1. 审视自己

审视自己、认识自己、了解自己，并做自我评估。自我评估包括：自己的兴趣、特长、性格、学识、技能、智商、情商、思维方式、思维方法、道德水准，以及社会中的自我等内容。

首先问自己，你是什么样的人？这是自我分析的过程。分析的内容包括个人的兴趣爱好、性格倾向、身体状况、教育背景、专长、过往经历和思维能力。这样能对自己有个全面的了解。

你想要什么？这是目标展望过程。包括职业目标、收入目标、学习目标、名望期望和成就感。特别要注意的是学习目标，只有不断地确立学习目标，才能不被激烈的竞争淘汰，才能不断超越自我，登上更高的职业高峰。

什么是你的职业支撑点？你具有哪些职业竞争能力？以及你都有哪些资源和社会关系？个人、家庭、学校、社会的种种关系，也许都能够影响你的职业选择。

什么是最适合你的？行业和职位众多，哪个才是最适合你的呢？待遇、名望、成就感和工作压力及劳累程度都不一样，看个人的选择。选择最好的并不是合适的，选择合适的才是最好的。

最后你能够选择什么？通过前面的过程，你就能够做出一个简单的职业生涯规划了。机会偏爱有准备的人，你做好了自己的职业生涯规划，为未来的职业做出了准备，当然比没有做准备的人得到的机会更多。

2.确立目标

如果你不知道自己要到哪儿去，那通常你哪儿也去不了。没有切实可行的目标作为驱动力，人们是很容易对现状妥协的。制定自己的职业目标并没有想象的那么难，只要考虑一下你希望在多少年之内达到什么目标，然后一步一步往回算就可以了。目标的设定要以自己的最佳才能、最优性格、最大兴趣、最有利的环境等信息为依据。

职业生涯目标的确定包括人生目标、长期目标、中期目标与短期目标的确定，它们分别与人生规划、长期规划、中期规划和短期规划相对应。首先要根据个人的专业、性格、气质和价值观，以及社会的发展趋势确定自己的人生目标和长期目标，然后再把人生目标和长期目标细化，根据个人的经历和所处的组织环境制订相应的中期目标和短期目标。

(1)未来发展目标

今生今世，你想干什么？想成为什么样的人？想取得什么成就？想成为哪一专业的佼佼者？今后十年，你希望自己成为什么样子？有什么样的事业？将有多少收入？计划多少固定投资？要过上什么样的生活？你的家庭与健康水平如何？把它们仔细地想清楚，一条一条地计划好，记录在案。

(2)五年计划

定出五年计划的目的，是将十年大计分阶段实施，并将计划具体化，将目标进一步分解。

(3)三年计划

俗话说，五年计划看头三年。因此，你的三年计划要比五年计划更具体、更详细，因为计划是你的行动准则。

(4)明年计划

定出明年的计划，以及实现计划的步骤、方法与时间表，务必具体、切实可行。如果从现在开始制定目标，则应单独定出今年的计划。

(5)下月计划

下月计划应包括下月计划做的工作，应完成的任务质和量方面的要求，财务收支，计划学习的新知识和有关信息，计划结识的新朋友等。

(6)下周计划

计划的内容与月计划相同，重点在于必须具体、详细、数字化，切实可行，而且周末提前计划好下周的计划。

(7)明日计划

取最重要的三至五件事,根据事情的轻重缓急,按先后顺序排队,按计划去做,可以避免“捡了芝麻,丢了西瓜”。

确立目标是制定职业生涯规划的关键,有效的生涯设计需要切实可行的目标,以便排除不必要的犹豫和干扰,全心致力于目标的实现。

3.行动方案

你的职业正在帮助你实现人生的最终目标吗?你是否有一种途径可以让你现有的职业与你的人生基本目标相一致?正如一场战役、一场足球比赛都需要确定作战方案一样,有效的生涯设计也需要有确实能够执行的生涯策略方案,这些具体的且可行性较强的行动方案会帮助你一步一步走向成功,实现目标。在制定行动方案时,需要考虑以下几个问题:

(1)我想往哪方面发展?

(2)我能往哪方面发展?

(3)我可以往哪方面发展?

(4)我需要哪些特别的培训和学习?

(5)为使自己的发展道路顺畅坦荡,需要排除的内部和外部障碍有哪些?

(6)我目前的上司在这方面能给我帮助吗?我周围的人在这方面能给我帮助吗?

(7)目前的公司对我成功的帮助可能性有多大?是否比在其他公司机会更大?

在理清自己需要考虑的问题后,制定切实可行的行动方案。

4.开始行动

这是所有生涯设计中最艰难的一个步骤,因为行动就意味着你要停止梦想而切实地开始行动。如果动机不转换成行动,动机终归是动机,目标也只能停留在梦想阶段。职业规划成功的案例都是在有明确的职业目标后,在求职过程中不断与目标看齐。当然,并不是每个人都具有远见,定下自己的目标,并有计划地不断朝这个方向努力,但这一点对职业发展起着至关重要的作用。

影响你职业生涯规划的因素很多,有的变化因素是可以预测的,而有的变化因素难以预测。要使职业生涯规划行之有效,就须不断地对职业生涯规划进行评估、修正,看生涯目标、生涯策略、方案是否恰当,以更好地适应环境的改变,同时可以作为下轮生涯设计的参考依据。

三、大学生创业者如何实现生涯规划

有创业打算的大学生,在做好创业的职业生涯规划后,为实现创业目标,应该有针对性地安排自己的大学生活,培养自己的创业技能。

(一)打好扎实的文化基础

创业者的文化素质对创业有着举足轻重的作用。在知识大爆炸、竞争日益激烈的

今天，单凭热情、勇气、经验或大学生创业的优惠政策，要想成功创业是很困难的。创业者要进行创造性思维，要做出正确决策，必须掌握广博的文化知识，具有一专多能的文化结构。

具体来说，创业者要准备的知识大致有三类：一是创业成功所需要的专业技术知识；二是创业之后持续发展的经营管理知识；三是与社会各方面交往所需要的知识。实践证明，有利于创业的知识结构，不仅需要具备必要的专业知识、经营管理知识，而且还必须具备综合性知识，如有关政策、法规，以及人文社会科学知识。前两类知识往往是实用性的，一般容易被创业者注意到，而后一类知识则是一项可持续性发展的底蕴，应该得到创业者越来越多的关注。

在中国改革开放的头二十年，涌现了一批又一批的富翁，他们当中不乏凭着聪颖的头脑、辛勤的工作逐步成功的。但毋庸讳言的是，一大部分的暴富者文化素质并不高，他们的成功多半来自于环境和机遇，因而在成功之后，阻挠他们进一步发展的可能就是文化素质。现在全球进入了知识经济时代，在中国新一轮的创业高潮中，成功者大部分是那些拥有文化知识的人。大学生创业者应该知道文化素质是一个人的修养，通过多看书、勤思考，把逐步提高自己的文化修养渗透到自己的言行中。

1.宽厚的专业文化基础

投资创业，没有深厚的专业文化等于建造空中楼阁。一般来说，创业者创办公司的专业文化，指的是从事某种行业所涉及的生产领域和销售领域的文化。创业者把公司定位在哪个领域，就需要精通哪个领域的专业文化。而且专业文化掌握得越多，对于经营公司越有利。丰富深厚的专业文化可以使他不受制于人，立于不败之地。

当然，实践中也有转行获得很大成功的例子，这多半源于创业者的兴趣，是通过刻苦钻研学到了该行业的专业文化，属于“懂哪行做哪行”。哪行有把握做哪行，事业才能获得更大可能的成功。白手创业的人一般财力有限，所以，对于创业项目的选择一定要慎重。

2.宽广的经营管理知识

市场如同战场，它对弱者的惩罚并不会因为你的无知而有所宽容。倘若不能及时抓住信息，那么发财的机遇就可能擦肩而过；倘若没有高超的运作技巧，那么生意谈判场上就会受制于人，被对方牵着鼻子走；倘若不懂得公关，不善于推销自己，那么等于画地为牢，再香的酒也只好埋名于深巷里。因此，聪明的创业投资者应该懂得经济学、市场学、营销学、会计学、统计学、心理学等方面的基本知识，了解这些方面的基本规律。比如，一个创业者要全面进行公司运作经营，了解一些商务运作的基础知识是十分必要的。一次成功的推销不是一个偶然发生的故事，它是学习、计划，以及一个销售代表的知识和技巧运用的结果。没有学问作为根基的销售，只能视为投机，无法真正体验销售的妙趣。创业者可对照以下问题进行理性思考：应知道哪些力量影响着市场经济，应对市场经济指标有一定的了解,要具备做计划和预算的能力,要了解公司的财务管理和控制,要初步了解进货和存货控制,要培养对市场分析、预测的能力,要了解广告、促销等营销手段、方法和技巧,要对建立公司内部管理机制有一定的思考。

当然,上述问题并非要求创业者一下子全部掌握,创业者可以边学边用,例如找一些书籍自学,或者向一些有经验的人请教。但是,创业者一定要对公司的经营管理有足够的重视。投资创业得会理财,有钱无计划,花钱如流水,不是老板品格。世界首富、全球电脑软件大王比尔·盖茨从不乱花一分钱。而我们有些个体公司的老板,讲阔气、摆派头、出手阔绰,公司运转三两个月资金就空了。一个称职的老板是很会算账的。

3.更加宽泛的综合性知识

一个青年创业者有没有成长为企业家的潜质,主要看创业者是否具备抗挫折的能力,即"不是看专业知识如何,重要的是创业者的综合素质"。

人的思维方式是文化素质的综合体现,时刻对周围事物保持强烈的好奇心是一些成功企业家不同于常人之处。作为一个创业者,要时时探究自己的内心思想,看看自己是否存在一些思维定式。因为有时候并不是没有机会的存在,而是局限于创业者存在思维定式,对一些宝贵的商机视而不见,从而错过了许多时机。创业者每当觉得事情没有转机的时候,就要有意识地跳出自己的思维模式,也许会有豁然开朗的感觉。

获得知识的过程就是一个不断学习的过程。唯有知道的比竞争者更多,学习的速度比竞争者更快,才可能在市场竞争中立于不败之地。创业者要掌握更多的知识和获得更多信息,除了不断学习、不断进取,别无选择。聪明的创业者应尽量学会把自己的工作、学习、生活条理化,在忙碌的创业过程中挤出时间读些书,日积月累,创业者就会慢慢发现自己头脑变得更加灵活,更善于思考问题了。

(二)社交沟通能力的培养

在信息获取、经济运作、分析研究乃至生活的方方面面,都离不开与人的交往,学会与人打交道是未来的一项重要素质。大学生在创业过程中,无论是市场调研、市场开发、市场开拓,还是创业团队内部的整合、融通,都要求其具备良好的交际能力、沟通能力、合作能力和人际协助能力。

"人生成功的秘诀,在于你能驾驭你四周的群众。"这是美国前总统里根在一次演讲餐会中,勉励企业精英们如何追求卓越的金玉良言。事实上,成功的企业家都有一个显而易见的共同特色:卓越的沟通能力。他们除了拥有丰富的专业文化、无限的潜力、愿意冒险、勇于负责等特质外,他们的所作所为都基于他们自身拥有一套愿意与所有员工不断"沟通"的管理哲学。

作为一个创业者,既要维系公司内部的人际关系,又要为企业与外部建立良好的人际关系。因而,你创业成功与否,完全取决于你与团队内外成员"沟通顺畅"的能耐和功夫。如果你塑造了气质谦逊、稳重宽厚、作风民主、平易近人的良好自身形象,巧妙地赢得下属的喜欢、尊重、信任和合作，那么你可能就与成功相距不远了；如果你还能够努力建立促进公司业务发展的社会关系网，尤其是要设法开拓和社会上有影响力的机构及个人的良好的关系，为企业今后的战略发展铺平道路，那么你不与成功结伴，成功又能属于谁呢？

大量调查表明："沟通、采纳意见、愿意倾听"是领导者博得众人尊重的最重要的一个特质。创业者的沟通能力通常体现在两个方面：一是洗耳恭听，二是能说会道。所谓"洗耳恭听"，指的就是"倾听"的能力，这是迈向成功的第一步。至于"能说会道"，则是"说服"的能力。政治家丘吉尔说过："站起来发言需要勇气，而坐下来倾听，需要的也是勇气。""上天赋予我们一根舌头，却赐给我们两只耳朵，所以我们从别人那儿听到的话，可能比我们说出的话多两倍。"希腊圣哲这句话的用意，就是告诉我们要多听少说。

（三）经营管理能力的培养

市场营销能力及商业管理经验的缺乏，是影响大学生成功创业的重要因素。大学生由于缺乏必要的实践能力和经营管理经验，很难一下子胜任创业者的角色。他们的创业计划往往看上去很美，却又容易被市场无情地淘汰。

大学生经营管理的才能，表现在精于运用组织力量。把各种不同才能的人恰当地结合起来，形成配合默契、步调一致的集体活动，这样，大学生创业者才能有效地调动各方信息，并有机地运用处理它。这就犹如一个交响乐团，拉提琴的、吹号的、击响器的、弹钢琴的及歌唱家，在乐队指挥的巧妙安排和调度下，演奏出美妙的乐章。大学生创业者有了领袖风度，才能求得员工的认同，使大学生创业者和员工同心协力让企业获得成功。

大学生创业者必备的三种管理技能是：第一，现金流的管理。无论对个人家庭或公司来讲，现金流就如人身体里的血液一样不可缺少，要保持良好的流动性。第二，人事管理。好的人才是无价的，公司的竞争就是人才的竞争，团队建设、人事管理是企业家最重要的工作。第三，个人时间管理。时间是最有价值的资产，企业家更要做好个人的时间管理，因为你是公司的领头人。

大学生创业者在创业初期一般不能掌握丰富的企管经验或多方面的专长，但成功的大学生创业者大都具有比别人更优秀的学习能力，并且有高度的创新精神，因为他们善于在实践中学习。这种事例不胜枚举，成功的大学生创业者对于新事物都具有积极的学习能力与高度的创新精神。坚持不放弃，愿意不断学习并尝试新方法，才有可能收获美好的成果。

（四）积攒自己的人脉

每个人都有自己的交际圈，你的交际圈的质量可以看出你今后的成就。作为大学生创业者来说，如何积累自己的人脉资源是至关重要的。人脉的质量，有的时候会使创业者的创业如虎添翼。众所周知，现在步入大学就相当于步人了一个小型的社会。既然步入了社会,就一定会有利益之分,有利益可图就需要你有一个较好的人脉。

对于大学生而言,有一个广泛而且可利用的人脉,可以让你在大学生活得更加充实,更加自由,而且办事更加方便。举例来说,刚步入大学,学生会、班干部是首先考虑要加入的群体,怎么才能加入呢?当然不是一个人埋头苦干,这需要了解、认识更多的朋友。在班里,谁的人脉广,谁的人际关系好,大家自然会选谁做班干部。而学生会则更是这样,不仅是准备一份完美的演讲稿。再优秀的领导人才,再有能力,没有认识到一个伯乐,也就是一个普通人。搞好人脉,是准备创业的大学生在大学期间最大的能力。

(五)对驾驭市场能力的培养

尽管一位杰出的科学家有高明的创意和高科技产品,但他说不清产品的市场在哪里,也未曾接触任何可能的潜在客户,银行是不会把贷款发放给他的。这可能是一般专业技术创业者的最大盲点。一个创业者如果没有强烈的市场意识,不懂得以顾客需求来引导产品创新的方向,坚持闭门造车,那么,十之八九会失败。

这就要求大学生创业者增强对市场经济的认知能力。就像学游泳的人要识水性一样,大学生在创业之初必须了解市场经济,掌握市场规则,不断提高驾驭市场的能力。只有这样,创业者才能做到深谋远虑、运筹全局,遇到事情能够及时拿出主意,并且点子多、办法多,处理问题善于做出决断,能够在错综复杂的情况下判别事物的本质,从多种主意中选出最好的主意,从多种方案中选出最佳方案,不为一时一事的得失所困惑,善于排除干扰,控制局势,使之向有利于新创事业的方向发展。

同时,大学生创业者要培养对新环境、新事物、新问题有敏锐感知的能力,尤其在出现某种新动向时有特别灵敏的觉察力,善于捕获信息,加工出新观念、新设想。在决策条件已经改变的情况下,创业者能够做到既不惊慌失措、无所适从,又不迷信权威,不崇拜偶像,不为过时的老观念、老框框所束缚,能够沉着冷静,随机应变,临机处置,走出新路子。

四、大学生创业实践的途径

促进大学生创业,需要政府、学校和社会三方面的共同努力。要从大学生的实际出发,所有的支持手段只有符合我国大学生的实际情况,即符合其心理的、社会性的因素,才能达到最佳效果,目前,大学生创业实践的途径主要有以下几类。

(一)通过学习或兼职等方式获得创业的初步经验

大学时代是人生的一个黄金时代,是实现自我蜕变、明确人生定位的关键时期。一般来说,大学生的自我意识在大学期间基本觉醒,能找到自己的兴趣和价值所在,从而为自己拟定一个初步的人生规划,这就为以后的成功打下了基础。

机遇总是垂青有准备的人,就有创业意向的大学生来说,大学期间就应为以后的创业做一些初步的准备,积累一些必要的经验。一般来说,大学一年级时,就应主动接受职业价值观方面的教育，开始了解自己的兴趣、特长和专业背景，为今后选择创业、确定职业目标奠定基础。大二、大三时通过参加社会实践和实习活动，对专业的社会需求和发展前景深入了解，根据实践中自我适应程度的反馈信息，反思和调整自己的职业取向，初步确定与自己能力相吻合的职业选择。例如，要对个人的创业条件进行分析，准确定位。同时看自己是否具备创业的能力和心理素质，比如承担风险的能力、创新能力、决策能力和领导能力。

此外，在学习、工作的过程中，还应做好市场调查和分析。准确掌握市场信息，做好市场预测，建立经营思路，设计市场进入策略，对经营项目的投资、筹资、成本、收益等做出可信的测算，学会常用的财务管理知识。

（二）创业大赛

目前，国内外都有举办大学生创业计划竞赛，经过实践证明，创业计划大赛不仅可以给在校大学生提供一个创业模拟练习的机会，同时也可以激发大学生创新的火花，培养学生的创业意识、增强创业素质、积累创业知识，并且目前已经有越来越多的机构、基金，以及风险投资开始关注大学生创业计划竞赛。

创业计划竞赛又称商业计划竞赛，起源于美国，是借用风险投资的实际运作模式要求参赛者组成优势互补的竞赛小组，提出一个具有市场前景的技术产品或者服务项目，围绕这一产品或服务以"获得风险投资家的投资"为目的完成一份完整、具体、深入的商业计划。完整的创业计划应该包括企业概述、业务展望、风险因素、投资回报、退出策略、组织管理、财务预测等方面的内容。

1998 年 8 月，清华大学举行了首届大学生创业计划大赛。将国外的创业计划大赛模式引入了国内大学校园，首届赛事历时 5 个多月，共计 320 名同学参加，受到了学术界、企业界及投资界等的广泛关注。经过多年的发展，创业计划竞赛使大学校园的创新意识、创业能力训练工作得到了不断发展，同时也是全国各地高校之间彰显教育质量和学生综合能力的重要平台。而从学生的角度而言，通过创业计划大赛，参与的大学生可以从知识技能、团队建立、商业网络、媒体关系等多个方面获得收益。

但同时，我们也看到了该实践模式有其固有的限制，由于资源有限、大学生参与积极性较高，因此每届赛事活动的参与名额有限，并且参赛学生需要投入较长一段时间进行集中准备，才能在赛事中具有出色表现，因而这类活动通常要求大学生具备较高的综合素质能力与独特的创新理念，并且要组织高效的团队，才能在赛事中充分得到提高，收获成功。

（三）创业基地

根据不同的标准，目前的大学生创业教育实践基地也有不同的类型，下面我们具体介绍几种常见的创业基地类型。

1.创业实践见习基地

创业实践见习基地主要是为了使大学生通过一些实地观察和亲身感受达到培养创业意识的目的，是一种相对稳定的教育活动场所，使用范围广泛，例如学校、政府机关、事业单位、企业工厂、社区街道，等等。一般而言，创业见习基地要具有典型性和代表性，还要极具感染力，由于学生的见习实践时间通常每次不会太长，因而最好能持续性、经常性地开展这类活动。目前高等院校里的各专业学科在低年级的时候都会组织学生进行专业见习活动，学生可以利用这样的机会与创业实践相联系，通过初步与社会单位接触，认识这些基地的形成过程，了解这些单位中所蕴含的创业精神，从而在老师的辅导下，树立正确的创业意识，培养自己的开拓进取精神。

2.创业实践实习基地

创业实习基地与见习基地有很大不同，前者以参观和直观感受为主，而创业实践基地主要是指学校组织大学生结合所学专业特长在各种基地场所中接受实际技能上的培养和训练，以达到把所学知识技能运用到实际工作中的目的，从而全面提高学生的创业素质和能力，比见习活动更具有操作性和技能性，这样的实践模式比较有利于直接培养大学生创业所需的专业技能。虽然针对不同的专业、不同的培养目标，其实习的形式和要求也都略有不同，但是，无论是新创立的小型技术企业，还是校企合办的生产车间，大学生创业实践基地都有共同的必要条件，即明确的实践教育目标与针对性的专业训练，以及完备的教育实践方案和专业的技术能力指导。通常实习基地的实践活动要比见习活动时间上略微长一些，基本上在一个月到半年左右，大学生在基地的专业人员及学校老师的指导下，逐步将所学的理论知识和技术能力应用到实践中去，由于可以参与到具体项目或是被安排到具体工作岗位上，大学生在实习工作中可以开阔视野、发挥专业技能，不断提高自己的创新能力，同时该模式也为大学生提供了接触社会、融入社会的机会，在培养创业技能的基础上锻炼大学生的独立性和奋斗精神。通过实践活动，还可以促使学生主动学习，在实践中发现自身不足，不断完善现有的知识框架体系，在实践中边学边用，学以致用，逐渐积累创业技能、培养创业品质。

3.大学生创业园

大学生创业园是指为大学生提供的帮助其自主创业的专门活动场所，在有些地方也称为创业孵化器。总的来说，创业园是培养大学生创业和就业能力的基地，为在校大学生创业提供了良好的专业实训平台。由于创业园具有现代性、创新性、高新技术性等特征，通过提供基本的商务服务、中介增值服务、资本运作服务等来营造良好的创业环境，对大学生创业起到了良好的引航和指导作用。而目前国内的大学生创业园也在发展中不断完善功能，逐渐成为集创业政策咨询、创业扶持资金申请、创业企业登记注册、创业融资等众多功能于一体的"一站式"服务实训平台。而参与大学生创业园实践活动，可以让大学生在校期间即可创业，这极大地拉近了大学生与社会及企业间的距离，真正体验了创业的实践过程，达到从实战经验中提升大学生创业能力的目的，同时也为大学生毕业后的创业奠定了良好的基础。

（四）从工作实践中获取经验

这是目前一种较受欢迎的创业经验的积累方式。

大学生们的创业心态逐步趋于理性，相比在学校积累创业经验而言，在一家公司工作更接近于实战，不失为一个积累经验的更好选择。对多数大学毕业生来说，进入一个大型企业或外资公司是一个不错的选择，因为在这样的企业相对来说比较正规，各方面保障措施和制度比较健全。而就准备创业的大学生而言，进入一个小公司或许能够得到更好的锻炼。

总之，创业实践的形式是多种多样的，大学生要能根据自身专业特性和需求，选择适当的实践活动，充分发挥自主学习的积极性，利用学校和社会提供的一切实践环境和资源条件，为自己创造实践机会，尽早培养自己的创业意识、提升创业技能、获取生存本领。

第二节　国务院、相关部委、甘肃省支持大学生创新创业文件

国务院关于进一步做好新形势下就业创业工作的意见

国发〔2015〕23号

各省、自治区、直辖市人民政府，国务院各部委、各直属机构：

就业事关经济发展和民生改善大局。党中央、国务院高度重视，坚持把稳定和扩大就业作为宏观调控的重要目标，大力实施就业优先战略，积极深化行政审批制度和商事制度改革，推动大众创业、万众创新，创业带动就业倍增效应进一步释放，就业局势总体稳定。但也要看到，随着我国经济发展进入新常态，就业总量压力依然存在，结构性矛盾更加凸显。大众创业、万众创新是富民之道、强国之举，有利于产业、企业、分配等多方面结构优化。面对就业压力加大形势，必须着力培育大众创业、万众创新的新引擎，实施更加积极的就业政策，把创业和就业结合起来，以创业创新带动就业，催生经济社会发展新动力，为促进民生改善、经济结构调整和社会和谐稳定提供新动能。现就进一步做好就业创业工作提出以下意见：

一、深入实施就业优先战略

（一）坚持扩大就业发展战略

把稳定和扩大就业作为经济运行合理区间的下限，将城镇新增就业、调查失业率作

为宏观调控重要指标，纳入国民经济和社会发展规划及年度计划。合理确定经济增长速度和发展模式，科学把握宏观调控的方向和力度，以稳增长促就业，以鼓励创业就业带动经济增长。加强财税、金融、产业、贸易等经济政策与就业政策的配套衔接，建立宏观经济政策对就业影响评价机制。建立公共投资和重大项目建设带动就业评估机制，同等条件下对创造就业岗位多、岗位质量好的项目优先安排。

（二）发展吸纳就业能力强的产业

创新服务业发展模式和业态，支持发展商业特许经营、连锁经营，大力发展金融租赁、节能环保、电子商务、现代物流等生产性服务业和旅游休闲、健康养老、家庭服务、社会工作、文化体育等生活性服务业，打造新的经济增长点，提高服务业就业比重。加快创新驱动发展，推进产业转型升级，培育战略性新兴产业和先进制造业，提高劳动密集型产业附加值；结合实施区域发展总体战略，引导具有成本优势的资源加工型、劳动密集型产业和具有市场需求的资本密集型、技术密集型产业向中西部地区转移，挖掘第二产业就业潜力。推进农业现代化，加快转变农业发展方式，培养新型职业农民，鼓励有文化、有技术、有市场经济观念的各类城乡劳动者根据市场需求到农村就业创业。

（三）发挥小微企业就业主渠道作用

引导银行业金融机构针对小微企业经营特点和融资需求特征，创新产品和服务。发展政府支持的融资性担保机构和再担保机构，完善风险分担机制，为小微企业提供融资支持。落实支持小微企业发展的税收政策，加强市场监管执法和知识产权保护，对小微企业亟需获得授权的核心专利申请优先审查。发挥新型载体聚集发展的优势，引入竞争机制，开展小微企业创业创新基地城市示范，中央财政给予综合奖励。创新政府采购支持方式，消除中小企业享受相关优惠政策面临的条件认定、企业资质等不合理限制门槛。指导企业改善用工管理，对小微企业新招用劳动者，符合相关条件的，按规定给予就业创业支持，不断提高小微企业带动就业能力。

（四）积极预防和有效调控失业风险

落实调整失业保险费率政策，减轻企业和个人负担，稳定就业岗位。将失业保险基金支持企业稳岗政策实施范围由兼并重组企业、化解产能过剩企业、淘汰落后产能企业等三类企业扩大到所有符合条件的企业。生产经营困难企业可通过与职工进行集体协商，采取在岗培训、轮班工作、弹性工时、协商薪酬等办法不裁员或少裁员。对确实要裁员的，应制定人员安置方案，实施专项就业帮扶行动，妥善处理劳动关系和社会保险接续，促进失业人员尽快再就业。淘汰落后产能奖励资金、依据兼并重组政策规定支付给企业的土地补偿费要优先用于职工安置。完善失业监测预警机制，建立应对失业风险的就业应急预案。

二、积极推进创业带动就业

（五）营造宽松便捷的准入环境

深化商事制度改革，进一步落实注册资本登记制度改革，坚决推行工商营业执照、组织机构代码证、税务登记证“三证合一”，年内出台推进“三证合一”登记制度改革意见和统一社会信用代码方案，实现“一照一码”。继续优化登记方式，放松经营范围登记管制，支持各地结合实际放宽新注册企业场所登记条件限制，推动“一址多照”、集群注册等住所登记改革，分行业、分业态释放住所资源。运用大数据加强对市场主体的服务和监管。依托企业信用信息公示系统，实现政策集中公示、扶持申请导航、享受扶持信息公示。建立小微企业目录，对小微企业发展状况开展抽样统计。推动修订与商事制度改革不衔接、不配套的法律、法规和政策性文件。全面完成清理非行政许可审批事项，再取消下放一批制约经济发展、束缚企业活力等含金量高的行政许可事项，全面清理中央设定、地方实施的行政审批事项，大幅减少投资项目前置审批。对保留的审批事项，规范审批行为，明确标准，缩短流程，限时办结，推广“一个窗口”受理、网上并联审批等方式。

（六）培育创业创新公共平台

抓住新技术革命和产业变革的重要机遇，适应创业创新主体大众化趋势，大力发展技术转移转化、科技金融、认证认可、检验检测等科技服务业，总结推广创客空间、创业咖啡、创新工场等新型孵化模式，加快发展市场化、专业化、集成化、网络化的众创空间，实现创新与创业、线上与线下、孵化与投资相结合，为创业者提供低成本、便利化、全要素、开放式的综合服务平台和发展空间。落实科技企业孵化器、大学科技园的税收优惠政策，对符合条件的众创空间等新型孵化机构适用科技企业孵化器税收优惠政策。有条件的地方可对众创空间的房租、宽带网络、公共软件等给予适当补贴，或通过盘活商业用房、闲置厂房等资源提供成本较低的场所。可在符合土地利用总体规划和城乡规划前提下，或利用原有经批准的各类园区，建设创业基地，为创业者提供服务，打造一批创业示范基地。鼓励企业由传统的管控型组织转型为新型创业平台，让员工成为平台上的创业者，形成市场主导、风投参与、企业孵化的创业生态系统。

（七）拓宽创业投融资渠道

运用财税政策，支持风险投资、创业投资、天使投资等发展。运用市场机制，引导社会资金和金融资本支持创业活动，壮大创业投资规模。按照政府引导、市场化运作、专业化管理的原则，加快设立国家中小企业发展基金和国家新兴产业创业投资引导基金，带动社会资本共同加大对中小企业创业创新的投入，促进初创期科技型中小企业成长，支持新兴产业领域早中期、初创期企业发展。鼓励地方设立创业投资引导等基金。发挥多层次资本市场作用，加快创业板等资本市场改革，强化全国中小企业股份转让系统融资、交易等功能，规范发展服务小微企业的区域性股权市场。开展股权众筹融资试点，推动多渠道股权融资，积极探索和规范发展互联网金融，发展新型金融机构和融资服务机构，促进大众创业。

（八）支持创业担保贷款发展

将小额担保贷款调整为创业担保贷款，针对有创业要求、具备一定创业条件但缺乏创业资金的就业重点群体和困难人员，提高其金融服务可获得性，明确支持对象、标准和条件，贷款最高额度由针对不同群体的5万元、8万元、10万元不等统一调整为10万元。鼓励金融机构参照贷款基础利率，结合风险分担情况，合理确定贷款利率水平，对个人发放的创业担保贷款，在贷款基础利率基础上上浮3个百分点以内的，由财政给予贴息。简化程序，细化措施，健全贷款发放考核办法和财政贴息资金规范管理约束机制，提高代偿效率，完善担保基金呆坏账核销办法。

（九）加大减税降费力度

实施更加积极的促进就业创业税收优惠政策，将企业吸纳就业税收优惠的人员范围由失业一年以上人员调整为失业半年以上人员。高校毕业生、登记失业人员等重点群体创办个体工商户、个人独资企业的，可依法享受税收减免政策。抓紧推广中关村国家自主创新示范区税收试点政策，将职工教育经费税前扣除试点政策、企业转增股本分期缴纳个人所得税试点政策、股权奖励分期缴纳个人所得税试点政策推广至全国范围。全面清理涉企行政事业性收费、政府性基金、具有强制垄断性的经营服务性收费、行业协会商会涉企收费，落实涉企收费清单管理制度和创业负担举报反馈机制。

（十）调动科研人员创业积极性

探索高校、科研院所等事业单位专业技术人员在职创业、离岗创业有关政策。对于离岗创业的，经原单位同意，可在3年内保留人事关系，与原单位其他在岗人员同等享有参加职称评聘、岗位等级晋升和社会保险等方面的权利。原单位应当根据专业技术人员创业的实际情况，与其签订或变更聘用合同，明确权利义务。加快推进中央级事业单位科技成果使用、处置和收益管理改革试点政策推广。鼓励利用财政性资金设立的科研机构、普通高校、职业院校，通过合作实施、转让、许可和投资等方式，向高校毕业生创设的小微企业优先转移科技成果。完善科技人员创业股权激励政策，放宽股权奖励、股权出售的企业设立年限和盈利水平限制。

（十一）鼓励农村劳动力创业

支持农民工返乡创业，发展农民合作社、家庭农场等新型农业经营主体，落实定向减税和普遍性降费政策。依托现有各类园区等存量资源，整合创建一批农民工返乡创业园，强化财政扶持和金融服务。将农民创业与发展县域经济结合起来，大力发展农产品加工、休闲农业、乡村旅游、农村服务业等劳动密集型产业项目，促进农村一二三产业融合。依托基层就业和社会保障服务设施等公共平台，提供创业指导和服务。鼓励各类企业和社会机构利用现有资源，搭建一批农业创业创新示范基地和见习基地，培训一批农民创业创新辅导员。支持农民网上创业，大力发展“互联网＋”和电子商务，积极组织创新创业农民与企业、小康村、市场和园区对接，推进农村青年创业富民行动。

（十二）营造大众创业良好氛围

支持举办创业训练营、创业创新大赛、创新成果和创业项目展示推介等活动，搭建创业者交流平台，培育创业文化，营造鼓励创业、宽容失败的良好社会氛围，让大众创业、万众创新蔚然成风。对劳动者创办社会组织、从事网络创业符合条件的，给予相应创业扶持政策。推进创业型城市创建，对政策落实好、创业环境优、工作成效显著的，按规定予以表彰。

三、统筹推进高校毕业生等重点群体就业

（十三）鼓励高校毕业生多渠道就业

把高校毕业生就业摆在就业工作首位。完善工资待遇进一步向基层倾斜的办法，健全高校毕业生到基层工作的服务保障机制，鼓励毕业生到乡镇特别是困难乡镇机关事业单位工作。对高校毕业生到中西部地区、艰苦边远地区和老工业基地县以下基层单位就业、履行一定服务期限的，按规定给予学费补偿和国家助学贷款代偿。结合政府购买服务工作的推进，在基层特别是街道（乡镇）、社区（村）购买一批公共管理和社会服务岗位，优先用于吸纳高校毕业生就业。对小微企业新招用毕业年度高校毕业生，签订1年以上劳动合同并缴纳社会保险费的，给予1年社会保险补贴。落实完善见习补贴政策，对见习期满留用率达到50％以上的见习单位，适当提高见习补贴标准。将求职补贴调整为求职创业补贴，对象范围扩展到已获得国家助学贷款的毕业年度高校毕业生。深入实施大学生创业引领计划、离校未就业高校毕业生就业促进计划，整合发展高校毕业生就业创业基金，完善管理体制和市场化运行机制，实现基金滚动使用，为高校毕业生就业创业提供支持。积极支持和鼓励高校毕业生投身现代农业建设。对高校毕业生申报从事灵活就业的，按规定纳入各项社会保险，各级公共就业人才服务机构要提供人事、劳动保障代理服务。技师学院高级工班、预备技师班和特殊教育院校职业教育类毕业生可参照高校毕业生享受相关就业补贴政策。

（十四）加强对困难人员的就业援助

合理确定就业困难人员范围，规范认定程序，加强实名制动态管理和分类帮扶。坚持市场导向，鼓励其到企业就业、自主创业或灵活就业。对用人单位招用就业困难人员，签订劳动合同并缴纳社会保险费的，在一定期限内给予社会保险补贴。对就业困难人员灵活就业并缴纳社会保险费的，给予一定比例的社会保险补贴。对通过市场渠道确实难以实现就业的，可通过公益性岗位予以托底安置，并给予社会保险补贴及适当岗位补贴。社会保险补贴和岗位补贴期限最长不超过3年，对初次核定享受补贴政策时距退休年龄不足5年的人员，可延长至退休。规范公益性岗位开发和管理，科学设定公益性岗位总量，适度控制岗位规模，制定岗位申报评估办法，严格按照法律规定安排就业困难人员，不得用于安排非就业困难人员。加强对就业困难人员在岗情况的管理和工作考核，建立定期核查机制，完善就业困难人员享受扶持政策期满退出办法，做好退出后的政策衔接和就业服务。依法大力推进残疾人按比例就业，加大对用人单位安置残疾人的补贴和奖励力度，建立用人单位按比例安排残疾人就业公示制度。加快完善残疾人集中就业单位扶持政策，推进残疾人辅助性就业和灵活就业。加大对困难人员就业援助力度，确保零就业家庭、最低生活保障家庭等困难家庭至少有一人就业。对就业困难人员较集中的地区，上级政府要强化帮扶责任，加大产业、项目、资金、人才等支持力度。

（十五）推进农村劳动力转移就业

结合新型城镇化建设和户籍制度改革，建立健全城乡劳动者平等就业制度，进一步清理针对农民工就业的歧视性规定。完善职业培训、就业服务、劳动维权“三位一体”的工作机制，加强农民工输出输入地劳务对接，特别是对劳动力资源较为丰富的老少边穷地区，充分发挥各类公共就业服务机构和人力资源服务机构作用，积极开展有组织的劳务输出，加强对转移就业农民工的跟踪服务，有针对性地帮助其解决实际困难，推进农村富余劳动力有序外出就业和就地就近转移就业。做好被征地农民就业工作，在制定征地补偿安置方案时，要明确促进被征地农民就业的具体措施。

（十六）促进退役军人就业

扶持自主择业军转干部、自主就业退役士兵就业创业，落实各项优惠政策，组织实施教育培训，加强就业指导和服务，搭建就业创业服务平台。对符合政府安排工作条件的退役士官、义务兵，要确保岗位落实，细化完善公务员招录和事业单位招聘时同等条件优先录用（聘用），以及国有、国有控股和国有资本占主导地位企业按比例预留岗位择优招录的措施。退役士兵报考公务员、应聘事业单位职位的，在军队服现役经历视为基层工作经历，服现役年限计算为工作年限。调整完善促进军转干部及随军家属就业税收政策。

四、加强就业创业服务和职业培训

（十七）强化公共就业创业服务

健全覆盖城乡的公共就业创业服务体系，提高服务均等化、标准化和专业化水平。完善公共就业服务体系的创业服务功能，充分发挥公共就业服务、中小企业服务、高校毕业生就业指导等机构的作用，为创业者提供项目开发、开业指导、融资服务、跟踪扶持等服务，创新服务内容和方式。健全公共就业创业服务经费保障机制，切实将县级以上公共就业创业服务机构和县级以下（不含县级）基层公共就业创业服务平台经费纳入同级财政预算。将职业介绍补贴和扶持公共就业服务补助合并调整为就业创业服务补贴，支持各地按照精准发力、绩效管理的原则，加强公共就业创业服务能力建设，向社会力量购买基本就业创业服务成果。创新就业创业服务供给模式，形成多元参与、公平竞争格局，提高服务质量和效率。

（十八）加快公共就业服务信息化

按照统一建设、省级集中、业务协同、资源共享的原则，逐步建成以省级为基础、全国一体化的就业信息化格局。建立省级集中的就业信息资源库，加强信息系统应用，实现就业管理和就业服务工作全程信息化。推进公共就业信息服务平台建设，实现各类就业信息统一发布，健全全国就业信息监测平台。推进就业信息共享开放，支持社会服务机构利用政府数据开展专业化就业服务，推动政府、社会协同提升公共就业服务水平。

（十九）加强人力资源市场建设

加快建立统一规范灵活的人力资源市场，消除城乡、行业、身份、性别、残疾等影响平等就业的制度障碍和就业歧视，形成有利于公平就业的制度环境。健全统一的市场监管体系，推进人力资源市场诚信体系建设和标准化建设。加强对企业招聘行为、职业中介活动的规范，及时纠正招聘过程中的歧视、限制及欺诈等行为。建立国有企事业单位公开招聘制度，推动实现招聘信息公开、过程公开和结果公开。加快发展人力资源服务业，规范发展人事代理、人才推荐、人员培训、劳务派遣等人力资源服务，提升服务供给能力和水平。完善党政机关、企事业单位、社会各方面人才顺畅流动的制度体系。

（二十）加强职业培训和创业培训

顺应产业结构迈向中高端水平、缓解就业结构性矛盾的需求，优化高校学科专业结构，加快发展现代职业教育，大规模开展职业培训，加大创业培训力度。利用各类创业培训资源，开发针对不同创业群体、创业活动不同阶段特点的创业培训项目，把创新创业课程纳入国民教育体系。重点实施农民工职业技能提升和失业人员转业转岗培训，增强其就业创业和职业转换能力。尊重劳动者培训意愿，引导劳动者自主选择培训项目、培训方式和培训机构。发挥企业主体作用，支持企业以新招用青年劳动者和新转岗人员为重点开展新型学徒制培训。强化基础能力建设，创新培训模式，建立高水平、专兼职的创业培训师资队伍，提升培训质量，落实职业培训补贴政策，合理确定补贴标准。推进职业资格管理改革，完善有利于劳动者成长成才的培养、评价和激励机制，畅通技能人才职业上升通道，推动形成劳动、技能等要素按贡献参与分配的机制，使技能劳动者获得与其能力业绩相适应的工资待遇。

（二十一）建立健全失业保险

社会救助与就业的联动机制。进一步完善失业保险制度，充分发挥失业保险保生活、防失业、促就业的作用，鼓励领取失业保险金人员尽快实现就业或自主创业。对实现就业或自主创业的最低生活保障对象，在核算家庭收入时，可以扣减必要的就业成本。

(二十二)完善失业登记办法

在法定劳动年龄内、有劳动能力和就业要求、处于无业状态的城镇常住人员,可以到常住地的公共就业服务机构进行失业登记。各地公共就业服务机构要为登记失业的各类人员提供均等化的政策咨询、职业指导、职业介绍等公共就业服务和普惠性就业政策,并逐步使外来劳动者与当地户籍人口享有同等的就业扶持政策。将《就业失业登记证》调整为《就业创业证》,免费发放,作为劳动者享受公共就业服务及就业扶持政策的凭证。有条件的地方可积极推动社会保障卡在就业领域的应用。

五、强化组织领导

(二十三)健全协调机制

县级以上人民政府要加强对就业创业工作的领导,把促进就业创业摆上重要议程,健全政府负责人牵头的就业创业工作协调机制,加强就业形势分析研判,落实完善就业创业政策,协调解决重点难点问题,确保各项就业目标完成和就业局势稳定。有关部门要增强全局意识,密切配合,尽职履责。进一步发挥各人民团体以及其他社会组织的作用,充分调动社会各方促进就业创业积极性。

(二十四)落实目标责任制

将就业创业工作纳入政绩考核,细化目标任务、政策落实、就业创业服务、资金投入、群众满意度等指标,提高权重,并层层分解,督促落实。对在就业创业工作中取得显著成绩的单位和个人,按国家有关规定予以表彰奖励。有关地区不履行促进就业职责,造成恶劣社会影响的,对当地人民政府有关负责人及具体责任人实行问责。

(二十五)保障资金投入

各级人民政府要根据就业状况和就业工作目标,在财政预算中合理安排就业相关资金。按照系统规范、精简效能的原则,明确政府间促进就业政策的功能定位,严格支出责任划分。进一步规范就业专项资金管理,强化资金预算执行和监督,开展资金使用绩效评价,着力提高就业专项资金使用效益。

(二十六)建立健全就业创业统计监测体系

健全就业统计指标,完善统计口径和统计调查方法,逐步将性别等指标纳入统计监测范围,探索建立创业工作统计指标。进一步加强和完善全国劳动力调查制度建设,扩大调查范围,增加调查内容。强化统计调查的质量控制。加大就业统计调查人员、经费和软硬件等保障力度,推进就业统计调查信息化建设。依托行业组织,建立健全行业人力资源需求预测和就业状况定期发布制度。

(二十七)注重舆论引导

坚持正确导向,加强政策解读,及时回应社会关切,大力宣传促进就业创业工作的经验做法,宣传劳动者自主就业、自主创业和用人单位促进就业的典型事迹,引导全社会共同关心和支持就业创业工作,引导高校毕业生等各类劳动者转变观念,树立正确的就业观，大力营造劳动光荣、技能宝贵、创造伟大的时代风尚。

各地区、各部门要认真落实本意见提出的各项任务，结合本地区、本部门实际，创造性地开展工作，制定具体方案和配套政策，同时要切实转变职能，简化办事流程，提高服务效率，确保各项就业创业政策措施落实到位，以稳就业惠民生促进经济社会平稳健康发展。

国务院

2015 年 4 月 27 日

国务院关于大力推进大众创业万众创新若干政策措施的意见

国发〔2015〕32 号

各省、自治区、直辖市人民政府，国务院各部委、各直属机构：

推进大众创业、万众创新，是发展的动力之源，也是富民之道、公平之计、强国之策，对于推动经济结构调整、打造发展新引擎、增强发展新动力、走创新驱动发展道路具有重要意义，是稳增长、扩就业、激发亿万群众智慧和创造力，促进社会纵向流动、公平正义的重大举措。根据 2015 年《政府工作报告》部署，为改革完善相关体制机制，构建普惠性政策扶持体系，推动资金链引导创业创新链、创业创新链支持产业链、产业链带动就业链，现提出以下意见。

一、充分认识推进大众创业、万众创新的重要意义

——推进大众创业、万众创新，是培育和催生经济社会发展新动力的必然选择。随着我国资源环境约束日益强化，要素的规模驱动力逐步减弱，传统的高投入、高消耗、粗放式发展方式难以为继，经济发展进入新常态，需要从要素驱动、投资驱动转向创新驱动。推进大众创业、万众创新，就是要通过结构性改革、体制机制创新，消除不利于创业创新发展的各种制度束缚和桎梏，支持各类市场主体不断开办新企业、开发新产品、开拓新市场，培育新兴产业，形成小企业"铺天盖地"、大企业"顶天立地"的发展格局，实现创新驱动发展，打造新引擎、形成新动力。

——推进大众创业、万众创新，是扩大就业、实现富民之道的根本举措。我国有 13 亿多人口、9 亿多劳动力，每年高校毕业生、农村转移劳动力、城镇困难人员、退役军人数量较大，人力资源转化为人力资本的潜力巨大，但就业总量压力较大，结构性矛盾凸显。推进大众创业、万众创新，就是要通过转变政府职能、建设服务型政府，营造公平竞争的创业环境，使有梦想、有意愿、有能力的科技人员、高校毕业生、农民工、退役军人、失业人员等各类市场创业主体"如鱼得水"，通过创业增加收入，让更多的人富起来，促进收入分配结构调整，实现创新支持创业、创业带动就业的良性互动发展。

——推进大众创业、万众创新，是激发全社会创新潜能和创业活力的有效途径。目前，我国创业创新理念还没有深入人心，创业教育培训体系还不健全，善于创造、勇于创业的能力不足，鼓励创新、宽容失败的良好环境尚未形成。推进大众创业、万众创新，就是要通过加强全社会以创新为核心的创业教育，弘扬“敢为人先、追求创新、百折不挠”的创业精神，厚植创新文化，不断增强创业创新意识，使创业创新成为全社会共同的价值追求和行为习惯。

二、总体思路

按照“四个全面”战略布局，坚持改革推动，加快实施创新驱动发展战略，充分发挥市场在资源配置中的决定性作用和更好发挥政府作用，加大简政放权力度，放宽政策、放开市场、放活主体，形成有利于创业创新的良好氛围，让千千万万创业者活跃起来，汇聚成经济社会发展的巨大动能。不断完善体制机制、健全普惠性政策措施，加强统筹协调，构建有利于大众创业、万众创新蓬勃发展的政策环境、制度环境和公共服务体系，以创业带动就业、创新促进发展。

——坚持深化改革，营造创业环境。通过结构性改革和创新，进一步简政放权、放管结合、优化服务，增强创业创新制度供给，完善相关法律法规、扶持政策和激励措施，营造均等普惠环境，推动社会纵向流动。

——坚持需求导向，释放创业活力。尊重创业创新规律，坚持以人为本，切实解决创业者面临的资金需求、市场信息、政策扶持、技术支撑、公共服务等瓶颈问题，最大限度释放各类市场主体创业创新活力，开辟就业新空间，拓展发展新天地，解放和发展生产力。

——坚持政策协同，实现落地生根。加强创业、创新、就业等各类政策统筹，部门与地方政策联动，确保创业扶持政策可操作、能落地。鼓励有条件的地区先行先试，探索形成可复制、可推广的创业创新经验。

——坚持开放共享，推动模式创新。加强创业创新公共服务资源开放共享，整合利用全球创业创新资源，实现人才等创业创新要素跨地区、跨行业自由流动。依托“互联网＋”、大数据等，推动各行业创新商业模式，建立和完善线上与线下、境内与境外、政府与市场开放合作等创业创新机制。

三、创新体制机制，实现创业便利化

（一）完善公平竞争市场环境

进一步转变政府职能，增加公共产品和服务供给，为创业者提供更多机会。逐步清理并废除妨碍创业发展的制度和规定，打破地方保护主义。加快出台公平竞争审查制度，建立统一透明、有序规范的市场环境。依法反垄断和反不正当竞争，消除不利于创业创新发展的垄断协议和滥用市场支配地位以及其他不正当竞争行为。清理规范涉企收费项目，完善收费目录管理制度，制定事中事后监管办法。建立和规范企业信用信息发布制度，制定严重违法企业名单管理办法，把创业主体信用与市场准入、享受优惠政策挂钩，完善以信用管理为基础的创业创新监管模式。

（二）深化商事制度改革

加快实施工商营业执照、组织机构代码证、税务登记证“三证合一”、“一照一码”，落实“先照后证”改革，推进全程电子化登记和电子营业执照应用。支持各地结合实际放宽新注册企业场所登记条件限制，推动“一址多照”、集群注册等住所登记改革，为创业创新提供便利的工商登记服务。建立市场准入等负面清单，破除不合理的行业准入限制。开展企业简易注销试点，建立便捷的市场退出机制。依托企业信用信息公示系统建立小微企业名录，增强创业企业信息透明度。

（三）加强创业知识产权保护

研究商业模式等新形态创新成果的知识产权保护办法。积极推进知识产权交易，加快建立全国知识产权运营公共服务平台。完善知识产权快速维权与维权援助机制，缩短确权审查、侵权处理周期。集中查处一批侵犯知识产权的大案要案，加大对反复侵权、恶意侵权等行为的处罚力度，探索实施惩罚性赔偿制度。完善权利人维权机制，合理划分权利人举证责任，完善行政调解等非诉讼纠纷解决途径。

（四）健全创业人才培养与流动机制

把创业精神培育和创业素质教育纳入国民教育体系，实现全社会创业教育和培训制度化、体系化。加快完善创业课程设置，加强创业实训体系建设。加强创业创新知识普及教育，使大众创业、万众创新深入人心。加强创业导师队伍建设，提高创业服务水平。加快推进社会保障制度改革，破除人才自由流动制度障碍，实现党政机关、企事业单位、社会各方面人才顺畅流动。加快建立创业创新绩效评价机制，让一批富有创业精神、勇于承担风险的人才脱颖而出。

四、优化财税政策，强化创业扶持

（五）加大财政资金支持和统筹力度

各级财政要根据创业创新需要，统筹安排各类支持小微企业和创业创新的资金，加大对创业创新支持力度，强化资金预算执行和监管，加强资金使用绩效评价。支持有条件的地方政府设立创业基金，扶持创业创新发展。在确保公平竞争前提下，鼓励对众创空间等孵化机构的办公用房、用水、用能、网络等软硬件设施给予适当优惠，减轻创业者负担。

（六）完善普惠性税收措施

落实扶持小微企业发展的各项税收优惠政策。落实科技企业孵化器、大学科技园、研发费用加计扣除、固定资产加速折旧等税收优惠政策。对符合条件的众创空间等新型孵化机构适用科技企业孵化器税收优惠政策。按照税制改革方向和要求，对包括天使投资在内的投向种子期、初创期等创新活动的投资，统筹研究相关税收支持政策。修订完善高新技术企业认定办法，完善创业投资企业享受70%应纳税所得额税收抵免政策。抓紧推广中关村国家自主创新示范区税收试点政策，将企业转增股本分期缴纳个人所得税试点政策、股权奖励分期缴纳个人所得税试点政策推广至全国范围。落实促进高校毕业生、残疾人、退役军人、登记失业人员等创业就业税收政策。

（七）发挥政府采购支持作用

完善促进中小企业发展的政府采购政策，加强对采购单位的政策指导和监督检查，督促采购单位改进采购计划编制和项目预留管理，增强政策对小微企业发展的支持效果。加大创新产品和服务的采购力度，把政府采购与支持创业发展紧密结合起来。

五、搞活金融市场，实现便捷融资

（八）优化资本市场

支持符合条件的创业企业上市或发行票据融资，并鼓励创业企业通过债券市场筹集资金。积极研究尚未盈利的互联网和高新技术企业到创业板发行上市制度，推动在上海证券交易所建立战略新兴产业板。加快推进全国中小企业股份转让系统向创业板转板试点。研究解决特殊股权结构类创业企业在境内上市的制度性障碍，完善资本市场规则。规范发展服务于中小微企业的区域性股权市场，推动建立工商登记部门与区域性股权市场的股权登记对接机制，支持股权质押融资。支持符合条件的发行主体发行小微企业增信集合债等企业债券创新品种。

（九）创新银行支持方式

鼓励银行提高针对创业创新企业的金融服务专业化水平，不断创新组织架构、管理方式和金融产品。推动银行与其他金融机构加强合作，对创业创新活动给予有针对性的股权和债权融资支持。鼓励银行业金融机构向创业企业提供结算、融资、理财、咨询等一站式系统化的金融服务。

（十）丰富创业融资新模式

支持互联网金融发展，引导和鼓励众筹融资平台规范发展，开展公开、小额股权众筹融资试点，加强风险控制和规范管理。丰富完善创业担保贷款政策。支持保险资金参与创业创新，发展相互保险等新业务。完善知识产权估值、质押和流转体系，依法合规推动知识产权质押融资、专利许可费收益权证券化、专利保险等服务常态化、规模化发展，支持知识产权金融发展。

六、扩大创业投资，支持创业起步成长

（十一）建立和完善创业投资引导机制

不断扩大社会资本参与新兴产业创投计划参股基金规模，做大直接融资平台，引导创业投资更多向创业企业起步成长的前端延伸。不断完善新兴产业创业投资政策体系、制度体系、融资体系、监管和预警体系，加快建立考核评价体系。加快设立国家新兴产业创业投资引导基金和国家中小企业发展基金，逐步建立支持创业创新和新兴产业发展的市场化长效运行机制。发展联合投资等新模式，探索建立风险补偿机制。鼓励各地方政府建立和完善创业投资引导基金。加强创业投资立法，完善促进天使投资的政策法规。促进国家新兴产业创业投资引导基金、科技型中小企业创业投资引导基金、国家科技成果转化引导基金、国家中小企业发展基金等协同联动。推进创业投资行业协会建设，加强行业自律。

（十二）拓宽创业投资资金供给渠道

加快实施新兴产业"双创"三年行动计划，建立一批新兴产业"双创"示范基地，引导社会资金支持大众创业。推动商业银行在依法合规、风险隔离的前提下，与创业投资机构建立市场化长期性合作。进一步降低商业保险资金进入创业投资的门槛。推动发展投贷联动、投保联动、投债联动等新模式，不断加大对创业创新企业的融资支持。

（十三）发展国有资本创业投资

研究制定鼓励国有资本参与创业投资的系统性政策措施，完善国有创业投资机构激励约束机制、监督管理机制。引导和鼓励中央企业和其他国有企业参与新兴产业创业投资基金、设立国有资本创业投资基金等，充分发挥国有资本在创业创新中的作用。研究完善国有创业投资机构国有股转持豁免政策。

（十四）推动创业投资"引进来"与"走出去"

抓紧修订外商投资创业投资企业相关管理规定，按照内外资一致的管理原则，放宽外商投资准入，完善外资创业投资机构管理制度，简化管理流程，鼓励外资开展创业投资业务。放宽对外资创业投资基金投资限制，鼓励中外合资创业投资机构发展。引导和鼓励创业投资机构加大对境外高端研发项目的投资，积极分享境外高端技术成果。按投资领域、用途、募集资金规模，完善创业投资境外投资管理。

七、发展创业服务，构建创业生态

（十五）加快发展创业孵化服务

大力发展创新工场、车库咖啡等新型孵化器，做大做强众创空间，完善创业孵化服务。引导和鼓励各类创业孵化器与天使投资、创业投资相结合，完善投融资模式。引导和推动创业孵化与高校、科研院所等技术成果转移相结合，完善技术支撑服务。引导和鼓励国内资本与境外合作设立新型创业孵化平台，引进境外先进创业孵化模式，提升孵化能力。

（十六）大力发展第三方专业服务

加快发展企业管理、财务咨询、市场营销、人力资源、法律顾问、知识产权、检验检测、现代物流等第三方专业化服务，不断丰富和完善创业服务。

（十七）发展"互联网＋"创业服务

加快发展"互联网＋"创业网络体系，建设一批小微企业创业创新基地，促进创业与创新、创业与就业、线上与线下相结合，降低全社会创业门槛和成本。加强政府数据开放共享，推动大型互联网企业和基础电信企业向创业者开放计算、存储和数据资源。积极推广众包、用户参与设计、云设计等新型研发组织模式和创业创新模式。

（十八）研究探索创业券、创新券等公共服务新模式

有条件的地方继续探索通过创业券、创新券等方式对创业者和创新企业提供社会培训、管理咨询、检验检测、软件开发、研发设计等服务，建立和规范相关管理制度和运行机制，逐步形成可复制、可推广的经验。

八、建设创业创新平台，增强支撑作用

（十九）打造创业创新公共平台

加强创业创新信息资源整合，建立创业政策集中发布平台，完善专业化、网络化服务体系，增强创业创新信息透明度。鼓励开展各类公益讲坛、创业论坛、创业培训等活动，丰富创业平台形式和内容。支持各类创业创新大赛，定期办好中国创新创业大赛、中国农业科技创新创业大赛和创新挑战大赛等赛事。加强和完善中小企业公共服务平台网络建设。充分发挥企业的创新主体作用，鼓励和支持有条件的大型企业发展创业平台、投资并购小微企业等，支持企业内外部创业者创业，增强企业创业创新活力。为创业失败者再创业建立必要的指导和援助机制，不断增强创业信心和创业能力。加快建立创业企业、天使投资、创业投资统计指标体系，规范统计口径和调查方法，加强监测和分析。

（二十）用好创业创新技术平台

建立科技基础设施、大型科研仪器和专利信息资源向全社会开放的长效机制。完善国家重点实验室等国家级科研平台（基地）向社会开放机制，为大众创业、万众创新提供有力支撑。鼓励企业建立一批专业化、市场化的技术转移平台。鼓励依托三维（3D）打印、网络制造等先进技术和发展模式，开展面向创业者的社会化服务。引导和支持有条件的领军企业创建特色服务平台，面向企业内部和外部创业者提供资金、技术和服务支撑。加快建立军民两用技术项目实施、信息交互和标准化协调机制，促进军民创新资源融合。

（二十一）发展创业创新区域平台

支持开展全面创新改革试验的省（区、市）、国家综合配套改革试验区等，依托改革试验平台在创业创新体制机制改革方面积极探索，发挥示范和带动作用，为创业创新制度体系建设提供可复制、可推广的经验。依托自由贸易试验区、国家自主创新示范区、战略性新兴产业集聚区等创业创新资源密集区域，打造若干具有全球影响力的创业创新中心。引导和鼓励创业创新型城市完善环境，推动区域集聚发展。推动实施小微企业创业基地城市示范。鼓励有条件的地方出台各具特色的支持政策，积极盘活闲置的商业用房、工业厂房、企业库房、物流设施和家庭住所、租赁房等资源，为创业者提供低

成本办公场所和居住条件。

九、激发创造活力，发展创新型创业

（二十二）支持科研人员创业

加快落实高校、科研院所等专业技术人员离岗创业政策，对经同意离岗的可在3年内保留人事关系，建立健全科研人员双向流动机制。进一步完善创新型中小企业上市股权激励和员工持股计划制度规则。鼓励符合条件的企业按照有关规定，通过股权、期权、分红等激励方式，调动科研人员创业积极性。支持鼓励学会、协会、研究会等科技社团为科技人员和创业企业提供咨询服务。

（二十三）支持大学生创业

深入实施大学生创业引领计划，整合发展高校毕业生就业创业基金。引导和鼓励高校统筹资源，抓紧落实大学生创业指导服务机构、人员、场地、经费等。引导和鼓励成功创业者、知名企业家、天使和创业投资人、专家学者等担任兼职创业导师，提供包括创业方案、创业渠道等创业辅导。建立健全弹性学制管理办法，支持大学生保留学籍休学创业。

（二十四）支持境外人才来华创业

发挥留学回国人才特别是领军人才、高端人才的创业引领带动作用。继续推进人力资源市场对外开放，建立和完善境外高端创业创新人才引进机制。进一步放宽外籍高端人才来华创业办理签证、永久居留证等条件，简化开办企业审批流程，探索由事前审批调整为事后备案。引导和鼓励地方对回国创业高端人才和境外高端人才来华创办高科技企业给予一次性创业启动资金，在配偶就业、子女入学、医疗、住房、社会保障等方面完善相关措施。加强海外科技人才离岸创业基地建设，把更多的国外创业创新资源引入国内。

十、拓展城乡创业渠道，实现创业带动就业

（二十五）支持电子商务向基层延伸

引导和鼓励集办公服务、投融资支持、创业辅导、渠道开拓于一体的市场化网商创业平台发展。鼓励龙头企业结合乡村特点建立电子商务交易服务平台、商品集散平台和物流中心，推动农村依托互联网创业。鼓励电子商务第三方交易平台渠道下沉，带动城乡基层创业人员依托其平台和经营网络开展创业。完善有利于中小网商发展的相关措施，在风险可控、商业可持续的前提下支持发展面向中小网商的融资贷款业务。

（二十六）支持返乡创业集聚发展

结合城乡区域特点，建立有市场竞争力的协作创业模式，形成各具特色的返乡人员创业联盟。引导返乡创业人员融入特色专业市场，打造具有区域特点的创业集群和优势产业集群。深入实施农村青年创业富民行动，支持返乡创业人员因地制宜围绕休闲

农业、农产品深加工、乡村旅游、农村服务业等开展创业，完善家庭农场等新型农业经营主体发展环境。

(二十七)完善基层创业支撑服务

加强城乡基层创业人员社保、住房、教育、医疗等公共服务体系建设，完善跨区域创业转移接续制度。健全职业技能培训体系，加强远程公益创业培训，提升基层创业人员创业能力。引导和鼓励中小金融机构开展面向基层创业创新的金融产品创新，发挥社区地理和软环境优势，支持社区创业者创业。引导和鼓励行业龙头企业、大型物流企业发挥优势，拓展乡村信息资源、物流仓储等技术和服务网络，为基层创业提供支撑。

十一、加强统筹协调，完善协同机制

(二十八)加强组织领导

建立由发展改革委牵头的推进大众创业万众创新部际联席会议制度，加强顶层设计和统筹协调。各地区、各部门要立足改革创新，坚持需求导向，从根本上解决创业创新中面临的各种体制机制问题，共同推进大众创业、万众创新蓬勃发展。重大事项要及时向国务院报告。

(二十九)加强政策协调联动

建立部门之间、部门与地方之间政策协调联动机制，形成强大合力。各地区、各部门要系统梳理已发布的有关支持创业创新发展的各项政策措施，抓紧推进“立、改、废”工作，将对初创企业的扶持方式从选拔式、分配式向普惠式、引领式转变。建立健全创业创新政策协调审查制度，增强政策普惠性、连贯性和协同性。

(三十)加强政策落实情况督查

加快建立推进大众创业、万众创新有关普惠性政策措施落实情况督查督导机制，建立和完善政策执行评估体系和通报制度，全力打通决策部署的“最先一公里”和政策落实的“最后一公里”，确保各项政策措施落地生根。

各地区、各部门要进一步统一思想认识，高度重视、认真落实本意见的各项要求，结合本地区、本部门实际明确任务分工、落实工作责任，主动作为、敢于担当，积极研究解决新问题，及时总结推广经验做法，加大宣传力度，加强舆论引导，推动本意见确定的各项政策措施落实到位，不断拓展大众创业、万众创新的空间，汇聚经济社会发展新动能，促进我国经济保持中高速增长、迈向中高端水平。

国务院

2015 年 6 月 11 日

国务院办公厅关于深化高等学校创新创业教育改革的实施意见

国办发〔2015〕36号

各省、自治区、直辖市人民政府，国务院各部委、各直属机构：

深化高等学校创新创业教育改革，是国家实施创新驱动发展战略、促进经济提质增效升级的迫切需要，是推进高等教育综合改革、促进高校毕业生更高质量创业就业的重要举措。党的十八大对创新创业人才培养作出重要部署，国务院对加强创新创业教育提出明确要求。近年来，高校创新创业教育不断加强，取得了积极进展，对提高高等教育质量、促进学生全面发展、推动毕业生创业就业、服务国家现代化建设发挥了重要作用。但也存在一些不容忽视的突出问题，主要是一些地方和高校重视不够，创新创业教育理念滞后，与专业教育结合不紧，与实践脱节；教师开展创新创业教育的意识和能力欠缺，教学方式方法单一，针对性实效性不强；实践平台短缺，指导帮扶不到位，创新创业教育体系亟待健全。为了进一步推动大众创业、万众创新，经国务院同意，现就深化高校创新创业教育改革提出如下实施意见。

一、总体要求

（一）指导思想

全面贯彻党的教育方针，落实立德树人根本任务，坚持创新引领创业、创业带动就业，主动适应经济发展新常态，以推进素质教育为主题，以提高人才培养质量为核心，以创新人才培养机制为重点，以完善条件和政策保障为支撑，促进高等教育与科技、经济、社会紧密结合，加快培养规模宏大、富有创新精神、勇于投身实践的创新创业人才队伍，不断提高高等教育对稳增长促改革调结构惠民生的贡献度，为建设创新型国家、实现“两个一百年”奋斗目标和中华民族伟大复兴的中国梦提供强大的人才智力支撑。

（二）基本原则

坚持育人为本，提高培养质量。把深化高校创新创业教育改革作为推进高等教育综合改革的突破口，树立先进的创新创业教育理念，面向全体、分类施教、结合专业、强化实践，促进学生全面发展，提升人力资本素质，努力造就大众创业、万众创新的生力军。

坚持问题导向，补齐培养短板。把解决高校创新创业教育存在的突出问题作为深化高校创新创业教育改革的着力点，融入人才培养体系，丰富课程、创新教法、强化师资、改进帮扶，推进教学、科研、实践紧密结合，突破人才培养薄弱环节，增强学生的创新精神、创业意识和创新创业能力。

坚持协同推进，汇聚培养合力。把完善高校创新创业教育体制机制作为深化高校创新创业教育改革的支撑点，集聚创新创业教育要素与资源，统一领导、齐抓共管、开放合作、全员参与，形成全社会关心支持创新创业教育和学生创新创业的良好生态环境。

（三）总体目标

2015年起全面深化高校创新创业教育改革。2017年取得重要进展，形成科学先进、广泛认同、具有中国特色的创新创业教育理念，形成一批可复制可推广的制度成果，普及创新创业教育，实现新一轮大学生创业引领计划预期目标。到2020年建立健全课堂教学、自主学习、结合实践、指导帮扶、文化引领融为一体的高校创新创业教育体系，人才培养质量显著提升，学生的创新精神、创业意识和创新创业能力明显增强，投身创业实践的学生显著增加。

二、主要任务和措施

（一）完善人才培养质量标准

制订实施本科专业类教学质量国家标准，修订实施高职高专专业教学标准和博士、硕士学位基本要求，明确本科、高职高专、研究生创新创业教育目标要求，使创新精神、创业意识和创新创业能力成为评价人才培养质量的重要指标。相关部门、科研院所、行业企业要制修订专业人才评价标准，细化创新创业素质能力要求。不同层次、类型、区域高校要结合办学定位、服务面向和创新创业教育目标要求，制订专业教学质量标准，修订人才培养方案。

（二）创新人才培养机制

实施高校毕业生就业和重点产业人才供需年度报告制度，完善学科专业预警、退出管理办法，探索建立需求导向的学科专业结构和创业就业导向的人才培养类型结构调整新机制，促进人才培养与经济社会发展、创业就业需求紧密对接。深入实施系列“卓越计划”、科教结合协同育人行动计划等，多形式举办创新创业教育实验班，探索建立校校、校企、校地、校所以及国际合作的协同育人新机制，积极吸引社会资源和国外优质教育资源投入创新创业人才培养。高校要打通一级学科或专业类下相近学科专业的基础课程，开设跨学科专业的交叉课程，探索建立跨院系、跨学科、跨专业交叉培养创新创业人才的新机制，促进人才培养由学科专业单一型向多学科融合型转变。

（三）健全创新创业教育课程体系

各高校要根据人才培养定位和创新创业教育目标要求，促进专业教育与创新创业教育有机融合，调整专业课程设置，挖掘和充实各类专业课程的创新创业教育资源，在传授专业知识过程中加强创新创业教育。面向全体学生开发开设研究方法、学科前沿、创业基础、就业创业指导等方面的必修课和选修课，纳入学分管理，建设依次递进、有机衔接、科学合理的创新创业教育专门课程群。各地区、各高校要加快创新创业教育优质课程信息化建设，推出一批资源共享的慕课、视频公开课等在线开放课程。建立在线开放课程学习认证和学分认定制度。组织学科带头人、行业企业优秀人才，联合编写具有科学性、先进性、适用性的创新创业教育重点教材。

（四）改革教学方法和考核方式

各高校要广泛开展启发式、讨论式、参与式教学，扩大小班化教学覆盖面，推动教师把国际前沿学术发展、最新研究成果和实践经验融入课堂教学，注重培养学生的批判性和创造性思维，激发创新创业灵感。运用大数据技术，掌握不同学生学习需求和规律，为学生自主学习提供更加丰富多样的教育资源。改革考试考核内容和方式，注重考查学生运用知识分析、解决问题的能力，探索非标准答案考试，破除“高分低能”积弊。

（五）强化创新创业实践

各高校要加强专业实验室、虚拟仿真实验室、创业实验室和训练中心建设，促进实验教学平台共享。各地区、各高校科技创新资源原则上向全体在校学生开放，开放情况纳入各类研究基地、重点实验室、科技园评估标准。鼓励各地区、各高校充分利用各种资源建设大学科技园、大学生创业园、创业孵化基地和小微企业创业基地，作为创业教育实践平台，建好一批大学生校外实践教育基地、创业示范基地、科技创业实习基地和职业院校实训基地。完善国家、地方、高校三级创新创业实训教学体系，深入实施大学生创新创业训练计划，扩大覆盖面，促进项目落地转化。举办全国大学生创新创业大赛，办好全国职业院校技能大赛，支持举办各类科技创新、创意设计、创业计划等专题竞赛。支持高校学生成立创新创业协会、创业俱乐部等社团，举办创新创业讲座论坛，开展创新创业实践。

（六）改革教学和学籍管理制度

各高校要设置合理的创新创业学分，建立创新创业学分积累与转换制度，探索将学生开展创新实验、发表论文、获得专利和自主创业等情况折算为学分，将学生参与课题研究、项目实验等活动认定为课堂学习。为有意愿有潜质的学生制定创新创业能力培养计划，建立创新创业档案和成绩单，客观记录并量化评价学生开展创新创业活动情况。优先支持参与创新创业的学生转入相关专业学习。实施弹性学制，放宽学生修业年限，允许调整学业进程、保留学籍休学创新创业。设立创新创业奖学金，并在现有相关评优评先项目中拿出一定比例用于表彰优秀创新创业的学生。

（七）加强教师创新创业教育教学能力建设

各地区、各高校要明确全体教师创新创业教育责任，完善专业技术职务评聘和绩效考核标准，加强创新创业教育的考核评价。配齐配强创新创业教育与创业就业指导专职教师队伍，并建立定期考核、淘汰制度。聘请知名科学家、创业成功者、企业家、风险投资人等各行各业优秀人才，担任专业课、创新创业课授课或指导教师，并制定兼职教师管理规范，形成全国万名优秀创新创业导师人才库。将提高高校教师创新创业教育的意识和能力作为岗前培训、课程轮训、骨干研修的重要内容，建立相关专业教师、创新创业教育专职教师到行业企业挂职锻炼制度。加快完善高校科技成果处置和收益分配机制，支持教师以对外转让、合作转化、作价入股、自主创业等形式将科技成果产业化，并鼓励带领学生创新创业。

(八)改进学生创业指导服务

各地区、各高校要建立健全学生创业指导服务专门机构，做到“机构、人员、场地、经费”四到位，对自主创业学生实行持续帮扶、全程指导、一站式服务。健全持续化信息服务制度，完善全国大学生创业服务网功能，建立地方、高校两级信息服务平台，为学生实时提供国家政策、市场动向等信息，并做好创业项目对接、知识产权交易等服务。各地区、各有关部门要积极落实高校学生创业培训政策，研发适合学生特点的创业培训课程，建设网络培训平台。鼓励高校自主编制专项培训计划，或与有条件的教育培训机构、行业协会、群团组织、企业联合开发创业培训项目。各地区和具备条件的行业协会要针对区域需求、行业发展，发布创业项目指南，引导高校学生识别创业机会、捕捉创业商机。

(九)完善创新创业资金支持和政策保障体系

各地区、各有关部门要整合发展财政和社会资金，支持高校学生创新创业活动。各高校要优化经费支出结构，多渠道统筹安排资金，支持创新创业教育教学，资助学生创新创业项目。部委属高校应按规定使用中央高校基本科研业务费，积极支持品学兼优且具有较强科研潜质的在校学生开展创新科研工作。中国教育发展基金会设立大学生创新创业教育奖励基金，用于奖励对创新创业教育作出贡献的单位。鼓励社会组织、公益团体、企事业单位和个人设立大学生创业风险基金，以多种形式向自主创业大学生提供资金支持，提高扶持资金使用效益。深入实施新一轮大学生创业引领计划，落实各项扶持政策和服务措施，重点支持大学生到新兴产业创业。有关部门要加快制定有利于互联网创业的扶持政策。

三、加强组织领导

(一)健全体制机制

各地区、各高校要把深化高校创新创业教育改革作为“培养什么人，怎样培养人”的重要任务摆在突出位置，加强指导管理与监督评价，统筹推进本地本校创新创业教育工作。各地区要成立创新创业教育专家指导委员会，开展高校创新创业教育的研究、咨询、指导和服务。各高校要落实创新创业教育主体责任，把创新创业教育纳入改革发展重要议事日程，成立由校长任组长、分管校领导任副组长、有关部门负责人参加的创新创业教育工作领导小组，建立教务部门牵头，学生工作、团委等部门齐抓共管的创新创业教育工作机制。

(二)细化实施方案

各地区、各高校要结合实际制定深化本地本校创新创业教育改革的实施方案，明确责任分工。教育部属高校需将实施方案报教育部备案，其他高校需报学校所在地省级教育部门和主管部门备案，备案后向社会公布。

（三）强化督导落实

教育部门要把创新创业教育质量作为衡量办学水平、考核领导班子的重要指标，纳入高校教育教学评估指标体系和学科评估指标体系，引入第三方评估。把创新创业教育相关情况列入本科、高职高专、研究生教学质量年度报告和毕业生就业质量年度报告重点内容，接受社会监督。

（四）加强宣传引导

各地区、各有关部门以及各高校要大力宣传加强高校创新创业教育的必要性、紧迫性、重要性，使创新创业成为管理者办学、教师教学、学生求学的理性认知与行动自觉。及时总结推广各地各高校的好经验好做法，选树学生创新创业成功典型，丰富宣传形式，培育创客文化，努力营造敢为人先、敢冒风险、宽容失败的氛围环境。

国务院办公厅
2015年5月4日

甘肃省人民政府关于进一步做好新形势下就业创业工作的实施意见

甘政发〔2015〕63号

各市、自治州人民政府，兰州新区管委会，省政府有关部门，中央在甘有关单位，省属有关企业：

为贯彻落实《国务院关于进一步做好新形势下就业创业工作的意见》（国发〔2015〕23号），深入实施就业优先战略，大力推进全民创业行动，着力形成大众创业、万众创新的就业创业工作新格局，为转方式调结构、稳增长惠民生提供有力保障，结合我省实际，提出以下实施意见。

一、毫不动摇坚持就业优先战略

（一）实施扩大就业发展战略

主动适应经济发展新常态，把稳定和扩大就业作为经济运行合理区间的下限，将城镇新增就业、调查失业率作为衡量经济社会发展水平的重要指标。各地要将就业工作纳入本地区经济社会发展规划及年度计划，建立经济发展与扩大就业的联动机制，合理确定经济增长速度和产业结构，以稳增长促就业，以鼓励创业就业带动经济增长。加强财税、金融、产业、贸易等经济政策与就业政策的配套衔接，把对就业的影响作为制定、实施、评价经济政策的重要考量因素。实施公共投资和重大项目带动就业评估制度，把对就业和增收的拉动作用、对相关产业的带动作用作为项目建议书和可行性报告的重要内容，将带动吸纳就业列入公共投资和重大项目申报内容，同等条件下对创造就业岗位多、带动收入增长快、催生创业空间大的项目优先安排，将吸纳带动就业能力强的项目优先列入规划。（省发展改革委会同省人社厅、省统计局，各市州政府负责）

（二）推动产业转型升级扩大就业容量

深入实施创新驱动战略，推动有色、石化、冶金、建材、食品等传统支柱产业延伸产业链，实现提质增效、升级壮大，稳定支柱产业就业规模；加强重点区域战略性新兴产业培育，推动新材料、新能源、生物医药、信息技术、先进装备制造、节能环保、新型煤化工、现代服务业等重点战略性新兴产业骨干企业做强做大，深入挖掘就业潜力；充分发挥兰州新区、兰白科技创新改革试验区以及各类开发区的战略平台作用，积极承接具有成本优势的资源加工型、劳动密集型产业和具有市场需求的资本密集型、技术密集型产业到我省落户，为就业创业注入新动能。创新服务业发展模式，支持发展商业特许经营、连锁经营，大力发展金融租赁、节能环保、现代物流等生产性服务业和旅游休闲、健康养生、家庭服务、社会工作、文化体育等生活性服务业，打造新的经济增长点，提高服务业就业比重。认真开展国家市场化方式发展养老服务业试点，推动养老服务与家政、医疗等生活性服务融合发展，进一步增强养老服务产业吸纳就业的能力。加快转变农业发展方式，推动农村一、二、三产业融合发展，培养新型职业农民，鼓励有文化、有技术、有市场经济观念的各类城乡劳动者根据市场需求到农村就业创业。（省工信委、省发展改革委、省商务厅、省农牧厅，各市州政府负责）

（三）充分发挥小微企业吸纳就业的主渠道作用

认真落实《甘肃省人民政府关于进一步优化中小微型企业发展环境的意见》（甘政发〔2014〕111 号），进一步加大简政放权力度，全面实行收费清单制度，拓宽融资渠道，落实减税降费政策，为小微企业发展营造良好环境。创新政府采购支持方式，消除中小企业享受相关优惠政策面临的条件认定、企业资质等不合理限制门槛。加强小微企业知识产权保护，对小微企业亟需获得授权的核心专利申请优先审查，对符合条件的在 3 个工作日内完成向国家知识产权局申报工作。引入竞争机制，积极申报开展小微企业创业创新基地城市示范，积极探索发挥新型载体聚集发展优势的办法。支持中小微企业应用电子商务、拓展业务领域，把发展电子商务促进就业纳入各地就业发展规划，经工商登记注册的网络商户从业人员，同等享受各项就业创业扶持政策，未进行工商登记注册的网络商户从业人员，可认定为灵活就业人员，享受灵活就业人员扶持政策，其中在网络平台实名注册、稳定经营且信誉良好的网络商户创业者，可按规定享受创业担保贷款及贴息政策。指导企业改善用工管理，对小微企业新招用劳动者，符合相关条件的，按规定给予就业创业支持，不断提高小微企业带动就业能力。（省工信委会同省商务厅、省科技厅、省财政厅、省人社厅，各市州政府负责）

（四）有效控制失业风险

落实调整失业保险费率新政策，减轻企业和个人负担，稳定就业岗位。将失业保险基金支持企业稳岗政策实施范围由兼并重组企业、化解产能过剩企业、淘汰落后产能企业、非公有制企业等四类企业扩大到所有符合条件的企业，简化审核程序，及时兑现稳岗补贴。充分发挥失业保险保生活、防失业、促就业的作用，帮助领取失业保险金人员尽快实现就业或者自主创业，失业人员领取失业保险金期间自主创业的，可一次性申领其剩余期限失业保险金。鼓励生产经营困难企业通过与职工进行集体协商，采取在岗培训、轮班工作、弹性工时、协商薪酬等办法不裁员或少裁员；确需裁员的，应制定人员安置方案，做好劳动关系和社会保险接续工作，及时纳入就业困难人员社会保障和就业援助体系。强化监管职责，确保淘汰落后产能奖励资金、依据兼并重组政策规定支付给企业的土地补偿费优先用于职工安置。对实现就业或自主创业的最低生活保障对象，在核算家庭收入时，可以扣减必要的就业成本。完善失业监测预警机制，各市州及县市区要于年内建立应对失业风险的就业应急预案。进一步健全失业动态监测体系，将失业动态监测范围由现有企业扩大到享受失业保险稳岗补贴的所有企业。（省人社厅会同省政府国资委、省财政厅、省民政厅、省统计局，各市州政府负责）

二、大力推进全民创业行动

（五）深化改革降低创业门槛

认真贯彻《甘肃省人民政府办公厅关于实行“三证合一”登记制度的实施意见（试行）》（甘政办发〔2015〕72 号），全面推行工商营业执照、组织机构代码证、税务登记证“三证合一”，按照国家统一社会信用代码方案，实现“一照一码”。根据国家继续优化登记方式、放松经营范围登记管制的要求，制定出台我省放宽新注册企业场所登记条件限制的意见，推动“一址多照”、集群注册等住所登记改革，分行业、分业态释放住所资源。运用大数据加强对市场主体的服务和监管。建立完善企业信用信息公示系统，实现政策集中公示、扶持申请导航、享受扶持信息公示。建立小微企业目录，对小微企业发展状况开展抽样统计。深入推进行政审批制度改革，坚决取消制约经济发展、束缚企业活力的行政许可事项，切实减少投资项目前置审批。对保留的审批事项，规范审批行为，明确标准，简化流程，限时办结，推广“一个窗口”受理、网上并联审批等方式。（省工商局会同省编办、省统计局、国家统计局甘肃调查总队，各市州政府负责）

（六）着力打造创新创业新平台

牢牢把握新技术革命和新业态培育的重要契机，适应全民创业新形势，大力发展技术转移转化、科技金融、认证许可、检验检测等科技服务业，借鉴推广创客空间、创业咖啡、创新工场等新型孵化模式，加快发展市场化、专业化、集成化、网络化的众创空间，实现创新与创业、线上与线下、孵化与投资相结合，为创业者提供低成本、便利化、全要素、开放式的综合服务平台和发展空间。健全完善创建创业型城市申报评估体系，加大创业孵化基地和示范园区建设力度，到 2020 年，建成 100 个省级创业示范基地，对符合条件的给予奖励补助。落实科技企业孵化器、大学科技园的税收优惠政策，对符合条件的众创空间等新型孵化机构适用科技企业孵化器税收优惠政策。鼓励各地对众创空间的房租、宽带网络、公共软件等给予适当补贴，或通过盘活商业用房、闲置厂房等资源提供成本较低的场所。鼓励企业创新组织形式，建立创新创业激励机制，形成市场主导、风投参与、企业孵化的创业生态系统。（省工信委、省发展改革委、省科技厅会同省人社厅、省财政厅、省国税局、省地税局，各市州政府负责）

（七）拓宽创业投融资渠道

认真落实《甘肃省人民政府关于加快多层次资本市场发展的指导意见》（甘政发〔2014〕113 号），运用市场机制，引导社会资金和金融资本支持创业活动，壮大创业投资规模。运用财税政策，支持风险投资、创业投资、天使投资等发展。按照政府引导、市场化运作、专业化管理的原则，支持各地设立创业投资引导基金，促进初创期科技型中小企业成长，支持新兴产业领域早中期、初创期企业发展。设立省级扶持创业带动就业以奖代补资金，支持引导各市州进一步加大对创业就业工作的扶持力度。各市州及县市区要结合本地实际，采取设立创业带动就业扶持资金、“以奖代补”等方式推动创业就业工作向纵深发展。积极争取开展股权众筹融资试点，推动多渠道股权融资，探索发展互联网金融，鼓励发展新型金融机构和融资服务机构，促进大众创业。（省政府金融办、省发展改革委、省人社厅会同人行兰州中心支行、甘肃银监局、甘肃证监局、省财政厅，各市州政府负责）

（八）稳步扩大创业担保贷款规模

将小额担保贷款调整为创业担保贷款，贷款最高额度由 5 万元、8 万元、10 万元等不同标准统一调整为 10 万元。以有创业要求、具备一定创业条件但缺乏创业资金的就业重点群体和困难人员为发放主体，进一步细化明确支持对象、标准和条件，提高创业者对金融服务的可获得性。鼓励金融机构参照贷款基础利率，结合风险分担情况，合理确定贷款利率水平，对个人发放的创业担保贷款，在贷款基础利率基础上上浮 3 个百分点以内的，中央财政贴息剩余部分由县市区财政承担。简化程序，细化措施，健全贷款发放考核办法和财政贴息资金规范管理约束机制，提高代偿效率，完善担保基金呆坏账核销办法。（省人社厅、省财政厅、人行兰州中心支行，各市州政府负责）

（九）认真落实税费减免政策

将企业吸纳就业税收优惠的人员范围由失业 1 年以上人员调整为失业半年以上人员，各类企业在新增加的岗位中，当年新招用持《就业创业登记证》半年以上的失业人员，符合相关条件的，按实际招用人数予以定额依次扣减营业税、城市维护建设税、教育费附加、地方教育附加、价格调节基金和企业所得税，定额标准为每人每年 5200 元。高校毕业生、登记失业人员等重点群体创办个体工商户、个人独资企业，符合相关条件的，可依法享受税收减免政策，按每户每年 9600 元为限额依次扣减其当年实际应缴纳的营业税、城市维护建设税、教育费附加、地方教育附加、价格调节基金和个人所得税。各级政府要全面清理涉企行政事业性收费、政府性基金、具有强制垄断性的经营服务收费和行业协会、商会涉企收费，对涉企收费项目清单通过政府网站和公共媒体定期对外公开。（省财政厅、省国税局、省地税局、省人社厅，各市州政府负责）

（十）鼓励科研人员创业

鼓励高校、科研院所等事业单位探索专业技术人员在职创业、离岗创业有关政策。对于离岗创业的，经原单位同意，可在3年内保留人事关系，与原单位其他在岗人员同等享有参加职称评聘、岗位等级晋升和社会保险等方面的权利。原单位应当根据专业技术人员创业的实际情况，与其签订或变更聘用合同，明确权利义务。进一步完善省级事业单位科技成果使用、处置和收益管理改革政策措施。鼓励利用财政性资金设立的科研机构、普通高校、职业院校，通过合作实施、转让、许可和投资等方式，向高校毕业生创设的小微企业优先转移科技成果。完善科技人员创业股权激励政策，进一步形成有利于鼓励科技人员创新的政策导向。（省人社厅、省科技厅、省教育厅、省政府金融办，各市州政府负责）

（十一）大力支持农村劳动力创业

支持农民工返乡创业，发展农民合作社、家庭农场等新型农业经营主体，落实定向减税和普遍性降费政策。依托现有各类园区等存量资源，整合创建一批农民工返乡创业园，强化财政扶持和金融服务。大力发展农产品加工、休闲农业、乡村旅游、农村服务业等劳动密集型产业，在发展县域经济中扩大农民就业创业空间。依托基层就业和社会保障服务设施等公共平台，提供创业指导和服务。鼓励各类企业和社会机构搭建一批农业创业创新示范基地和见习基地，培训一批农民创业创新辅导员。深入推进农村青年创业富民行动，积极组织创新创业农民与企业、小康村、市场和园区对接，大力发展“互联网＋”和电子商务，帮助有条件的农民网上创业。鼓励农民工申报职称，放宽学历、论文、外语、计算机应用能力等条件，畅通农民工职称评定渠道，鼓励农民工利用其特有技能创业。（省人社厅、省农牧厅、省商务厅，各市州政府负责）

（十二）营造全民创业良好氛围

分级举办创业训练营、创业创新大赛、创新成果和创业项目展示推介等活动，搭建创业者交流平台，培育创业文化，营造鼓励创业、宽容失败的良好社会氛围，让大众创业、万众创新蔚然成风。推进省级创业型城市创建，对政策落实好、创业环境优、工作成效显著的，按规定予以表彰。认真总结推广创业型城市创建工作经验，充分发挥典型示范和带动作用。（省委宣传部、省人社厅会同有关部门，各市州政府负责）

三、统筹做好高校毕业生等重点群体就业

（十三）多措并举促进高校毕业生就业创业

健全高校毕业生到基层工作的服务保障机制，鼓励毕业生到乡镇特别是困难乡镇

机关事业单位工作。坚持把高校毕业生就业作为政府民生实事项目，健全扶持高校毕业生到企业就业的服务保障机制。从2016年起，每年引导1万名贫困家庭、就业困难家庭高校毕业生到市州及县市区各类企业服务，服务期限为3年。服务期间毕业生与用人企业签订劳动合同，由企业支付工资报酬（不低于当地最低工资标准），并按规定为毕业生办理社会保险，省财政给予生活补助；毕业生人事档案由企业所在地县市区人才交流服务机构免费代理，并在办理户籍手续、职称评定、工龄确定、科研项目经费申请、科研成果或荣誉称号申报等方面，享受与国有企事业单位同类工作人员同等待遇；服务期限计算工龄，允许毕业生在服务期间参加公务员、事业单位、基层项目和其他用人单位的招考。服务期满后，鼓励用人企业积极吸纳留用。接收毕业生服务或留用人数达到一定条件的企业，按规定享受相关扶持性优惠政策。服务期满考核合格的毕业生，参加公务员或事业单位招考，享受高校毕业生基层服务项目的相关优惠政策。继续统筹实施"大学生村官"、"三支一扶"、"进村（社区）"、"特岗教师"、"志愿服务西部计划"等基层服务项目，着力提高基层服务项目实施的科学合理性，努力做到人岗相适。完善基层服务项目人员后续管理机制，提高从基层就业服务项目人员中定向招录公务员、招聘事业单位管理岗位工作人员的比例。市县以下事业单位公开招聘工作人员，除招聘紧缺专业和高层次人才外，用于招聘服务期满的基层服务项目和民生实事项目人员比例不得低于80%。全省乡镇基层事业单位自然减员空缺出的编制，除预留20%—30%外，其余全部用于各类基层就业服务项目招录的高校毕业生。认真落实高校毕业生到艰苦边远地区县以下基层单位就业的学费补偿和助学贷款代偿办法。结合政府购买服务工作的推进，在基层特别是街道（乡镇）、社区（村）购买一批公共管理和社会服务岗位，优先用于吸纳高校毕业生就业。对小微企业新招用毕业年度高校毕业生，签订1年以上劳动合同并缴纳社会保险费的，给予1年社会保险补贴。加大高校毕业生就业见习基地建设力度，落实完善就业见习补贴政策，对见习期满留用率达到50%以上的见习单位，适当提高见习补贴标准。将求职补贴调整为求职创业补贴，对省内普通高校应届城乡居民最低生活保障家庭的高校毕业生、残疾高校毕业生、获得国家助学贷款的高校毕业生，发放一次性补贴。深入实施大学生创业引领计划、离校未就业高校毕业生就业促进计划，加强离校未就业毕业生实名登记，完善实名信息数据库，为高校毕业生就业创业提供支持，每年扶持4000名以上高校毕业生创业。积极支持和鼓励高校毕业生投身现代农业建设。对高校毕业生申报从事灵活就业的，按规定纳入各项社会保险，各级公共就业人才服务机构要提供人事劳动保障代理服务。技师学院高级工班、预备技师班和特殊教育院校职业教育类毕业生可参照高校毕业生享受相关就业创业补贴政策。（省人社厅会同省教育厅、省编办、省委组织部、团省委、省财政厅，各市州政府负责）

（十四）加大就业困难人员就业援助力度

将就业困难人员范围由连续失业1年以上调整为连续失业半年以上，建立就业困难人员统计台账，制定有针对性的帮扶计划。坚持市场导向，强化政府责任，鼓励帮助其到企业就业、自主创业或灵活就业。对各类用人单位招用就业困难人员，签订1年以上劳动合同并缴纳社会保险费的，按规定享受社会保险补贴。对就业困难人员灵活就业并缴纳社会保险费的，给予不超过本人实际缴费额2/3的社会保险补贴。对通过市场渠道难以实现就业的，可通过公益性岗位予以托底安置，在一定期限内给予社会保险补贴及岗位补贴。社会保险补贴和岗位补贴期限最长不超过3年，对初次核定享受补贴政策时距退休年龄不足5年的人员，可延长至退休。制定公益性岗位管理办法，规范公益性岗位开发和管理，适度控制岗位规模，合理确定岗位种类，严格按照法律规定的条件和程序安排就业困难人员。建立全省统一规范的公益性岗位实名制管理台账，加强公益性岗位人员动态管理，建立定期核查机制，完善就业困难人员享受扶持政策期满退出办法，做好退出后的政策衔接和就业服务。做好城镇零就业家庭、最低生活保障家庭等困难家庭就业援助工作，确保每个家庭至少有一个有劳动能力的人就业。对就业困难人员较集中的县区，上级政府要强化帮扶责任，加大产业、项目、资金、人才等支持力度。（省人社厅、省财政厅，各市州政府负责）

（十五）推进农村劳动力转移就业

结合新型城镇化建设和户籍制度改革，建立健全城乡劳动者平等就业制度，逐步将农村劳动力纳入城镇公共就业创业服务体系。着力提升劳务输转实名制管理水平，构建培训鉴定、输转维权为一体的转移就业工作机制，加强对转移就业农民工的跟踪服务，有针对性地帮助其解决实际困难，着力稳定输转规模，提高输转质量。深化省际劳务合作，巩固和拓展省外劳务输转基地，加强农民工输出输入地劳务对接，提高转移就业的稳定性。扶持壮大劳务中介机构、劳务经纪人、劳务带头人队伍，劳务输出人数较大的市州及县市区加快成立劳务输转行业协会，提高输转的组织化程度。2016年底前，每个县至少要培育一家每年输转2000人以上的劳务中介机构和一名年输转500人以上的劳务经纪人。坚持把农村劳动力有序外出就业和就地就近转移就业相结合，依托各地特色优势产业，引导农村劳动力就近转移就业。全面构建劳务经济评价监测体系，加强劳务经济动态监测，对监测点开展监测予以适当经费补助。做好被征地农民就业工作，在制定征地补偿安置方案时，要明确促进被征地农民就业的具体措施。（省人社厅会同省农牧厅、省国土资源厅、省建设厅、省财政厅，各市州政府负责）

（十六）促进退役军人就业

加强教育培训和就业指导服务，落实各项优惠政策，扶持自主择业军转干部、自主就业退役士兵就业创业。对符合政府安排工作条件的退役士官、义务兵要确保落实岗位。国有、国有控股和国有资本占主导地位企业按比例预留岗位择优招录。退役士兵报考公务员、应聘事业单位职位的，在军队服现役经历视为基层工作经历，服现役年限计算为工作年限。认真落实《甘肃省军人随军家属就业安置实施办法》（甘政发〔2014〕

60号),统筹做好随军家属就业工作。(省人社厅、省民政厅、省财政厅,各市州政府负责)

(十七)依法推进残疾人广泛就业

大力推进残疾人按比例就业,加大对用人单位安置残疾人的补贴和奖励力度,建立用人单位按比例安排残疾人就业公示制度。实施残疾人就业创业工程,积极开发适合残疾人就业的公益性岗位,通过残疾人就业保障金对创业残疾人给予创业扶持。加快完善集中安置残疾人就业单位扶持政策,推进残疾人辅助性就业和灵活就业。对残疾高校毕业生给予更加优惠的创业就业帮扶政策,帮助更多残疾高校毕业生实现就业。(省人社厅、省残联,各市州政府负责)

四、不断强化职业培训和公共就业创业服务

(十八)健全职业培训和创业培训体系

认真贯彻《甘肃省人民政府关于加强职业培训促进就业的实施意见》(甘政发〔2011〕52号)和《甘肃省人民政府关于贯彻落实国务院加快发展现代职业教育决定的实施意见》(甘政发〔2014〕84号),进一步建立健全面向全体劳动者的职业培训制度和现代职业教育制度。优化省属高校专业结构,把创新创业课程纳入国民教育体系。利用各类创业培训资源,开发针对不同创业群体、创业活动不同阶段特点的创业培训项目,进行跟踪服务,提高创业成功率。坚持以市场为导向,根据各类劳动者需求,大力开展就业技能培训、岗位技能提升培训、创业培训和高技能人才培训,培养更多高素质劳动力和技术技能人才。以贫困地区、民族地区和革命老区为重点区域,以"两后生"和青壮年农民工为重点群体,推进精准培训,实现贫困地区劳动力技能培训全覆盖,每个贫困家庭的劳动力至少有1名技能劳动者。坚持与用人单位合作开展培训,发挥企业主体作用,支持企业以新招用青年劳动者和新转岗人员为重点开展新型学徒制培训。(省人社厅、省教育厅、省扶贫办,各市州政府负责)

(十九)推进技工院校创新发展

坚持"高端引领、校企合作、多元办学、内涵发展"的办学理念,以提高质量、促进就业、服务发展为导向,以提高职业技能为核心,深化办学体制机制改革,全面提升技工院校技能人才培养能力。支持一批专业特色鲜明、就业质量高、服务能力强、办学整体实力领先的优质技工院校,率先进行各项技工教育改革试点,提高对区域经济发展的贡献度。在市州建设一批服务主导产业发展的技师学院和高级技工学校;在县市区要继续发挥现有技工院校区域性技能人才培养作用。选择部分一体化课程教学工作扎实、校企深度融合的技师学院,在专家评审论证基础上,通过工学交替、校企双师联合培养等方式,开展学制教育培养技师试点。鼓励技工院校与企业通过共建技能大师工作室、组织技师研修、联合开展科技攻关和技术革新项目等方式,面向企业职工开展技师、高级技师培训。支持技师学院、高级技工学校建立国家级(或省级)高技能人才培训基地。

（省人社厅、省教育厅、省发展改革委、省财政厅，各市州政府负责）

（二十）强化职业培训基础能力建设

市县政府要加大培训资源资金整合力度，对辖区内各类培训资源或按照机构进行实体化整合，或按照培训项目、内容进行功能性整合，建立综合型培训平台，集中优势资源，形成培训合力。建立专兼职、高水平的就业创业培训师资队伍，突出职业培训的技能性和操作性。坚持把劳动者意愿和市场主体需求有机结合，引导劳动者自主选择培训项目、培训方式、培训机构，变“政府端菜”为“群众点菜”。探索培训资金、岗位需求与就业有效结合的办法，把优质培训资源、资金向带动就业显著的重点行业和企业集中，形成因岗培训新机制。各级财政要加大投入，调整就业专项资金支出结构，逐步提高职业培训支出比重。将职业培训和创业培训补贴范围由城镇登记失业人员、农村转移劳动力、应届高校毕业生、“两后生”扩大到所有有培训意愿的劳动者，按照技术等级和培训内容适时提高培训补贴标准。（省人社厅会同省扶贫办、省农牧厅、省财政厅，各市州政府负责）

（二十一）推进职业资格管理改革

完善有利于劳动者成长成才的培养、评价和激励机制。畅通技能人才职业上升通道，推动形成劳动、技能等要素按贡献参与分配的机制，使技能劳动者获得与其能力业绩相适应的工资待遇。推动社会化职业技能鉴定、企业技能人才自主评价和院校职业资格认证，推行职业院校学历证书和职业资格证书“双证书”制度。进一步完善省际职业技能培训鉴定合作机制，深入推进培训鉴定上门服务，积极引进省外用人单位参与培训。（省人社厅，各市州政府负责）

（二十二）加强公共就业创业服务

进一步健全公共就业创业服务体系，市州及县市区政府都要成立专门的公共就业创业服务机构，为各类劳动者提供就业创业服务。加强基层就业服务力量，每个街道（乡镇、社区）至少配备2名以上就业创业服务专职工作人员，服务任务重、辖区人口多的可适当增加。充分发挥公共就业服务、中小企业服务、高校毕业生就业指导等机构的作用，为创业者提供项目开发、开业指导、融资服务、跟踪扶持等服务，创新服务内容和方式。统筹推进农村劳动力实用技术培训基地、大学生就业创业实训基地、大学生创业园区等项目建设，努力满足不同群体的就业创业需求。将职业介绍补贴和扶持公共就业服务补助合并调整为就业创业服务补贴，支持各地按照精准发力、绩效管理的原则，加强公共就业创业服务能力建设，向社会力量购买就业政策咨询、职业指导和职业介绍、委托就业失业登记等基本就业创业服务成果。创新就业创业服务供给模式，有序引导社会力量提供就业创业服务，形成多元参与、公平竞争格局，提高服务质量和效率。健全公共就业创业服务经费保障机制，各地要将县级以上公共就业服务机构和街道（乡镇、社区）基层公共就业服务平台经费纳入同级财政预算。（省人社厅、省编办、省发展改革

委、省财政厅，各市州政府负责）

（二十三）加强人力资源市场体系建设

建立统一规范灵活的人力资源市场，消除城乡、行业、身份、性别、残疾等影响平等就业的制度障碍和就业限制，用人单位招聘不得设置民族、户籍、性别、宗教信仰等限制性条件，形成有利于公平就业的制度环境。加快推进基层就业和社会保障服务中心项目建设，力争2016年底前实现县区级服务中心全覆盖，2020年乡镇级服务中心全覆盖。健全统一的市场监管体系，推进人力资源市场诚信体系建设和标准化建设。加大劳动监察执法力度，及时纠正招聘过程中的歧视、限制及欺诈行为，着力规范和维护人力资源市场秩序。制定国有企业公开招聘指导意见，推动国有企业及国有控股企业实现招聘信息公开、过程公开和结果公开，并按规定向同级政府就业主管部门备案。加快发展人力资源服务业，支持开展自主品牌建设，规范发展人事代理、人才推荐、人员培训、劳务派遣等人力资源服务，提升服务供给能力和水平。促进党政机关、企事业单位、社会各方面人才有序合理流动。（省发展改革委、省人社厅、省财政厅，各市州政府负责）

（二十四）加快公共就业创业服务信息化建设

按照统一建设、省级集中、业务协同、资源共享的原则，加快推进全省"大就业"信息管理服务系统建设。建立全省集中的就业信息资源库，形成就业管理和就业服务工作全程信息化，为劳动者和用人单位提供全面、及时、便捷的就业服务。推进公共就业信息服务平台建设，实现各类就业信息统一发布，健全全省就业信息监测平台。支持社会服务机构利用政府数据开展专业化就业服务，推动政府、社会协同提升公共就业服务水平。推进公共就业服务和社会保障服务"一卡通"，逐步使各项就业补助通过社会保障卡实名制发放。推进就业信息共享开放，实现省级就业创业数据与相关业务部门共享，推进各级人力资源服务网络的互联互通，并定期发布人力资源供求信息。（省人社厅、省财政厅，各市州政府负责）

（二十五）加强就业失业登记管理服务

建立全省统一的就业失业登记制度，在法定劳动年龄内、有劳动能力和就业要求、处于无业状态的城镇常住人员，可到常住地公共就业人才服务机构进行失业登记。对符合失业登记条件的人员，不得以人户分离、户籍不在本地或没有档案等为由不予受理。各地公共就业人才服务机构要落实普惠性就业政策，为各类登记失业人员提供均等化的政策咨询、职业指导、职业介绍等基本公共就业服务。对城镇常住人员要按规定落实职业培训补贴和职业技能鉴定补贴政策，在此基础上，逐步享受与本地户籍人员同等的就业扶持政策。将《就业失业登记证》调整为《就业创业证》，免费发放，作为劳动者享受公共就业服务及就业扶持政策的凭证。（省人社厅，各市州政府负责）

五、加强就业创业工作组织领导

（二十六）完善工作机制

强化市州政府促进就业创业的主体责任，市州政府主要负责人对本地就业创业工作负总责；建立健全政府负责人牵头的就业创业工作月调度机制，加强就业形势分析研判，落实完善就业创业政策，协调解决重点难点问题，确保完成省政府下达的年度目标任务，努力保持就业局势稳定。就业主管部门要切实发挥牵头作用，加强统筹协调，督促责任落实。有关部门要增强全局意识，主动配合，履职尽责。进一步发挥各人民团体以及其他社会组织的作用，充分调动社会各方促进就业创业积极性。（省人社厅会同有关部门，各市州政府负责）

（二十七）落实目标责任管理

将细化目标任务、政策落实、就业创业服务、资金投入、群众满意度等指标纳入市州领导班子和领导干部政绩考核范围，层层分解落实。继续将省直部门促进就业创业情况纳入省管领导班子政绩考核。对在就业创业工作中取得显著成绩的单位和个人，各级政府要按国家有关规定予以表彰。对地区和部门不履行促进就业职责、造成恶劣社会影响的，对有关负责人及具体责任人要依纪依规严肃问责。（省委组织部、省人社厅、省监察厅，各市州政府负责）

（二十八）不断加大就业创业资金投入

各级财政部门要根据就业工作需求和就业工作目标任务，在财政预算中安排就业创业专项资金。要按照系统规范、精简效能的原则，明确省市县各级政府促进就业政策的功能定位，严格支出责任划分。制定完善就业资金管理办法，优化资金支出结构，强化资金预算执行和监督，着力提高就业专项资金使用效益。开展就业创业资金使用绩效评价，细化资金投入、工作成效、资金使用绩效、资金安全等指标，通过绩效评估，以“以奖代补”方式合理分配中央和省级就业创业专项资金。（省财政厅、省人社厅，各市州政府负责）

（二十九）建立健全就业创业统计监测体系

进一步健全完善全省劳动力调查制度，加强就业创业统计工作，完善统计指标，创新统计调查方法，提高统计数据质量。建立健全人力资源预测、就业状况调查和统计发布、就业创业情况统计分析等制度，对在建重大项目、重点行业（产业）、电子商务、服务业等带动就业情况，行业主管部门要定期向就业主管部门通报。（省人社厅、省统计局、省发展改革委、省商务厅及有关部门，各市州政府负责）

（三十）加强舆论引导

坚持正面引导，加强政策宣传解读，及时回应社会关切，充分利用广播、电视、报刊等传统媒体和微博、微信、手机报等新媒体，广泛宣传促进就业创业工作的政策措施、经验做法、典型事迹，引导全社会共同关心和支持就业创业工作，积极营造公平公正、宽松和谐的创业就业环境，努力培育劳动光荣、技能宝贵、创造伟大的时代风尚。（省委宣传部、省人社厅会同省政府有关部门，各市州政府负责）

各地各部门要认真落实本意见提出的各项任务，结合实际制定具体方案和配套政策，同时，要切实转变职能、简化办事流程、提高服务效率，确保各项促进就业创业政策落到实处。省政府将适时对各地各部门政策制定和落实情况进行督查。

甘肃省人民政府

2015 年 7 月 16 日

第三节　大学生自主创办企业流程和创业优惠政策

一、创办市场主体基本流程

大学生自主创业可采用的市场主体类型主要有：个体工商户、个人独资企业、合伙企业、农民专业合作社和有限责任公司等。创办不同类型的市场主体，需要准备的材料和办理流程如下：

（一）个体工商户

1. 需准备的材料：

(1)经营者签署的个体工商户注册登记申请书；

(2)委托代理人办理的，还应当提交经营者签署的《委托代理人证明》及委托代理人身份证明；

(3)经营者身份证明；

(4)经营场所证明；

(5)《个体工商户名称预先核准通知书》（设立申请前已经办理名称预先核准的须提交）；

(6)申请登记的经营范围中有法律、行政法规和国务院决定规定必须在登记前报经批准的项目，应当提交有关许可证书或者批准文件；

(7)申请登记为家庭经营的，以主持经营者作为经营者登记，由全体参加经营家庭成员在《个体工商户开业登记申请书》经营者签名栏中签字予以确认。提交居民户口簿或者结婚证复印件作为家庭成员亲属关系证明，同时提交其他参加经营家庭成员的身份证复印件；

(8)国家工商行政管理总局规定提交的其他文件。

2. 办理流程：

A 申请：

(1)申请人或者委托的代理人可以直接到经营场所所在地登记机关登记。

(2)登记机关委托其下属工商所办理个体工商户登记的,到经营场所所在地工商所登记。

(3)申请人或者其委托的代理人可以通过邮寄、传真、电子数据交换、电子邮件等方式向经营场所所在地登记机关提交申请。通过传真、电子数据交换、电子邮件等方式提交申请的,应当提供申请人或者其代理人的联络方式及通讯地址。对登记机关予以受理的申请,申请人应当自收到受理通知书之日起5日内,提交与传真、电子数据交换、电子邮件内容一致的申请材料原件。

B受理:

(1)对于申请材料齐全、符合法定形式的,登记机关应当受理。

申请材料不齐全或者不符合法定形式,登记机关应当当场告知申请人需要补正的全部内容,申请人按照要求提交全部补正申请材料的,登记机关应当受理。

申请材料存在可以当场更正的错误的,登记机关应当允许申请人当场更正。

(2)登记机关受理登记申请,除当场予以登记的外,应当发给申请人受理通知书。

对于不符合受理条件的登记申请,登记机关不予受理,并发给申请人不予受理通知书。

申请事项依法不属于个体工商户登记范畴的,登记机关应当即时决定不予受理,并向申请人说明理由。

C审查和决定:

登记机关对决定予以受理的登记申请,根据下列情况分别做出是否准予登记的决定:

(1)申请人提交的申请材料齐全、符合法定形式的,登记机关应当当场予以登记,并发给申请人准予登记通知书。

根据法定条件和程序,需要对申请材料的实质性内容进行核实的,登记机关应当指派两名以上工作人员进行核查,并填写申请材料核查情况报告书。登记机关应当自受理登记申请之日起15日内做出是否准予登记的决定。

(2)对于以邮寄、传真、电子数据交换、电子邮件等方式提出申请并经登记机关受理的,登记机关应当自受理登记申请之日起15日内做出是否准予登记的决定。

(3)登记机关做出准予登记决定的,应当发给申请人准予个体工商户登记通知书,并在10日内发给申请人营业执照。

不予登记的,应当发给申请人个体工商户登记驳回通知书。

(二)个人独资企业

1.需准备的材料:

(1)投资人签署的《个人独资企业登记(备案)申请书》;

(2)投资人身份证明；

(3)投资人委托代理人的，应当提交投资人的委托书原件和代理人的身份证明或资格证明复印件(核对原件)；

(4)企业住所证明；

(5)《名称预先核准通知书》(设立申请前已经办理名称预先核准的须提交)；

(6)从事法律、行政法规规定须报经有关部门审批的业务的，应当提交有关部门的批准文件；

(7)国家工商行政管理总局规定提交的其他文件。

2.办理流程：

A 申请：

由投资人或者其委托的代理人向个人独资企业所在地登记机关申请设立登记。

B 受理、审查和决定：

登记机关应当在收到全部文件之日起 15 日内，做出核准登记或者不予登记的决定。予以核准的发给营业执照；不予核准的，发给企业登记驳回通知书。

(三)合伙企业

1.需准备的材料：

(1)全体合伙人签署的《合伙企业登记(备案)申请书》；

(2)全体合伙人的主体资格证明或者自然人的身份证明；

(3)全体合伙人指定代表或者共同委托代理人的委托书；

(4)全体合伙人签署的合伙协议；

(5)全体合伙人签署的对各合伙人缴付出资的确认书；

(6)主要经营场所证明；

(7)《名称预先核准通知书》(设立申请前已经办理名称预先核准的须提交)；

(8)全体合伙人签署的委托执行事务合伙人的委托书；执行事务合伙人是法人或其他组织的，还应当提交其委派代表的委托书和身份证明复印件(核对原件)；

(9)以非货币形式出资的，提交全体合伙人签署的协商作价确认书或者经全体合伙人委托的法定评估机构出具的评估作价证明；

(10)法律、行政法规或者国务院规定设立合伙企业须经批准的，或者从事法律、行政法规或者国务院决定规定在登记前须经批准的经营项目，须提交有关批准文件；

(11)法律、行政法规规定设立特殊的普通合伙企业需要提交合伙人的职业资格证明的，提交相应证明；

(12)国家工商行政管理总局规定提交的其他文件。

2.办理流程：

A 申请：

由全体合伙人指定的代表或者共同委托的代理人向企业登记机关申请设立登记；

B 受理、审查和决定：

申请人提交的登记申请材料齐全、符合法定形式，企业登记机关能够当场登记的，应予当场登记，发给合伙企业营业执照。

除前款规定情形外，企业登记机关应当自受理申请之日起 20 日内，做出是否登记的决定。予以登记的，发给合伙企业营业执照；不予登记的，应当给予书面答复，并说明理由。

（四）农民专业合作社

1.需准备的材料：

(1)《农民专业合作社登记（备案）申请书》；

(2)全体设立人签名、盖章的设立大会纪要；

(3)全体设立人签名、盖章的章程；

(4)法定代表人、理事的任职文件和身份证明；

(5)载明成员的姓名或者名称、出资方式、出资额以及成员出资总额，并经全体出资成员签名、盖章予以确认的出资清单；

(6)载明成员的姓名或者名称、公民身份号码或者登记证书号码和住所的成员名册，以及成员身份证明；

(7)能够证明农民专业合作社对其住所享有使用权的住所使用证明；

(8)全体设立人指定代表或者委托代理人的证明；

(9)《名称预先核准通知书》（设立申请前已经办理名称预先核准的须提交）；

(10)农民专业合作社的业务范围有属于法律、行政法规或者国务院规定在登记前须经批准的项目的，应当提交有关批准文件；

(11)法律、行政法规规定的其他文件。

2.办理流程：

A 申请：由全体设立人指定的代表或者委托的代理人向登记机关申请设立登记；

B 受理、审查和决定：申请人提交的登记申请材料齐全、符合法定形式，登记机关能够当场登记的，应予当场登记，发给营业执照。

除前款规定情形外，登记机关应当自受理申请之日起 20 日内，做出是否登记的决定。予以登记的，发给营业执照；不予登记的，应当给予书面答复，并说明理由。

（五）有限责任公司

1.需准备的材料：

(1)公司法定代表人签署的设立登记申请书；

(2)全体股东指定代表或者共同委托代理人的证明；

(3)公司章程；

(4)股东的主体资格证明或者自然人身份证明；

(5)载明公司董事、监事、经理的姓名、住所的文件以及有关委派、选举或者聘用的证明；

(6)公司法定代表人任职文件和身份证明；

(7)企业名称预先核准通知书；

(8)公司住所证明；

(9)国家工商行政管理总局规定要求提交的其他文件。

法律、行政法规或者国务院决定规定设立有限责任公司必须报经批准的，还应当提交批准文件。

2.办理流程：

A 申请：

由全体股东指定的代表或者共同委托的代理人向公司登记机关申请设立登记。

B 受理：

公司登记机关根据下列情况分别做出是否受理的决定：

①申请文件、材料齐全，符合法定形式的，或者申请人按照公司登记机关的要求提交全部补正申请文件、材料的，决定予以受理。

②申请文件、材料齐全，符合法定形式，但公司登记机关认为申请文件、材料需要核实的，决定予以受理，同时书面告知申请人需要核实的事项、理由以及时间。

③申请文件、材料存在可以当场更正的错误的，允许申请人当场予以更正，由申请人在更正处签名或者盖章，注明更正日期；经确认申请文件、材料齐全，符合法定形式的，决定予以受理。

④申请文件、材料不齐全或者不符合法定形式的，当场或者在 5 日内一次告知申请人需要补正的全部内容；当场告知时，将申请文件、材料退回申请人；属于 5 日内告知的，收取申请文件、材料并出具收到申请文件、材料的凭据，逾期不告知的，自收到申请文件、材料之日起即为受理。

⑤不属于公司登记范畴或者不属于本机关登记管辖范围的事项，即时决定不予受理，并告知申请人向有关行政机关申请。

公司登记机关对通过信函、电报、电传、传真、电子数据交换和电子邮件等方式提出申请的，自收到申请文件、材料之日起 5 日内做出是否受理的决定。

C 审查和决定：

公司登记机关对决定予以受理的登记申请，分别情况在规定的期限内做出是否准予登记的决定：

①对申请人到公司登记机关提出的申请予以受理的，当场做出准予登记的决定。

②对申请人通过信函方式提交的申请予以受理的，自受理之日起 15 日内做出准予

登记的决定。

③通过电报、电传、传真、电子数据交换和电子邮件等方式提交申请的，申请人应当自收到《受理通知书》之日起 15 日内，提交与电报、电传、传真、电子数据交换和电子邮件等内容一致并符合法定形式的申请文件、材料原件；申请人到公司登记机关提交申请文件、材料原件的，当场做出准予登记的决定；申请人通过信函方式提交申请文件、材料原件的，自受理之日起 15 日内做出准予登记的决定。

④公司登记机关自发出《受理通知书》之日起 60 日内，未收到申请文件、材料原件，或者申请文件、材料原件与公司登记机关所受理的申请文件、材料不一致的，做出不予登记的决定。

公司登记机关需要对申请文件、材料核实的，自受理之日起 15 日内做出是否准予登记的决定。

D 发照：

公司登记机关做出准予公司设立登记决定的，出具《准予设立登记通知书》，告知申请人自决定之日起 10 日内，领取营业执照。

公司登记机关做出不予登记决定的，出具《登记驳回通知书》，说明不予登记的理由，并告知申请人享有依法申请行政复议或者提起行政诉讼的权利。

二、创业优惠政策

（一）税收优惠

持人社部门核发《就业创业证》（注明“毕业年度内自主创业税收政策”）的高校毕业生在毕业年度内（指毕业所在自然年，即 1 月 1 日至 12 月 31 日）创办个体工商户、个人独资企业的，3 年内按每户每年 8000 元为限额依次扣减其当年实际应缴纳的营业税、城市维护建设税、教育费附加和个人所得税。对高校毕业生创办的小型微利企业，按国家规定享受相关税收支持政策。

（二）创业担保贷款和贴息

对符合条件的大学生自主创业的，可在创业地按规定申请创业担保贷款，贷款额度为 10 万元。鼓励金融机构参照贷款基础利率，结合风险分担情况，合理确定贷款利率水平，对个人发放的创业担保贷款，在贷款基础利率基础上上浮 3 个百分点以内的，由财政给予贴息。

（三）免收有关行政事业性收费

毕业 2 年以内的普通高校学生从事个体经营（除国家限制的行业外）的，自其在工商部门首次注册登记之日起 3 年内，免收管理类、登记类和证照类等有关行政事业性收费。

（四）享受培训补贴

对大学生创办的小微企业新招用毕业年度高校毕业生，签订 1 年以上劳动合同并交纳社会保险费的，给予1年社会保险补贴。对大学生在毕业学年（即从毕业前一年7月1日起的12个月）内参加创业培训的，根据其获得创业培训合格证书或就业、创业情况，按规定给予培训补贴。

（五）免费创业服务

有创业意愿的大学生，可免费获得公共就业和人才服务机构提供的创业指导服务，包括政策咨询、信息服务、项目开发、风险评估、开业指导、融资服务、跟踪扶持等“一条龙”创业服务。

（六）取消高校毕业生落户限制

高校毕业生可在创业地办理落户手续（直辖市按有关规定执行）。

（七）创新人才培养

创业大学生可享受各地各高校实施的系列“卓越计划”、科教结合协同育人行动计划等，同时享受跨学科专业开设的交叉课程、创新创业教育实验班等，以及探索建立的跨院系、跨学科、跨专业交叉培养创新创业人才的新机制。

（八）开设创新创业教育课程

自主创业大学生可享受各高校挖掘和充实的各类专业课程和创新创业教育资源，以及面向全体学生开发开设的研究方法、学科前沿、创业基础、就业创业指导等方面的必修课和选修课；同时享受各地区、各高校推出的资源共享的慕课、视频公开课等在线开放课程，和在线开放课程学习认证和学分认定制度。

（九）强化创新创业实践

自主创业大学生可共享学校面向全体学生开放的大学科技园、创业园、创业孵化基地、教育部工程研究中心、各类实验室、教学仪器设备等科技创新资源和实验教学平台。参加全国大学生创新创业大赛、全国高职院校技能大赛，和各类科技创新、创意设计、创业计划等专题竞赛，以及高校学生成立的创新创业协会、创业俱乐部等社团，提升创新创业实践能力。

（十）改革教学制度

自主创业大学生可享受各高校建立的自主创业大学生创新创业学分累计与转换制度；还可享受学生开展创新实验、发表论文、获得专利和自主创业等情况折算为学分，将学生参与课题研究、项目实验等活动认定为课堂学习的新探索。同时享受为有意愿有潜质的学生制定的创新创业能力培养计划，以及创新创业档案和成绩单等系列客观记录并量化评价学生开展创新创业活动情况的教学实践活动。优先支持参与创业的学生转入相关专业学习。

（十一）完善学籍管理规定

有自主创业意愿的大学生，可享受高校实施的弹性学制，放宽学生修业年限，允许调整学业进程、保留学籍休学创新创业。

(十二)大学生创业指导服务

自主创业大学生可享受各地各高校对自主创业学生实行的持续帮扶、全程指导、一站式服务。以及地方、高校两级信息服务平台,为学生实时提供的国家政策、市场动向等信息,和创业项目对接、知识产权交易等服务。可享受各地在充分发挥各类创业孵化基地作用的基础上,因地制宜建设的大学生创业孵化基地,和相关培训、指导服务等扶持政策。

参考文献

[1]教育部思想政治工作司.加强和改进大学生思想政治教育重要文献选编[M].北京:中国人民大学出版社,2008.

[2]陈立民.高校辅导员理论与实务[M].北京:中国言实出版社,2009.

[3]杨振,刘会芹.现行学生管理政策法规文件与高校学生工作规范化管理创新[M].北京:高等教育出版社,2008.

[4]高等学校学生资助政策文件汇编.2010.

[5]高等学校学生资助工作实用手册.2010.

[6]李挺杉.我的大学生活[M].北京:华文出版社,2010.